Dieser Band wurde eigens
für die Reihe ›Informationen zur Zeit‹
des Fischer Taschenbuch Verlages geschrieben

Über dieses Buch

Für den Vorsitzenden des Verteidigungsausschusses im Bundestag, Friedrich Zimmermann, ist Kriegsdienstverweigerung ein Sicherheitsproblem. Gewissensentscheidung: zweitrangig.
Albert Schnez, General und Heeresinspekteur, denkt in Eskalationsstufen: erst eine »ernste Gewissens*not*« läßt er gelten; das schlichte Gewissen genügt ihm nicht.
Zwei Äußerungen, die für eine ausgesprochene Nervosität bei unseren Landesverteidigern sprechen: Zimmermann schätzt die Zahl der Kriegsdienstverweigerer für 1971 auf rund 40 000. Das wäre eine Steigerung gegenüber dem Vorjahr um mehr als 100 Prozent. Kein Wunder, daß die technokratischen Erfüller des Wehrgedankens verschärfte Rechtsprechung und sogar Änderungen des Art. 4 GG empfehlen.
Die Antwort darauf kann nur eine politische sein. Und in der Tat sind die Gründe für die Kriegsdienstverweigerung immer weniger moralischer Natur. Die politischen Fragen sind heute erstrangig geworden: Welchen Sinn hat eine militärische Verteidigung der Bundesrepublik? Soll wirklich nur »verteidigt« werden? Welche (Notstands-)Funktion hat die Bundeswehr im Innern? Was heißt hier »Schule der Nation«? Kann man »Frieden« nennen, was auf Abschreckung beruht? Sind die Milliardenbeträge für permanente Aufrüstung nicht eine Riesenverschwendung, an der allein die Rüstungsindustrie profitiert?
Die Kriegsdienstverweigerer antworten mit organisiertem Widerstand gegen die Militarisierung der Gesellschaft. Sie untersuchen in diesem Band die Rolle der Bundeswehr als Agentur der Herrschenden, stellen die Entwicklung ihrer Arbeit vom dogmatischen Pazifismus zur politischen Bewegung dar und setzen sich kritisch mit der Strategie der gewaltlosen Verteidigung auseinander.
Im Anhang sind gesammelt: Disziplinarerlasse, Gesetzestexte und Alternativentwürfe, Kanzlerworte und Kontaktadressen.

Die Autoren

Hans-Jürgen Haug, geboren 1946 in Gerstetten. Studium der Pädagogik und Soziologie. Lebt als Journalist in Köln. Mitarbeiter verschiedener Rundfunkanstalten, Zeitungen und Zeitschriften und des Fernsehens.
Hubert Maessen, geboren 1947 in Düsseldorf. Studiert Soziologie an der Ruhr-Universität Bochum. Mitarbeiter des Westdeutschen Rundfunks und gelegentlich anderer Rundfunkanstalten und Zeitungen. Veröffentl.: ›Die NPD. Struktur, Programm und Ideologie einer neofaschistischen Partei‹ (mit Reinhard Kühnl, Georg Ahrweiler u. a.).
Gemeinsame Veröffentlichungen im Fischer Taschenbuch Verlag (Reihe ›Informationen zur Zeit‹):
›Was wollen die Schüler? Politik im Klassenzimmer‹ (Bd. 1013/3. Aufl. 1970)
›Was wollen die Lehrlinge?‹ (Bd. 1186/1971)
Was erwarten die Schüler von der Schulreform?, in: Johannes Beck/ Lothar Schmidt (Hg.), ›Schulreform oder Der sogenannte Fortschritt‹ (Bd. 1121/2. Aufl. 1971)
Kölner Bürgerinitiative Obdachlosigkeit, in: Heinz Grossmann (Hg.), ›Bürgerinitiativen. Schritte zur Veränderung?‹ (Bd. 1233/1971)

Kriegsdienstverweigerer: Gegen die Militarisierung der Gesellschaft

Mit einem juristischen Ratgeber

Herausgegeben von
Hans-Jürgen Haug und
Hubert Maessen

Fischer
Taschenbuch
Verlag

Originalausgabe

Fischer Taschenbuch Verlag
September 1971

Umschlagentwurf: Jan Buchholz / Reni Hinsch
unter Verwendung eines Plakates der »Deutschen Friedensgesellschaft / Internationale der Kriegsdienstgegner (DFG/IDK)«, München

Fischer Taschenbuch Verlag GmbH, Frankfurt am Main

Gesamtherstellung: Hanseatische Druckanstalt GmbH, Hamburg
Printed in Germany
ISBN 3 436 01465 6

Inhalt

Gegen die Militarisierung der Gesellschaft 9
(Hans-Jürgen Haug / Hubert Maessen)

I

Erziehung zum Untertan 24
Zivile Erziehung und Ausbildung 24
Militärische Erziehung und Ausbildung 39
Bundeswehr und Gesellschaft 44
(Johannes Schulz)

Thesen zur Funktionsunfähigkeit der Bundeswehr 46
(Karl-Michael Vogel / Johannes Schulz)

Der Bürgerkriegsauftrag 56
(Heinrich Schacht)

Der militärisch-industrielle Komplex 60
Industriegesellschaft oder Spätkapitalismus? 60
Staat und Rüstung 63
Machtkonzentration der Monopole 69
NATO und EWG 74
Friedenspanik der Rüstungskartelle 77
Rüstung ist Verschwendung 80
(Mathias Jung)

Kriegsdienstverweigerung: politische Alternative 82
Wider den dogmatischen Pazifismus 82
Die politische Bedeutung der Kriegsdienstverweigerung 84
Kriegsdienstverweigerung– eine releative Massenbewegung 90
Organisierte Verteidigung der Grundrechte 93
(Winfried Schwamborn)

Über die Selbstorganisation der Ersatzdienstleistenden 96
Kriegsdienstverweigerung und Wehrgerechtigkeit 96
Zur Kritik des Ersatzdienstes 98
Ersatzdienstleistende als Streikbrecher 102
Die Notwendigkeit der Selbstorganisation 105
(Autorenkollektiv der Bundeszentrale der Ersatzdienstleistenden)

Ausgesprochen demagogische Formulierungen
Interview mit Heinrich Böll 110

Gewaltlos, aber revolutionär?
Zur Kritik der Gewaltfreiheit 113
Ausweg in die Sackgasse? 113

Progressive Gewalt 120
Aktive Apathie 128
(Sven Papcke)

II.

Juristischer Ratgeber 142
Der Kriegsdienstverweigerer vor Gericht 142
Immanente Kritik des Verfahrens 144
Die Notwendigkeit des Anerkennungsverfahrens 145
Der Gewissensbegriff und die Überprüfbarkeit der Gewissensentscheidung 147
Die situationsbedingte Kriegsdienstverweigerung 152
Politische Verweigerung 154
Kriegsdienstverweigerung des Soldaten 157
Zeitpunkt der Antragstellung 158
Beweislast 160
Formen und Fristen 160
Anwälte und Beistand 161
Kosten 161
(Martin Klein)

Anhang: Dokumente

Die Schule der Nation
(Kanzlerworte: Kiesinger und Brandt) 164

Leitsätze für die Erziehung des Soldaten 166

Wehrgerechtigkeit
(Wehrstrukturkommission der Bundesregierung)
(Stellungnahme des Verbandes der Kriegsdienstverweigerer [VK]) 171

Gesetzestexte 175

Politische Kriegsdienstverweigerung
Urteil des Bundesverwaltungsgerichts 180

Anti-Bundeswehrkampagne des SDS 188

Konzeption eines Friedensdienstes –
Selbstorganisation der Ersatzdienstleistenden 190

Reform des Anerkennungsverfahrens 198

Vom Protest zum organisierten Widerstand 200

Literaturverzeichnis 205
Die Autoren 207
Adressen 208

Kalle: „Man muß ein kolossaler Patriot sein, damit man in so einem Land ein Patriot bleibt (. . .). Die Vaterlandsliebe wird schon dadurch beeinträchtigt, daß man überhaupt keine richtige Auswahl hat. Das ist so, als wenn man die lieben soll, die man heiratet, und nicht die heiratet, die man liebt. Warum, ich möcht zuerst eine Auswahl haben. Sagen wir, man zeigt mir ein Stückel Frankreich und einen Fetzen gutes England und ein, zwei Schweizer Berge und was Norwegisches am Meer und dann deut ich drauf und sag: das nehm ich als Vaterland; dann würd ichs auch schätzen. Aber jetzt ists, wie wenn einer nichts so sehr schätzt wie den Fensterstock, aus dem er einmal heruntergefallen ist."
Ziffel: „Das ist ein zynischer, wurzelloser Standpunkt, der gefällt mir. (. . .) Wenn ich mir vorstell, in was für einem Land ich leben wollte, wähl ich eins, wo einer schon, wenn er einmal in einem gedankenlosen Augenblick so was murmelt wie ‚ganz hübsche Gegend hier', sofort ein Denkmal als Patriot kriegt. Deshalb, weil es in diesem Land ganz und gar unerwartet kommt, so daß es eine Sensation ist und wirklich geschätzt wird. Natürlich, einer der nichts murmelt, muß ebenfalls ein Denkmal kriegen, und zwar, weil er nichts Überflüssiges gesagt hat."
Kalle: „Sie haben sich Ihr Land von den Patrioten verekeln lassen, dies besitzen. Ich denk manchmal: was für ein hübsches Land hätten wir, wenn wir es hätten!"

Bertolt Brecht, „Flüchtlingsgespräche", Frankfurt 1961, S. 99 f.

Hans-Jürgen Haug / Hubert Maessen

Gegen die Militarisierung der Gesellschaft

Statt eines Vorwortes

> Nur sanft sein heißt noch nicht gut sein. Und die vielen Schwächlinge, die wir haben, sind noch nicht friedlich. Sie sind es nur im billigen, schlechten Sinn dieses Wortes, sind es allzu leicht. Ja, als kleine Kinder ließen sie sich nichts gefallen, diese begehren auf, daß man wunder meint, was es derart mit uns auf sich habe. Aber danach kamen auf zehn Aufstände tausend Kriege, und die Opfer blieben brav. Daneben überall die vielen Duckmäuser, sagen nicht so und nicht so, damit es nachher nicht heißt, sie hätten so oder so gesagt. Leicht gibt sich bereits als friedlich, was mehr feig und verkrochen ist.[1]
> Ernst Bloch

Doch bald lockt das Abenteuer. Es ist ein Erlebnis im modernen Kampfpanzer ‚Leopard' über das Übungsgelände zu rollen, es ist ein Abenteuer, als Panzergrenadier während des Manövers zusammen mit den Kameraden bei Nacht und Nebel ein Spähtruppunternehmen durchzuführen, es ist ein Abenteuer, aber doch kein Spaß. Ja, solche Männer hat die Bundeswehr. Männer, die der Unterschied zwischen primären und sekundären Tugenden den Dreck schert, durch den sie robben. *Alle zusammen bilden sie eine Mannschaft, die den* (von wem definierten?) *militärischen Aufgaben gewachsen ist,* vorausgesetzt, es gibt weder technische Pannen noch versagende Vorgesetzte. *In wenigen Minuten kann eine Rotte der ständig startbereiten F 104 G-Maschinen* – Starfighter – *von der Startbahn abheben und mit Überschallgeschwindigkeit dem Ziel entgegenfliegen.* Das anzugreifende Ziel liegt nicht nur im Osten und heißt Kommunismus, es heißt auch: Vergesellschaftung der Produktionsmittel, heißt: Demokratisierung. *Nichts deutet darauf hin, daß der Kommunismus seine Welteroberungspläne aufgegeben hat oder auf die Ausbreitung seiner Ideologie, mit welchen Mitteln auch immer, verzichtet.* Vietnam, San Domingo, und die versuchte Invasion in der Schweinebucht Kubas werden ebenso großzügig übersehen wie die Tatsache, daß die Sowjetunion im Gegensatz zu (beispielsweise) Deutschland noch keinen Krieg begonnen hat. Die Agressivität, die dem sozialistischen Ostblock unterstellt wird,

1 Ernst Bloch: Widerstand und Friede. Aufsätze zur Politik, Frankfurt 1968, S. 84

ist die des kapitalistischen Westens. Wiederholt hat sich das sowjetische ZK, haben sich Breschnjew und Kossygin für die Politik der ‚Friedlichen Koexistenz' ausgesprochen, ganz abgesehen davon, daß ein ‚Export der Revolution' jeglichem revolutionären Selbstverständnis widerspricht. *Eine Politik der Verständigung und des Friedens hat nur Aussicht auf Erfolg, wenn die eigene Position nicht schwächer ist als die des Partners.*

Der Soldat hat die Pflicht, der Bundesrepublik Deutschland treu zu dienen und das Recht und die Freiheit des deutschen Volkes tapfer zu verteidigen. Notfalls im Interesse des großen Kapitals gegen das Volk selbst. Für den sogenannten Notstand, der auch bei der Selbstbefreiung der Lohnabhängigen von Ausbeutung und Unterdrückung eintreten könnte, regelt Artikel 87 a, Absatz 4 des Grundgesetzes: „Zur Abwehr einer drohenden Gefahr für den Bestand oder die freiheitlich demokratische Grundordnung der Bundesrepublik oder eines Landes kann die Bundesregierung (. . .) Streitkräfte (. . .) beim Schutz von zivilen Objekten und bei der Bekämpfung organisierter und militärisch bewaffneter Aufständiger einsetzen." Zur Abwehr dessen, was der Gesetzgeber merk-würdig unpräzise ‚drohende Gefahr' nennt, kann die Freizügigkeit eingeschränkt, die Unverletzlichkeit der Wohnung aufgehoben sowie das Brief-, Post - und Fernmeldegeheimnis durchbrochen werden. *Darum bleiben nach wie vor Verteidigungsbereitschaft und die Wachsamkeit der Preis unserer Freiheit.*

Der junge Mann wird jetzt – nach dem Einberufungsbescheid – *schnell Soldat: Bekleidung und Ausrüstung werden empfangen und die Stiefel angepaßt; das Bett ist bald gemacht, sein Spind eingerichtet, tip-top korrekt, so ist es Brauch und er steht, noch etwas ungewohnt, am dritten Tag in Reih und Glied als Panzergrenadier in Uniform – wie andere als Flieger oder Matrose.*[2] Und wie andere verliert er einen Teil seiner Bürgerrechte: das auf Versammlungsfreiheit und freie Wahl des Arbeitsplatzes, auf Meinungsfreiheit und Freizügigkeit. Eingeschränkt sind passives Wahlrecht und Petitionsrecht, vorbei ist es mit dem Schein der Menschenwürde, die die bürgerliche Gesellschaft außerhalb des Arbeitsplatzes feierlich für unantastbar erklärt. Wie bei autoritären Paukern in der Volksschule muß er als Strafe für Unaufmerksamkeit den Unterricht stehend über sich ergehen lassen, wenn er Pech hat, wird ihm der Wochenendausgang gestrichen. Auch in der Freizeit kann sein Vorgesetzter ihm Anzug oder Haltung zurechtrücken und auf dem Weg zum Dienst ‚Marsch-marsch' befehlen. Bei ungehörigen Antworten (was immer man in der Bundeswehr darunter verstehen mag) kann der Soldat zu einem zusätzlichen Dienst eingeteilt werden, der weiß Gott geeignet ist, ihn zur

---

2 Alle (kursiv gesetzten) Zitate aus: „Soldat der Bundeswehr", herausgegeben vom Bundesminister der Verteidigung. Bonn 1969.

Disziplin zu erziehen. Die Anpassungsmittel reichen von subtilen Formen wie Tadeln und Loben bis zur bloßen Dressur. Wenig geändert hat sich seit Karl Liebknecht im Jahre 1906 schrieb: „Darum die Sklaverei und geistige Bevormundung, die Gesinnungsunterdrückung und der gleissende Prunk und Putz, damit das Proletariat im bunten Rock sich selbst und all die Seinen vergesse und willig den Willen des Kapitals und der Reaktion, seiner eigenen Feinde, tue. (. . .) Und die wahnsinnigen Milliardenkosten dafür, daß ihr in dieses für euch selbstmörderische Instrument verwandelt werdet".[3]

Aber anders als zur Hochzeit des deutschen Imperialismus schützen Zucht und Abrichtung, Entmündigung und Disziplinarstrafen heute nicht mehr vor inneren Krisen: die Truppe scheint verunsichert, ihre militärischen und politischen Führer zeigen sich ebenso beunruhigt wie ihre zivilen Befürworter. „Kampfkraft gefährdet" überschrieb im Stile der Kriegsberichterstattung das CSU-Parteiorgan ‚Bayern-Kurier' am 21. Dezember 1968 seinen Lagebericht, Regierung, Parlament und Bevölkerung alarmierend. Ähnlich besorgt äußerte sich der halboffizielle Bundeswehrverband in seiner gleichnamigen Zeitschrift: der Staat müsse den Soldaten, die ihn schützten, „die nötigen Mittel in die Hand geben, um handlungsfähig zu bleiben".[4] Albert Schnez, immerhin im Rang eines Generals und Inspekteures des Heeres, kritisierte 1969 in einer vom damaligen Verteidigungsminister Schröder angeforderten Studie, daß die Autoritätskrise in der Bundeswehr Unsicherheit und Resignation, Vertrotzung und Übergriffe, nicht selten Ungehorsam hervorbringe. Die Bundeswehr „sieht sich außerdem einer Gesetzeslage gegenüber, die ihre Handlungsfreiheit im Sinne des Auftrages über Gebühr einschränkt. Der Gehorsam ist in vielen Bereichen geschwächt".[5] Zu entsprechenden Ergebnissen gelangte das von der Bundesregierung in Auftrag gegebene „Weißbuch 1970": „Außerdem beeinträchtigt vorsätzlicher pflichtwidriger Ungehorsam wehrdienstverweigernder Soldaten Disziplin und Ordnung in der Truppe und wirkt sich nachteilig auf die Dienstbereitschaft anderer Soldaten aus".[6] Unter dem Datum des 6. Januar 1969 berichtete ‚Die Welt': „Bonn besorgt über die wachsende Zahl der Wehrdienstverweigerer".

Diesmal stimmten, wie man dem Springer-Blatt bestätigen muß, die Fakten. War von 1964 bis 1967 die Zahl der Antrag-

---

3 Karl Liebknecht: „Ausgewählte Reden und Schriften I". Frankfurt 1969, S. 34 f.

4 Zit. nach: ‚die tat', 16. 5. 1970.

5 ‚Blätter für deutsche und internationale Politik'. Wortlaut der Schnez-Studie. 3/1970, S. 306 ff.

6 Bundesminister der Verteidigung (Hg): „Weißbuch 1970. Zur Sicherheit der Bundesrepublik Deutschland und zur Lage der Bundeswehr". (Presse- und Informationsamt der Bundesregierung), Bonn 1970, S. 83.

steller gleichmäßig von 2.777 auf 5.963 gestiegen, so verdoppelte sie sich im Jahr 1968 (in dem der Bundestag die Notstandsgesetze verabschiedet hat) auf 11.952. Die Anträge derjenigen, deren Gewissen erst nach ihrer Einberufung in die vom damaligen Kanzler Kiesinger mit Recht als eine „Schule der Nation" bezeichneten Bundeswehr entschied, nahm im selben Jahr von 871 auf 3.280 zu. 1969 wollten 14.420, 1970 19.360 als Kriegsdienstverweigerer anerkannt werden. Für 1971 prognostizierte der Vorsitzende des Verteidigungsausschusses und CSU-Abgeordnete Zimmermann 35.000 bis 40.000 *Wehrdienstverweigerer*, wie sich Militärideologen mit und ohne Uniform diffamierend ausdrücken. Erfolgreich hatten bis einschließlich 1970 mehr als 50.000 Wehrpflichtige ihr Gewissen von den „Kommissionen einer gewissenlosen Gesellschaft" (Böll), – die Vorsitzenden der Prüfungsausschüsse bestimmt das Verteidigungsministerium – oder von Verwaltungsgerichten[7] begutachten lassen müssen.

Die Reaktion derer auf das Anwachsen antimilitaristischen Engagements, zu deren Sicherheit die Bundeswehr geschaffen wurde der in Wirtschaft und Politik Herrschenden, war abzusehen: Kriegsdienstverweigerer werden öffentlich gewarnt[8], als Drückeberger und naive Pazifisten verleumdet oder mit dem Adjektiv ‚staatsfeindlich' in die Nähe des Kriminellen[9] gedrängt. Selbst eine Änderung des Grundgesetzes, das in Artikel 4 Absatz 3 das Recht auf Kriegsdienstverweigerung aus Gewissensgründen verbürgt, wird diskutiert.[10] Die Bundeswehr soll in den Schulen nicht in Frage gestellt, sondern als notwendig und friedenserhaltend erklärt werden, Erziehungsziel ist nicht der mündige und kritische, sondern der wehrbereite Bürger. Jugendoffiziere stehen zur Unterstützung der Lehrer, Kasernen als Klassenausflugsziele zur Verfügung.[11] Verteidigungsminister Helmut Schmidt: „An manchen Gymnasien scheint es zum guten Ton zu gehören, auf die eine oder andere Weise den Wehrdienst zu vermeiden oder zu umgehen. Von

---

7 Zum Verfahrensweg vergleiche Martin Klein's Beitrag, S.

8 Vgl. ‚Frankfurter Rundschau', 5. 12. 1968: „CDU richtet Warnung an Kriegsdienstgegner".

9 Am 8. Dezember 1968 sagte Friedrich Zimmermann (CSU-MdB) in Hanau: „Wenn sich reihenweise Wehrpflichtige nach der Grundausbildung als Kriegsdienstverweigerer melden und damit ein Geschütz blockieren oder gar ein ganzes Bataillon funktionsunfähig machen, dann ist das keine Gewissensentscheidung mehr, sondern eine Gefahr für unsere Sicherheit".

10 So General Schnez in seiner zitierten Studie: „. . . daß als entscheidendes Kriterium für die Anerkennung als Verweigerer des Kriegsdienstes nicht bereits eine leise Regung des Gewissens, sondern nur eine ‚ernste Gewissensnot' gilt". A. a. O. S. 308.

11 Vgl. Brandt-Brief an die Ministerpräsidenten-Konferenz der Länder, auszugsweise abgedruckt S.

dieser Feststellung können auch manche Lehrer nicht ausgenommen werden".[12]

„Nie wieder Kasernen"

Was Helmut Schmidt als Vorwurf formuliert war noch vor einem viertel Jahrhundert allgemeine Überzeugung. Nach dem Schock des 50 Millionen Menschen-Leben kostenden Zweiten Weltkrieges waren sich Sieger und Besiegte in ihren offiziellen Erklärungen einig: das Ende des zweiten von Deutschland angezündeten Weltbrandes sollte zugleich das Ende des deutschen Militarismus sein, die Machteliten des Dritten Reiches sollten für immer aus Staat, Wirtschaft und Gesellschaft entfernt werden. Bereits im Februar 1945 hatten die Regierungschefs von Großbritannien, den USA und der Sowjetunion auf der Konferenz von Jalta erklärt: „Es ist unser unbeugsamer Wille, den deutschen Militarismus und Nationalismus zu zerstören und dafür Sorge zu tragen, daß Deutschland nie wieder imstande ist, den Weltfrieden zu stören".[13] Die deutschen Streitkräfte sollten entwaffnet und aufgelöst, der Generalstab für alle Zeiten zerschlagen, sämtliche militärische Einrichtungen entfernt oder zerstört werden. Kriegsverbrecher seien vor Gericht zu bringen, die Nationalsozialistische Partei, die nationalsozialistischen Gesetze, Organisationen und Einrichtungen zu beseitigen. Die Allierten waren entschlossen, „sämtliche Industrie, die für militärische Produktionen benutzt werden könnte, zu beseitigen oder unter Kontrolle zu stellen".[14] Nur wenn Nationalsozialismus und Militarismus ausgerottet seien, bestehe für die Deutschen Hoffnung auf ein würdiges Leben.
Auch die Deutschen schienen gelernt zu haben. „Wer noch einmal ein Gewehr in die Hand nehmen will, dem soll die Hand abfallen",[15] mahnte pathetisch Franz-Josef Strauß. Weniger wundergläubig versprach Carlo Schmid im Februar 1946: „Wir wollen unsere Söhne niemals mehr in die Kasernen schicken, und wenn noch einmal irgendwo der Wahnsinn des Krieges ausbrechen sollte, dann wollen wir eher untergehen und dabei das Bewußtsein haben, daß nicht wir Verbrechen begangen und gefördert haben. In einem wollen wir kategorisch sein: wir wollen in Deutschland keinen Krieg mehr führen, und wir wollen darum auch keine Vorbereitungen treffen, die das Kriegsführen ermöglichen können, weder im politi-

12 In der 111. Sitzung des 6. Bundestages am 26. 3. 1971. „Das Parlament", 14. 4. 71, S. 3.
13 Zit. nach: Manfred Rexin: „Die Jahre 1945–1949". Hannover 1962, S. 5.
14 Ebenda, S. 6.
15 ‚Der Spiegel', 2. 1. 1957.

schen noch im wirtschaftlichen Sinne".[16] Selbst Konrad Adenauer stellte sich nach seiner Wahl zum ersten Kanzler der Bundesrepublik Deutschland als prinzipieller Gegner einer Wiederaufrüstung vor. Programatisch und unmißverständlich sagte er: „Wir wollen an keinem neuen Krieg teilnehmen. Wir haben genug Tote gehabt".[17] Daß indes das Adenauer'sche Dementi in Wirklichkeit dazu diente, eine Wiederaufrüstung vorzubereiten, ist nicht bloß polemische Unterstellung.[18]
Mit der Gründung der Bundesrepublik als einem kapitalistisch verfaßten und gegen Sozialismus zu schützenden Staat war die Entscheidung für die spätere Remilitarisierung gefallen. Zwar hatte es in der Einleitung des von der CDU am 3. Februar 1948 angenommenen ‚Ahlener Programmes' ausdrücklich geheißen, daß der Kapitalismus den Lebensinteressen des deutschen Volkes nicht gerecht geworden sei, aber Konsequenzen wurden aus dieser Einsicht nicht gezogen. Die Erklärungen und Leitsätze der bürgerlichen Parteien waren gekennzeichnet durch den Widerspruch, gleichzeitig die jüngere Vergangenheit bewältigen und die alten Besitzverhältnisse restaurieren zu wollen. Kapitalismus wurde auf die zerstörten Monopole reduziert, gegen die leicht reden war. Zumal langfristig gesehen Ludwig Erhard's neoliberale, zunächst den Mittelstand stützende Wirtschaftspolitik und die Marschall-Plan-Hilfe der USA die Voraussetzungen zum Wiederaufleben des Großkapitals bildeten. Gleichgültig war den „antifaschistischen" Erneuerern in den Westzonen, daß Max Horkheimer in der amerikanischen Emigration den Faschismus als eine jederzeit wiederholbare ökonomische Entwicklung beschrieben hatte, daß der Faschismus kein Betriebsunfall war, sondern der Logik des Kapitals entsprach: „Seit dem Versagen der Marktwirtschaft sind die Menschen ein für alle Mal vor die Wahl zwischen Freiheit und faschistischer Diktatur gestellt".[19] Der Versuch, vom Kapitalismus schweigend gegen den Militarismus zu reden, mußte scheitern. Die Bundesrepublik wurde keine pluralistische – wie die herrschende Ideologie weißmachen wollte und will – sondern eine antagonistische, eine Klassengesellschaft, die gegen den Sozialismus in und um Deutschalnd und für die Profite des Kapitals wieder aufzurüsten bereit war.

---

16 Zit. nach: Wilfried von Bredow: „Entscheidung des Gewissens, Kriegsdienstverweigerer heute". Köln 1969, S. 26.

17 Zit. nach: Bundeszentrale für politische Bildung (Hg): „Probleme der Friedenserziehung", Bonn 1970, S. 90

18 In einem Gespräch, das Adenauer im Oktober/November 1948 mit Rudolf Augstein führte, sagte er: „Sie als Journalist können vieles sagen, was ich als Politiker nicht sagen darf. Nehmen Sie diese Frage deutscher Divisionen. Wir müssen sie erst einmal ins Gespräch bringen und dann das Weitere abwarten". Zit. nach: ‚Der Spiegel', 9. 10. 1963, S. 66.

19 Max Horkheimer: „Die Juden und Europa", Amsterdam 1968, S. 35. Raubdruck.

Zur wirtschaftlichen und somit politischen Restauration gesellte sich bald die militärische. „Die Idee vom friedlichen Kapitalismus ist wahnsinnig. Man stellt sich das so vor: alles geht normal, es herrscht Frieden, dann kommt eine Unterbrechung, ein bedauerlicher Zwischenfall, der Krieg. Wie beim Schweinemästen! Immer kommt ganz schön Futter, immer wird man gewaschen, hofiert und fotografiert, und nur mitunter kommt ein bedauerlicher Zwischenfall, in dem man geschlachtet wird".[20] Nicht als kapitalistische denn vielmehr als demokratische Selbstverständlichkeit bezeichnete am 18. Januar 1949, anläßlich der Beratungen des Parlamentarischen Rates, der spätere Bundespräsident Theodor Heuss die allgemeine Wehrpflicht.[21] Ein Jahr später stand auch für Kardinal Frings fest, „daß eine Propaganda für eine uneingeschränkte und absolute Kriegsdienstverweigerung mit dem christlichen Gedanken nicht vereinbar ist, daß auch diejenigen auf einem Irrweg sind, die der Jugend solches Denken bringen".[22] Dermaßen katholisch-moralisch aufgerüstet, hegten die Macher keine öffentlichen Gewissensskrupel mehr.

Die Remilitarisierung der BRD

1950:
9. August – Bundestagsabgeordneter Eugen Gerstenmaier macht sich für einen deutschen Verteidigungsbeitrag stark. Die angestrebte Wiederaufrüstung ist auch Thema der Verhandlungen, die Konrad Adenauer eine Woche später mit der Alliierten Hohen Kommission aufnimmt. In geheimer Klausur erarbeitet vom 4. bis 9. Oktober ein Gremium kriegserfahrener Offiziere[23] eine Denkschrift zur Wehrpolitik, in der die Aufstellung von zwölf westdeutschen Divisionen gefordert wird[24]. Am 22. Oktober sagt Carlo Schmid die Zustimmung der SPD zu einer Verteidigungsarmee für den Fall zu, daß der Westen stark genug sei, den ersten Stoß sowjetischer Streitkräfte an der Elbe aufzufangen und die zweite Schlacht bereits hinter der Weichsel zu schlagen. Und am 26. Oktober wird Theodor Blank „Beauftragter des Bundeskanzlers für die mit der Vermehrung der alliierten Truppen zusammenhängenden Fragen".
1951:
20. Januar – NATO-Oberbefehlshaber Eisenhower gibt in Bonn eine Ehrenerklärung für die deutschen Soldaten des

---

20 Bertolt Brecht: „Flüchtlingsgespräche". Frankfurt 1965, S. 290/291.
21 Vgl. Gisela Gassner: „Spatendienst für die Nation? ", WDR III, 27. 3. 1971, Ms. S. 4.
22 Zit. nach B. Schultheiß, „Kirche und Kriegsdienstverweigerung", Freiburg 1968, S. 12.
23 Unter ihnen die Generale Graf von Kielmansegg, Heusinger, Speidel, Foertsch und der Oberst Graf von Baudissin.
24 Vgl.: Fritz Krause, Antimilitärische Opposition in der BRD 1949–1955. Frankfurt 1971, S. 36

Zweiten Weltkrieges ab. Zwischen den deutschen Soldaten und Offizieren auf der einen und Hitler auf der anderen Seite bestehe ein grundsätzlicher Unterschied, versichert der spätere Präsident der Vereinigten Staaten von Amerika: „Was mich betrifft, so bin ich nicht der Ansicht, daß der deutsche Soldat als solcher seine Ehre verloren hätte“[25]. In Paris beginnen am 15. Februar Verhandlungen über die Gründung einer Europäischen Verteidigungsgemeinschaft, EVG, in die die sechs Länder, die später den Gemeinsamen Markt EWG geschaffen haben, ihre bestehenden oder aufzustellenden nationalen Streitkräfte in eine europäische Armee einbringen wollten. Die Regierung der Bundesrepublik Deutschland ist gleichberechtigter Verhandlungspartner.

1952:

27. Mai – Unterzeichnung des Vertrages zur Errichtung der EVG in Paris. Die Bundesrepublik soll 12 Divisionen mit insgesamt 250.000 Soldaten stellen. Am 10. Juni bestellt Bundespräsident Heuss vom Bundesverfassungsgericht ein Gutachten über die Verfassungsmäßigkeit des EVG-Vertrages. Später zieht er – auf Drängen Adenauers – das Ersuchen zurück.

1953:

19. März – der Bundestag stimmt in dritter Lesung mit 224 gegen 165 Stimmen von SPD und KPD dem EVG-Vertrag zu [26]. Obgleich die sozialdemokratischen Bundestagsabgeordneten auch aufgrund heftiger Proteste aus den Bezirken und Unterbezirken gegen die EVG-Verträge votieren, vertreten sie im Unterschied zu ihren kommunistischen Kollegen keine konsequent antimilitärische Politik. Der SPD gehe es nicht mehr um die Ablehnung der EVG, leitartikeln die liberalen *Nürnberger Nachrichten*, auch nicht mehr um den Zeitpunkt der Remilitarisierung, nicht mehr um die Reihenfolge: soziale Sicherheit, dann Aufrüstung, der SPD gehe es nur noch um den Modus dieser Aufrüstung[27].

„Aus Angst vor der antimilitärischen Opposition hatte die Polizei alle Zufahrtsstraßen mit transportablen spanischen Reitern‘ versperrt. Das Bundeshaus war (. . .) hermetisch abgeriegelt. Einsatz- und Funkwagen, sogar kleine Schützenpanzer und Wasserwerfer prägten das Bild der Straße. Mehrere Hundertschaften Bereitschaftspolizei standen in Nebenstraßen alarmbereit. Innerhalb stacheldrahtumzäunter ‚Igelstellungen‘ durften sich nur Passanten mit Sonderausweis bewegen. Die Wasserschutzpolizei fuhr auf dem Rhein in Höhe des Regierungsviertels Patrouille. Protestierende Passanten sind brutal niedergeschlagen worden“[28].

---

25 *Die Neue Zeitung*, München 24. 1. 1951. Zit. nach: Fritz Krause, a. a. O., S. 37

26 Vgl.: Chronik zur deutschen Frage. In: Bilanz der Bundesrepublik. Sonderheft der Zeitschrift *magnum*, Köln 1961, S. 49

27 Vgl.: Nürnberger Nachrichten, 19. 2. 1953

28 Fritz Krause, a. a. O., S. 158 f.

1954:

30. August – die französische Nationalversammlung lehnt die Ratifizierung der EVG-Verträge mit der Begründung ab, daß in der Armee (die ja in Europa immer Nachhut der Konservativen war) das nationale (chauvenistische) Ideal gegen das kleineuropäische noch nicht ersetzt werden könnte: die Konzeption einer supranationalen Streitmacht war gescheitert. Dennoch ließ die Regierung Adenauer am 15. und 16. Dezember, also knapp zehn Jahre nach Kriegsende, das Parlament über den Aufbau einer westdeutschen Armee beschließen. Vorangegangen waren nicht nur Verhandlungen mit den Siegern der kaptalistischen Welt und neuen Verbündeten, vorangegangen war auch ein propagandistischer Feldzug, in dem ungebrochen vom Nationalsozialismus übernommene antikommunistische Ressentiments verstärkt mobilisiert werden konnten. Nicht zufällig wird im selben Jahr, in dem die Wiederaufrüstung legalisiert wird, vom Bundesgerichtshof auf Antrag der Bundesregierung ein Verbot gegen die Kommunistische Partei erlassen. „Die Bundesregierung hat das Verbotsverfahren eingeleitet, als es ihr („. . .) darauf ankam, einerseits außenpolitisch den Gegensatz zur UdSSR durch einen weiteren Schritt gegen die Resultate der Potsdamer Konferenz und die dort erzielte Einigung der drei Großen zu verschärfen und andererseits innenpolitisch die zunächst relativ starke Volksstimmung zu brechen, die eindeutig gegen die Remilitarisierung gerichtet war. (. . .) Hinzu kam, daß gleichzeitig das Verbot einer Partei mit radikaler sozialistischer Tendenz helfen konnte, sozialistische Zielsetzungen allgemein nicht nur zurückzudrängen, sondern in den Verdacht der Kriminalität zu bringen . . ."[29]. Wie für die Entstehung der Bundesrepublik war der Antikommunismus Grund und Rechtfertigung[30] auch für deren Remilitarisierung. Die Bundeswehr sollte Freiheit und Recht verteidigen helfen gegen das, was Adenauer „die Aggressivität der sowjetischen Politik" nannte. Möglichen Einwänden, daß der Sowjetunion Aggressivität kaum nachgewiesen werden könne, entgegnete Adenauer prophylaktisch: „Es ist, meine Damen und Herren, eine alte Taktik des Kommunismus, den Angriff stets in der Sprache der Verteidigung zu führen"[31]. Im Unterschied zur alten Wehrmacht und als Konzession an die SPD sollte die neue Armee kein Staat im Staate sein können, sollte die politische Macht nicht von den Militärs, sondern vom Parlament

---

29 Wolfgang Abendroth, Einige Bemerkungen zur Analyse der politischen Funktion des KPD-Verbots. In: W. Abendroth, H. Ridder, O. Schönfeldt (Hg.), KPD-Verbot oder mit Kommunisten leben. Reinbek 1968, S. 27

30 Vgl.: Sven Papcke, Antikommunismus-Militarismus-NPD. In: Marxistische Blätter, 3/1967, S. 13 fff.

31 Zit. nach: Eberhard Jäckel, (Hg.), Deutsche Parlamentsdebatten, Band 3. Frankfurt 1971, S. 149

ausgehen: „In Deutschland wird die Armee unter dem Gesetz stehen, das vom Bundestag erlassen werden wird“[32]. Das Gesetz, das die Widersprüche zwischen Demokratie und Militär, zwischen (formaler) Gleichheit und hierarchischer Befehlsgewalt aufheben sollte, ging von falschen Voraussetzungen aus und hieß ‚Innere Führung‘.

Die „Innere Führung“ war gedacht als bewußter Bruch mit der preußisch-deutschen Militärtradition, in der der Soldat ein Beruf „sui generis“ war und die Streitkräfte ausschließlich an ihrer Schlagkraft statt an ihrem Auftrag gemessen wurden. Die neue Armee sollte in den demokratischen Staat integriert und auf dessen Verfassung vereidigt werden. Gemäß des konservativen Glaubenssatzes, die freiheitlich-soziale Demokratie sei gleichermaßen von links und rechts bedroht, war die ‚Innere Führung‘ nach der Konzeption ihres Ideologen Wolf Graf von Baudissin auch gegen „einen rein revolutionären Weg (. . .), welcher alles Bisherige ungeprüft über Bord wirft“[33] gerichtet. Nur ein ‚guter Staatsbürger‘ sei ein ‚brauchbarer Soldat‘, der durch einen kritischen Verstand und ein waches Gewissen fähig wird, mitzudenken, mitverantwortlich und selbständig zu handeln und ohne äußeren Befehlsdruck oder aus bloßer Furcht vor Strafe an seinem Platz zu gehorchen“[34]. In dem vom Bundesverteidigungsministerium herausgegebenen ‚Handbuch Innere Führung‘, das sich nicht an eine kritische und zu beschwichtigende Öffentlichkeit wendet sondern wie Uniform und Gewehr zum Rüstzeug eines jeden Soldaten gehört, ist von den auf Demokratisierung der Armee zielenden Vorstellungen kaum etwas zu lesen. „Innere Führung bedeutet nichts anderes als Menschenführung, und damit Erziehung im weitesten Sinne. Solange es Heere gibt, war das erste Ziel jedes Heerführers seine Truppe schlagkräftig zu erhalten. (. . .) In unserer Situation des Neuaufbaus von Streitkräften lautet die einzig legitime Frage: Wie kann die deutsche Bundeswehr in der Mitte des 20. Jahrhunderts zu einem Instrument von höchster Schlagkraft gestaltet werden? So zu fragen aber heißt, nach Ziel und Wegen der Menschenführung zu fragen“[35]. Entscheidend sind in solcher Argumentation wieder Schlagkraft und Stärke und nicht das Ziel, für das sie benötigt werden.

Die Geschichte der Inneren Führung ist die ihres Verfalls[36]. Davon zeugen die zahlreichen Krisen, die sich innerhalb der Bundeswehr auf allen Ebenen ereignen und von Zeit zu Zeit

32 Ebenda, S. 173

33 Wolf Graf von Baudissin, Soldat für den Frieden – Entwürfe zu einer zeitgemäßen Bundeswehr. München 1969, S. 24

34 Ebenda, S. 130

35 Bundesministerium der Verteidigung, (Hg.), Handbuch Innere Führung. 4. unveränderte Auflage, Bonn 1966, S. 17

36 Vgl.: Hans-Helmut Thielen, Der Verfall der Inneren Führung. Politische Bewußtseinsbildung in der Bundeswehr. Frankfurt 1970

an die Öffentlichkeit dringen. Nicht einmal dort, wo die Innere Führung Voraussetzung zu modernen Kampftechniken ist, scheint sie verwirklicht. In einer Armee, deren gesamte Generalität aus den Gründerjahren bereits der faschistischen Wehrmacht des Dritten Reiches in führenden Stellungen gedient hatte, sind Skandale wie die um den Gefreiten Raub, der als Nagold-Ausbilder Untergebene vorsätzlich demütigte, schikanierte und mißhandelte und Vorträge wie die des General Grashey, der forderte, „die Maske (Innere Führung, Anm. d. Verf.) nun endlich abzulegen, die wir uns damals vorgehalten haben",[37] nicht bloß Randerscheinungen. Zumal die in der Bundeswehr unter dem anspruchsvollen Namen politische Bildung betriebene Indoktrinierung mit antikommunistischen Stereotypen nicht einmal das einer bürgerlichen Demokratie angemessene Bewußtsein erzeugen kann. Eine Analyse der Publikationen des Führungsstabes der Bundeswehr ergibt: „Der Anspruch der Inneren Führung, durch einen Komplex von Normen und Institutionen die Armee demokratischen Institutionen zu unterwerfen, wird (. . .) rein ideologisch durch eine Manipulation der Begriffe Freiheit, Demokratie, Verteidigung, Hierarchie etc. realisiert. Die untersuchten Schriften idealisieren den Status quo der Zivilgesellschaft, indem sie ihn als im wesentlichen entfaltete Demokratie vorstellen, und sie verschleiern den Zwangscharakter der zivilen Institutionen . . ."[38]. Daß der Zwangscharakter der Zivilen Institutionen einem gedienten Bundeswehrsoldaten, dem der Wechsel von der Hierarchie der Truppe in die der Fabrik oder des Büros als Befreiung vorkommen muß, sinnlich erfahrbar und bewußt wird, steht kaum zu erwarten. Die Bundeswehr kultiviert nicht, sondern verroht. Als konsequente Fortsetzung von frühkindlicher Erziehung, Schule und Berufsausbildung übt sie in die Normen eines autoritären Staates ein, lehrt eine vollkommene Verwirrung der Begriffe: Unfreiheit wird als Freiheit, Unterordnung als Gleichheit, formale Demokratie als materiell verwirklicht und die Marktwirtschaft als sozial ausgegeben.

Neben Polizei, Grenz- und Werkschutz ist die Bundeswehr Ordnungsmacht einer Gesellschaft, in der die Arbeitskraft zur Ware degradiert wird, in der weder Freiheit, noch Gleichheit noch Brüderlichkeit möglich sind sondern Unterdrückung, Privilegiertheit und Konkurrenz. Wie der Stand der Waffentechnik dem der Produktivkräfte allgemein entspricht, entsprechen sich auch militärische und zivile Tugenden: ehemalige Soldaten sind bessere (im Sinne von: funktionieren) Arbeiter. Denn die Bundeswehr verstärkt Verhaltensweisen, die im nicht-militärischen Leben zur Reproduktion der bestehenden ausbeuterischen Ordnung unerläßlich sind. Gleichzeitig kann sie gegen

---

37 Zit. ebenda, S. 201
38 Ebenda, S. 175 f.

Radikaldemokraten, die das Grundgesetz beim Inhalt nehmen und die Grundrechte einlösen wollen, eingesetzt werden[39]. Ihr Auftrag, Demokratie und Freiheit zu verteidigen, verkehrt sich in der politischen Auseinandersetzung in sein Gegenteil: die Nutznießer von Unfreiheiten und Herrschaft zu schützen. „So kann im Namen der Freiheit, die es zu wahren gilt, einer abstrakten antlitzlosen Freiheit im allgemeinen, einer Freiheit ohne Familiennamen, die gewissermaßen als allegorische Person auftritt, der schrittweise Abbau gerade jener konkreten Freiheiten geschehen, in denen allein jene lebt. Im Namen einer schutzbedürftigen Demokratie vermag sich mit einer der Sache selbst innewohnenden geheimen Zielstrebigkeit die Entleerung und Entwertung eben jener Organe und Einrichtungen zu vollziehen, an welche die demokratischen Hoffnungen sich knüpfen. (. . .) So vermag unter dem Feldgeschrei des Antikommunismus mit scheinbar unerbittlicher Folgerichtigkeit ein politisches Machtsystem zu reifen, das alle gesellschaftlichen Regungen sich botmäßig zu machen sucht; eine Ordnung, in der schließlich nur noch eines stört: die Erinnerung an das, was verteidigt werden sollte."[40]
Verfall und Zerstörung demokratischer Institutionen, wie die zunehmende Aushölung von Grundrechten (auch das auf Kriegsdienstverweigerung) und Militarisierung der Gesellschaft sind Synonyme Eine Militarisierung, die sich nicht nur an den Beispielen Sozialisation und Notstandsgesetze nachweisen läßt sondern nahezu alle gesellschaftlichen Bereiche einbezieht. Wissenschaftler werden für die Geheimdienste angeworben und nehmen Forschungsaufträge des Verteidigungsministeriums entgegen. Die Industrie macht mit Bundeswehr-Aufträgen, die von der Verpflegung über Uniformen bis zum Panzer reichen, Riesenumsätze und -gewinne. Für Schulen, Universitäten, Renten, Gesundheitsvorsorge, Stadtsanierung und Ausbildungsförderung stehen nur unzureichende finanzielle Mittel zur Verfügung. Die Prioritäten sind eindeutig zugunsten

---

39 Kurt Georg Kiesinger, Bundeskanzler a. D., auf der Wahlkundgebung in Biberach am 22. 4. 1968 angesichts häufiger Zwischenrufe zur Frage der Notwendigkeit von Notstandsgesetzen: „Die Notstandsgesetze, die wir vorbereitet haben, bedrohen niemandes Freiheit in diesem Lande. Was würde geschehen, wenn eines Tages durch Druck von außen eine Notstandssituation in unserem Lande entstände und wir ebenso hilflos – ich zum Beispiel als Bundeskanzler – den Gewalttätigkeiten gegenüberständen, wie das in der letzten Woche der Fall war? Sie wissen, daß der Bundeskanzler keine eigenen Polizeikräfte hat . . .. Ich spreche nicht gegen Diskussionen und Demonstrationen. Ich spreche – ich sage das ausdrücklich – gegen diejenigen, die bei Demonstrationen Gewaltakte gegen Menschen und gegen Sachen begehen."
Zit. nach: Hans–Joachim Winkler, Das Establishment antwortet der APO. Opladen 1968, S. 23

40 Werner Hofmann, Stalinismus und Antikommunismus. Zur Soziologie des Ost-West-Konflikts. Frankfurt 1967, S. 166 f.

einer Armee gesetzt, die glücklicherweise nicht einmal ihre militärischen Aufgaben erfüllen kann. Da im Zeitalter chemischer und atomarer Waffen die bundesrepublikanische Bevölkerung keine Chance hat, einen nicht-konventionell geführten Krieg zu überleben, soll die Bundeswehr durch ihre Stärke und im Verband mit den NATO-Partnern den angenommenen Gegner von einem Angriff abschrecken. Die Sowjetunion soll wissen, daß der eigene Verlust an Bevölkerung, Industrie und Infrastruktur höher ist als jeder mögliche Gewinn. Indes hat eine, von Carl Friedrich von Weizsäcker geleitete Forschungsstelle Deutscher Wissenschaftler in einer umfangreichen empirischen Untersuchung[41] nachgewiesen, daß die große Vernichtungskraft der modernen Waffen keineswegs eine Friedensgarantie darstellt, sondern eher zum Präventivkrieg provoziert. Sicherheitsprobleme sind militärisch nicht zu lösen; es sei denn, es ist die Sicherheit jener gemeint, die hierzulande bislang aus jedem Krieg gestärkt hervorgegangen sind.

Die Verhältnisse menschlich bilden

Bevor die von den Universitäten, Schulen und schließlich Lehrwerkstätten ausgehende außerparlamentarische Unruhe die Auseinandersetzung mit der Bundeswehr politisierte, erwies sich Kriegsdienstverweigerung für den Staat, der organisierten Mord zur Lösung internationaler Konflikte oder – um die Sprache der Militärideologen zu gebrauchen – zur Verhinderung bewaffneter Auseinandersetzungen einkalkulierte, als gefahrlos. Ersatzdienstleistende wurden vor allem im sozialen Bereich wie in den Bethel-Anstalten, in Krankenhäusern und beim Rot-Kreuz eingesetzt. Nachdem sie ihre Entscheidung getroffen, einen Antrag formuliert, Zeugen vorgeschlagen und vor einem Prüfungsausschuß ihre Gewissensgründe glaubwürdig dargelegt hatten, war für sie gewöhnlich der Fall erledigt. Daß selbst rein religiös oder ethisch motovierte Kriegsdienstverweigerung politische Konsequenzen zeitigen müßte, wurde nicht beachtet. Typisch dürfte die aus dem Jahre 1963 stammende Begründung des Kriegsdienstverweigerers Albrecht Werner sein, der schrieb: „Groß geworden in einer Welt von Kriegen, ist mir der Mensch das einzige, an das ich mich halte. Ich liebe meine Umwelt, von der ich lerne. Alle meine Erfahrungen, ich selbst, sind abhängig von Menschen; nicht nur von den wenigen Personen, unter denen ich lebe, sondern von allem Menschlichen, von seiner Geschichte. – So verstanden, bin ich selbst der andere, und genausowenig wie ich mich zu einer Handlung bekennen kann, die mich als Menschen – und damit sittlich – zerstört, genausowenig kann ich die Vernichtung

41 Carl Friedrich von Weizsäcker, Kriegsfolgen und Kriegsverhütung, München 1971

eines anderen Menschen rechtfertigen. Indem ich erwäge, auf einen Menschen zu schießen oder im Abstrakten die Tötung menschlichen Lebens gutheiße, stelle ich mich selbst in Frage; in meiner Freiheit, weiterhin Gut und Böse zu unterscheiden. Niemals kann ich, indem ich Freiheit verteidigen will, etwas tun, was Freiheit zerstört: die Bereitschaft zum Töten! Es gibt keine Rechtfertigung dafür; nichts kann gerecht sein, was dem Menschen die Maßstäbe nimmt, an denen sich sein Gewissen orientiert!“[42]. Das Gewissen ist hier noch eine private Instanz, alle Armeen der Welt sind gleich verwerflich, zwischen imperialistischen und Befreiungskriegen besteht kein Unterschied. Die Forderungen der Ostermarschkampagne „Kampf dem Atomtod“, waren rein pazifistisch: ‚ohne kleine Leute keine großen Kriege‘ lautete eine Parole und eine andere forderte gleichmäßige Reduzierung der Truppen in Ost und West. Erst eine Analyse der Notstandsgesetze, des Bündnisses mit den faschistischen Staaten Portugal und Griechenland sowie des militärischen Eingreifens der USA in Vietnam als Teil des internationalen Klassenkampfes schärfte das politische Bewußtsein vieler Kriegsdienstverweigerer. Beim Berliner Vietnam-Kongreß wurde die strategisch gemeinte Parole „zerschlagt die NATO“ ausgegeben, eine Parole, die 1968 gelegentlich der Delegiertenkonferenz des Sozialistischen Deutschen Studentenbundes in „paralysiert die Bundeswehr“ abgewandelt wurde. Offiziösen Beteuerungen zufolge wurde das Militär durch Agitation von außen, durch Flugblätter und hektographierte Soldatenzeitungen zunehmend verunsichert. Aus Protest gegen die erweiterte Einsatzbefugnis der Bundeswehr nach innen schickten mehrere hundert Reservisten dem Verteidigungsminister demonstrativ ihre Wehrpässe mit der Begründung zurück, daß sie zum Bürgerkrieg nicht bereit seien: Kriegsdienstverweigerung wurde Teil der sozialistischen Opposition.

In seinem Jahresbericht 1969 beklagte der damalige Wehrbeauftragte des Deutschen Bundestages, Matthias Hoogen, denn auch eine Politisierung des Grundrechts auf Wehrdienstverweigerung: „Die Aktivität der verschiedenen Verbände der Kriegsdienstverweigerer hat zugenommen. Diese bemühen sich häufig, das Gewissen zu organisieren und zu manipulieren, wobei nicht selten verfassungswidrige Zielvorstellungen die auslösenden Momente agitatorischer und zersetzender Bestrebungen sind”[43]. Auch Gerhard Schröder, Verteidigungsminister der Großen Koalition, zeigte sich beunruhigt und behauptete, „daß unsere Gesetzgebung zur Regelung der Kriegsdienstverweigerung einem, wie für mich selbst jedenfalls ganz sicher

---

42 Heinz Liepmann (Hg.), Kriegsdienstverweigerung oder gilt noch das Grundgesetz? Reinbek 1966, S. 17

43 Der Wehrbeauftragte des Deutschen Bundestages, Drucksache IV/453, Sachgebiet 5, Jahresbericht 1969, Matthias Hoogen. Bonn-Bad Godesberg, 26. Februar 1970, S. 7

feststeht, organisiertem Mißbrauch durch extreme Gruppen gegenübersteht"[44]. Um potentielle Kriegsdienstverweigerer, Lehrlinge, Schüler, Studenten und Abiturienten abzuschrecken, erarbeitete die CDU/CSU Reformpläne, die den Ersatz– zu einem quasi Arbeitsdienst abändern sollte. So empfahl der Abgeordnete Carl Reinhard eine Neuorganisation des Ersatzdienstes auf der Basis der Kasernierung und sein Kollege Josef Rommerskirchen wollte die Dienstzeit verlängern, die eingezogenen Kriegsdienstverweigerer in Lager und Uniformen zwingen und sie überdies Dämme und Straßen bauen lassen.
Die sozialliberale Koalition bestellte Hans Iven, der als von Hassel-Ankläger in der Starfighter-Affaire auf sich aufmerksam gemacht hatte, zu ihrem Beauftragten für den Zivilen Ersatzdient. Das Amt eines parlamentarischen Beauftragten, einer Beschwerdeinstanz der Kriegsdienstverweigerer, schuf sie nicht. Der Entwurf zur Novellierung des geltenden Ersatzdienstgesetzes, den das Kabinett bei Redaktionsschluß dieses Buches gebilligt und dem Bundestag zugeleitet hatte, hat eindeutig defensive Funktion: durch Schaffung neuer Einsatzpläne soll ein weiteres Ansteigen der Kriegsdienstverweigerer-Zahlen verhindert werden. Damit schloß die Bundesregierung sich der Argumentation des Verteidigungsministers Schmidt[45] und der „Wehrstrukturkommission" an, die sich dem Eindruck nicht verschließen konnten, „daß zwischen der wachsenden Zahl der Wehrdienstverweigerer und der Zunahme der Wehrungerechtigkeit eine Beziehung besteht. Der Mangel an Ersatzdienstplätzen hat denjenigen Wehrpflichtigen, die als Wehrdienstverweigerer anerkannt worden sind, größere Möglichkeiten geboten, trotz aller Tauglichkeit nicht zu einer Dienstleistung herangezogen zu werden."[46].
Die Ersatzdienstleistenden, denen das neue Gesetz außer materiellen Verbesserungen nur Nachteile bringt, beginnen sich zum Widerstand zu organisieren. Sie wollen keinen Ersatz–, auch keinen Zivil– sondern einen Alternativdienst. Sie wollen statt als mögliche Streikbrecher bei Bahn und Post im sozialpädagogischen Bereich, in der Obdachlosenhilfe beispielsweise und bei Fürsorgezöglingen eingesetzt werden. Sie wollen diese Gesellschaft nicht verteidigen, auch nicht gewaltlos, sie wollen sie verändern in eine, in der wirklich Gerechtigkeit herrscht, in eine demokratische und sozialistische. Denn: „wenn die Verhältnisse die Menschen bilden, so hilft nichts als die Verhältnisse menschlich zu bilden" (Bloch).

---

44 Zit. nach: Gisela Gassner, a. a. O., S. 15

45 STERN: . . .mangelnder Disziplin? Spielt da nicht die Wehrungerechtigkeit eine Rolle? Wenn die Bundeswehr nur einen Teil der Wehrfähigen einziehen kann, fragt sich doch der Eingezogene: „Warum ausgerechnet ich? " SCHMIDT: Das glaube ich auch, und das muß geändert werden. STERN 18/1971

46 Bericht der Wehrstruktur-Kommission an die Bundesregierung, Wehrgerechtigkeit in der Bundesrepublik Deutschland. Köln 1971, S. 49

Johannes Schulz*

Erziehung zum Untertan

Die Erziehung und Ausbildung der männlichen Jugendlichen in Familien und Kindergärten Schulen und Betrieben findet für etwa die Hälfte eines jeden Geburtenjahrganges ihre Ergänzung und ihren vorläufigen Abschluß in der Bundeswehr. Mit dem Datum der Einberufung zur Bundeswehr befinden sich die männlichen Jugendlichen im „Wehrdienstverhältnis", sie gelten von jetzt bis zum Termin ihrer Entlassung als Soldat. Damit werden sie zum Gegenstand einer Erziehung und Ausbildung, die unter drei Gesichtspunkten zu betrachten sein wird: 1. als Ergänzung der bisherigen „zivilen" Erziehung und Ausbildung, und 2. als Erziehung und Ausbildung für spezifisch militärische Zwecke, und 3. unter dem Gesichtspunkt, wieweit militärische und zivile Sozialisation miteinander zusammenhängen und sich gegenseitig modifizieren bzw. inwieweit sie voneinander abgegrenzt sind.

1. Zivile Erziehung und Ausbildung

Um die Sozialisation in der Bundeswehr in Hinblick darauf zu untersuchen, wieweit sie die zivile Sozialisation ergänzt, ist es zunächst erforderlich die wesentlichsten Prozesse und Ergebnisse der Sozialisation in zivilen Institutionen darzustellen. Erst danach wird es möglich sein, die Sozialisation in der „totalen Institution" Bundeswehr richtig zu beurteilen.

Zivile Erziehung und Ausbildung in der Bundesrepublik

Unter „Ausbildung" verstehen wir im folgenden den Erwerb von Fähigkeiten, Fertigkeiten und Kenntnissen, die das Individium benötigt, um bestimmte Aufgaben mit Erfolg lösen zu können. „Erziehung" meint hingegen den Prozeß der Aneignung bestimmter Normen und Werthaltungen. Als „Sozialisation" zusammengefaßt bezeichnen beide jenen Prozeß des Zusammenwirkens verschiedener, insbesondere sozialer und psychischer Faktoren, die das hervorbringen, was man in unserer Gesellschaft einen „erwachsenen Mann" zu nennen pflegt. Zwei Merkmale sind entscheidend für die Sozialisation in unserer Gesellschaft: Erstens ist diese Sozialisation in ihrer Zielsetzung und Wirkung ausgerichtet auf die Unterdrückung individuellen Luststrebens und die Verhinderung von freier Selbst-

---

* Für wertvolle Hinweise habe ich besonders Christa Sperling zu danken

bestimmung; zweitens verläuft sie unterschiedlich in den Klassen bzw. Schichten der Gesellschaft. Diese beiden Feststellungen sollen im folgenden näher erläutert und abschließend resümiert werden.

„Die Familie ist die erste und zugleich wichtigste Sozialisationsinstanz, mit der das zukünftige Mitglied der Gesellschaft in Berührung kommt.“[1] Überspitzt ließe sich formulieren, „daß alles, was aus einem Kind wird, von der Familie abhängt“[2], insofern die ersten Lebensjahre eines Kindes sein Verhältnis zu seiner Umwelt und zu sich selbst, seinen Charakter und sein Sprachverhalten prägen. Das Kleinkind ist von seinen Eltern total abhängig, und alle wesentlichen Lernprozesse – Reinlichkeitserziehung, Laufen und Sprechen – werden in der Regel durch die Eltern vermittelt. Von deren Eigenarten und deren Verhältnis zu dem Kind gehen daher die intensivsten Einflüsse aus, die ein Mensch in seinem Leben erfährt. Somit ist von entscheidender Bedeutung ob die Eltern dem Kind verschiedene Möglichkeiten des Verhaltens anbieten und ihm im übrigen die Wahl selbst überlassen, oder ob sie die physische und psychische Abhängigkeit des Kindes ausnutzen, es zu der von den Eltern gewünschten Verhaltensweise zu zwingen. Letzteres pflegt bei uns normalerweise der Fall zu sein. Die Eltern erziehen ihre Kinder nicht dazu, zwischen verschiedenen Alternativen diejenige zu wählen, die den Wünschen und Bedürfnissen des Kindes am meisten entspricht, sondern sie erziehen mit Geboten und Verboten, sie schränken die Verhaltensmöglichkeiten ein und geben dem Kind Regeln und Wertmaßstäbe vor, die nicht der Erfahrung und den Überlegungen des Kindes entspringen. Das Kind hat nur die Wahl zwischen Gehorsam und Strafe. Gleichviel, ob die Eltern mit Lob und Tadel, mit Spott und Verachtung, oder mit Prügel erziehen, gleich auch, ob das Kind lediglich in seinem Verhalten den Anforderungen nachkommt und nur schein-sozialisiert wird, oder ob es diese Anforderungen verinnerlicht und zu seinen eigenen macht: entscheidend ist, daß diese Anpassung unter dem mehr oder minder subtilen Zwang der Eltern erfolgt. Das Kind gehorcht und unterwirft sich, die Eltern fordern und erzwingen.

Nach diesem Modell nun vollzieht sich auch die weitere Sozialisation. Die Erwachsenen, Lehrer oder Ausbilder, setzen die Ziele der Erziehung und Ausbildung, d. h. das gewünschte Verhalten fest und das Kind oder der Jugendliche hat nicht die Möglichkeit, nicht zu gehorchen, es sei denn unter außerordentlichen Risiken. Nach diesem Modell pflegt aber das Kind selbst auch seine eigenen Bedürfnisse zu behandeln. Da das Verhältnis der Erwachsenen zum Kind ein Verhältnis der

---

1 G. M. Rückriem, Der gesellschaftliche Zusammenhang der Erziehung. In: W. Klafki u.a., Erziehungswissenschaft 1, Fischer Bücherei 6106, Funk-Kolleg, Frankfurt/M. 1970, S. 271

2 ebd., S. 275

Herrschaft und Unterdrückung ist, pflegt das Kind seine eigenen Bedürfnisse zu unterdrücken, sobald es die ihm aufgezwungenen Normen verinnerlicht hat.
Für eine differenziertere Betrachtung ist nun wesentlich, mit welchen Mitteln die Eltern den Gehorsam erzwingen, und auf welche Weise das Kind sich anpaßt. Diese Formen sind nun nach den sozialen Klassen zu unterscheiden.
Die „Oberschicht" erzieht ihre Kinder vorwiegend durch Spott und Hohn. Da die Kinder keine Möglichkeit haben, die von ihren Eltern vertretenen Forderungen auf ihre Berechtigung hin zu prüfen, und da ihnen die Realität weitgehend nur in der Form zugänglich ist, in der sie ihnen von den Eltern dargestellt wird, wird das Kind diesen Spott auf sein Versagen gegenüber diesen Erwartungen anwenden, und das heißt, sich selbst verachten. Um dieser Selbstverachtung zu entgehen, steht es beständig unter dem Zwang, Erfolg zu haben; aus Angst zu versagen, d.h. nicht ernst genommen zu werden, wird es zu übersteigertem Konformismus, zu einer Art „Marktorientierung", neigen.
Die Angehörigen der Mittelschicht, d.h. vor allem Angestellte und Beamte, erziehen die Kinder vorwiegend mit Lob und Tadel. Dies begründet bei den Kindern im Falle des Gehorsams die Erwartung, „privilegiert" zu werden. Ungehorsam löst hingegen Schuldgefühle aus. Dies veranlaßt die Kinder, die Erwartungen ihrer Eltern zu verinnerlichen, als „Über-Ich", welches nun auch ohne Eingreifen anderer dafür sorgt, daß das Kind tut, was von ihm erwartet wird, da es Angst vor seinen Schuldgefühlen hat. Die Kinder werden früh gezwungen, vereinzelt, selbstständig auszukommen. Diese psychische Struktur begünstigt offenbar Lernfortschritte in hohem Maße. Die „Privilegierungserwartung" schafft typischerweise auch den Typus des „Strebers" und „sozialen Aufsteigers".
Die Angehörigen der „Unterschicht", d.h. vorwiegend Arbeiter, erzwingen Gehorsam und Triebverzicht weitgehend mit körperlichen Strafen, ohne ihn besonders zu belohnen. Dies verhindert die Entwicklung eines Selbstwertgefühls. Die Kinder gehorchen aus Angst vor realer physischer Bestrafung, ihr Gehorsam bleibt äußerlich. Das Selbstwertgefühl, daß sie selbst wegen dieser Abhängigkeit nicht haben können, wird auf andere projiziert. Zur Steuerung ihres Verhaltens bleiben sie weitgehend auf Autoritäten angewiesen, die jene Selbständigkeit zu haben scheinen. Kilian, nach dem diese Feststellungen referiert sind, bezeichnet darum diese psychische Struktur als „symbiotisch".[3]

3 Hans Kilian, Grundlagen einer dialektischen Sozialpsychologie. Vorlesung an der Universität Göttingen WS 1970, 5. Vorlesung: Klassenspezifische Sozialisation und das Problem einer dialektischen Kompetenz sozialen Handelns, nach eigenen Notizen des Verfassers.

Die für die Mittelschichten-Eltern charakteristische Erziehung mit Lob und Tadel und deren besondere Art des Sprachgebrauchs sind nun ebenfalls charakteristisch für die Erziehung in den Schulen. Das wesentliche Mittel der Schule bzw. des Lehrers, Gehorsam zu erzwingen, ist die Benotung, das Verteilen von Zensuren. Es ergibt sich daraus, daß Unterschichten-Kinder, deren Gehorsam auf direkten Methoden der Bestrafung beruht, und die keine „Privilegierungserwartung" haben, weniger leicht den Leistungsforderungen der Schule nachkommen, (abgesehen davon, daß ihre Sprachgewohnheiten ihnen ohnehin das Verständnis erschweren, da die Lehrer zur Mittelschicht zu rechnen sind bzw. sich an dieser orientieren.) Solche Methoden wie „Strafarbeiten" und „Nachsitzen" erscheinen für diese Kinder eher geeignet und werden in den Volksschulen, deren Mittel- und Oberstufen weitgehend von Kindern der Unterschicht besucht werden, häufiger angewandt als in Realschulen und Höheren Schulen. Die Erziehung durch Lob und Tadel erscheint „demokratischer", indem sie den Gehorsam scheinbar der freien Entscheidung der Schüler überläßt. Dies kann aber kaum darüber hinwegtäuschen, daß auch diese Freiwilligkeit eine Fiktion ist. Von den Schuldgefühlen abgesehen ist das Sitzenbleiben bislang noch eine durchaus reale Gefahr.
Für die Arbeiterkinder, die in die Lehre gehen bzw. arbeiten, wird im Betrieb nur wiederholt und verstärkt, was sie gewohnt sind: kommandiert zu werden zu Beschäftigungen, deren Sinn sie meist nicht einsehen und die ihnen im übrigen gleichgültig sind, da sie mit ihren realen Bedürfnissen ohnehin nichts zu tun zu haben. Die Befriedigung der eigenen Bedürfnisse wird auf die Freizeit verschoben. Zur wesentlichen Motivation wird der Besitz von Konsumartikeln bzw. der Lohn. Die erbrachten Leistungen, der Gehorsam, werden zur Ware. Wer arbeiten und gehorchen muß, um zu leben der arbeitet und gehorcht, und dies ist für den jungen Arbeiter desto eher notwendig als er für seine Familie eine Belastung bedeutet.
Zwischen dem 18. und 20. Lebenjahr etwa haben die meisten Arbeiterkinder ausgelernt sind vollwertige Arbeitskräfte. Die Eltern haben kaum mehr die Macht, irgendwelchen Gehorsam zu erzwingen. Die Unternehmer können nicht mehr Gehorsam erlangen als sie bezahlen. Der junge Arbeiter ist in der Lage, ungehindert seine eigenen Interessen wahrzunehmen. Die Gefahr direkter Bestrafung ist stark herabgesetzt, erstmals erhält er die Chance, ein Selbstwertgefühl nicht bloß an anderen zu entdecken, sondern selber zu entwickeln, durch seine finanzielle Selbständigkeit darin untersützt. Wer ein Selbstwertgefühl besitzt der kann durch Befehle und Unterdrückung beleidigt werden. Wer beleidigt wird, entwickelt Aggressionen, und die Frage stellt sich, wie lange er sich noch kommandieren läßt. Die ihn kommandieren, das sind nun aber nicht mehr Eltern und Lehrer, sondern „Arbeitgeber", jene Leute, deren Ei-

gentum an den Produktionsmitteln den Arbeiter zum Gehorsam zwingt, obwohl niemand da ist, der ihn prügeln könnte.
Und dann gibt es noch die Mittelschichten-Kinder mit ihrer „Privilegierungserwartung." Sie haben zu dieser Zeit ihre Mittlere Reife und eine Lehre oder das Abitur. Sie haben die Leistung gebracht, die Eltern und Lehrer von ihnen verlangt haben. Sie erwarten nun das Lob, das Privileg. Dies bekommen sie natürlich vorerst nicht, sondern sie erfahren: nun arbeitet erst mal. Oder: noch einmal das gleiche, auf der Universität. Die Gefahr besteht, daß diese Streber von Erziehung wegen sich in ihrer „Privilegierungserwartung" enttäuscht sehen. Damit entfällt die Begründung ihres Gehorsams. Zudem macht enttäuschte Liebe rachsüchtig. Sie würden sich natürlich zunächst gegen jene Autoritäten und jene Schein-Begründungen wenden, mit denen die Mittelschicht ihre Normen zu rechtfertigen pflegt. Kritik mit Worten also. Es dürfte aber unangenehm sein, wenn diese Kritik sich gegen jene geheiligten Kühe der bürgerlichen Demokratie und der sozialen Marktwirtschaft richtet, die ihnen im Gemeinschaftskundeunterricht vorgestellt wurden.
Erziehung und Ausbildung für Ziele, die nicht die Ziele derer sind, die erzogen und ausgebildet werden, ist nur möglich durch Unterdrückung und Zwang. Wird dazu die Methode physischer Gewaltsamkeit verwendet, dann muß dieses Mittel immer erneut demonstriert werden, damit die Angst bleibt. Wird dazu das Versprechen einer Privilegierung verwendet, dann muß dieses Versprechen gehalten werden, sonst erscheint es als Betrug. Wer jemanden bestechen will, muß auch die Mittel dafür haben.
Die Erziehung und Ausbildung, verstanden als Unterdrückung und Bestechung, war also bis hierher fast perfekt. Nun ist es erforderlich, noch einmal Gewalt zu demonstrieren, für jene, die sich betrogen fühlen. Nun ist es erforderlich, einige Privilegien zu gewähren. Die Gewalt und die Bestechung müssen nachdrücklich erneuert werden und zwar nicht von untergeordneten Stellen wie Eltern, Lehrern oder Lehrherren. Sondern von der höchsten Autorität: von Staats wegen.

Der „letzte Schliff": Militärische Sozialisation als Ergänzung der zivilen Erziehung und Ausbildung

In der Bundeswehr und der Allgemeinen Wehrpflicht steht der Gesellschaft für den skizzierten Zweck ein geeignetes Instrumentarium zur Verfügung. Die Umwandlung des Zivilisten in den Soldaten ist ein Akt äußerster Gewaltsamkeit; die militärische Hierachie bietet ausreichende Möglichkeiten der Privilegierung. Die Bundeswehr ist eine „totale Institution", ähnlich den Zuchthäusern. Damit bietet sie die geeigneten Bedingungen, die durch den Übergang in den Erwachsenenstatus hervorgerufene Gefährdung des Gehorsams der männlichen Jugend nicht nur zu bekämpfen und rückgängig zu machen, sondern diesen Gehorsam auch dauerhaft werden zu lassen. Damit vervollständigt die Bundeswehr zugleich die im zivilen Bereich vernachlässigte Politische Bildung. Diese Feststellungen sind in der folgenden Analyse der Sozialisation in der Bundeswehr näher zu belegen.

Die Mehrzahl der auf Grund der Allgemeinen Wehrpflicht in der Bundeswehr dienenden jungen Männer sind Kinder von Arbeitern und selbst schon Arbeiter. Soweit sie auf Grund ihrer ökonomisch begründeten Unabhängigkeit von der Familie ansatzweise ein Selbstwertgefühl entwickeln, soweit die Angst vor Strafe als Hauptmotiv ihres Gehorsams gegen gesellschaftliche Anforderungen nicht mehr besteht und durch das Bedürfnis nach Konsumgütern abgelöst worden ist, soweit also die jungen Arbeiter in die Lage kommen, ihre eigenen Interessen wahrzunehmen, wird es Ziel der Bundeswehr-Sozialisation sein, ihr neues Selbstwertgefühl zu erschüttern und, wenn möglich, zu vernichten und die Strafangst wiederherzustellen. Dieses Ziel wird in des Bundeswehr durch eine ganze Reihe von Maßnahmen erreicht, wobei kennzeichnend ist, daß diese Maßnahmen, die sämtlichst auch in der zivilen Sozialisation Verwendung finden, sich hier auf einen Punkt und auf eine relativ kurze Zeitspanne konzentrieren, auf die „Allgemeine Grundausbildung“, die die Soldaten aller Teilstreitkräfte in mehr oder minder gleicher Form drei Monate lang durchlaufen.

Die Allgemeine Grundausbildung ist zweifellos die brutalste Form der Unterdrückung, die der bürgerliche Staat gegen seine nicht straffällig gewordenen Bürger einzusetzen hat. Ihre Hauptziele in Hinblick auf die Erziehung lassen sich wie folgt angeben:

- Möglichst vollständige Vernichtung des Selbstwertgefühls;
- Erzeugung möglichst intensiver Strafängste;
- nachdrückliche Demonstration der Aussichtslosigkeit jeder Art von Widerstand;
- Unterwerfung unter die von den Ausbildern vertretenen Normen und Werte. Annahme „soldatischer“ Verhaltensweisen.

Die Vernichtung des Selbstwertgefühls, der Individualität, wird in der Allgemeinen Grundausbildung vor allem mit folgenden Methoden betrieben: Verunsicherung des Status. Der junge Wehrdienstleistende ist juristisch Soldat. Das Soldat-Sein besteht für ihn zunächst fast ausschließlich darin, kein Zivilist mehr zu sein, das heißt aller zivilen Rechte beraubt zu sein. Bereits am ersten Tag in der Kaserne wird ihm klargemacht, daß er kein Zivilist mehr ist. Zugleich aber auch: daß er noch kein Soldat ist, denn er beherrscht nichts von dem, was einen Soldaten auszeichnet. Sein Status wird denn auch mit dem Wort „Rekrut“ bezeichnet. Das ist ein ehemaliger Zivilist, aus dem die Ausbilder einen Soldaten machen werden. Zweite Methode: Entpersönlichung. Der Soldat erhält die „Hundemar-

ke", ein Blech mit seiner Personenkennziffer. Er wird in eine Uniform gesteckt und erhält einen Dienstgrad, den untersten der militärischen Hierarchie. Er heißt nicht„Meier" und nicht „Herr Meier" und nicht „Oskar Meier", sondern: Schütze Meier, Oskar. Sein Äußeres wird nicht nur durch die Uniform standardisiert, sondern auch durch die Länge der Haare, die saubere Rasur und die kurz geschnittenen Fingernägel. Dritte Methode: Verunsicherung. Was bisher selbstverständlich war und keinerlei besonderer Beachtung bedurfte, wird zum Zeichen von Minderwertigkeit: „Sie wollen ein Soldat sein? Sie können ja nicht einmal richtig gehen." „Nehmen Sie Haltung an." „Sie stehen wie hingepißt." Vierte Methode: Rückstufung auf den Status eines Kindes. Der Rekrut der im Zivilleben das sein mag was man einen „anständigen, jungen Mann" nennt, unter Umständen Familienvater und gut verdienender Facharbeiter, wird in den Status eines Kindes versetzt, daß nicht laufen, nicht sprechen, sich nicht sauberhalten kann, das nicht in der Lage ist, irgendetwas ohne Aufsicht zu tun, oder ohne Erlaubnis. Die Ausbilder brüllen die Rekruten an, beschimpfen sie und kommandieren sie und versetzen sie so in die Lage des Kindes gegenüber dem allmächtigen Vater.
Die Erzeugung intensiver Ängste vor Bestrafung ist nicht schwer, wenn jeder einzelne Schritt reglementiert und kontrolliert wird und zusätzliche „Erziehung" mit sich bringt. Beispiele: Antreten der Kompanie klappt nicht. Folge: im Laufschritt zurück auf die Stuben, 10 Sekunden später wieder antreten und so fort. – Gesang oder Gleichschritt bei der Formalausbildung klappt nicht. Folge: im Laufschritt um den Exerzierplatz rennen (erzieherischer Zweck: die Lungen durchlüften). – Soldat läßt sein Gewehr fallen. Folge: der Befehl, Deckung zu nehmen, oder eine sonstige infanteristische Übung. – Beliebt sind Sondereinteilungen zu Reinigungsdiensten, zur „Feuerwache", Streichung des Ausgangs am Wochenende, Verlängerung der Dienstzeit, „Nachtalarm".
Widerstand ist zwecklos. Befehle müssen befolgt werden. Wer widerspenstig ist, wird schikaniert, wenn nicht er persönlich, dann seine Stube oder seine Gruppe. Auf „Dienstvergehen" stehen Strafen von „erzieherischer Maßnahme" bis Arrest. Gehorsamsverweigerung ist ein strafrechtlich verfolgbares Delikt. Die Grundausbildung ist eine physische und psychische Strapaze, und nur Masochisten können sich dauernd um die wenigen Ruhepausen bringen, die sie läßt.
In dieser Situation ist es klar, daß die Ausbilder im allgemeinen auch den verlangten Gehorsam erhalten. Der „Rekrut" wird zum „Soldaten". Er wird die Übungen mitmachen, die von ihm verlangt werden; sie werden zur Routine, die er meist fluchend und widerwillig über sich ergehen läßt.
Der intensive psychische und physische Terror der Allgemeinen Grundausbildung der „Kommiß", mag zu Toten führen wie in der Nagold-Affäre, oder mag sich harmlos geben als Er-

ziehung, die der Aufgabe des Soldaten gerecht zu werden behauptet, und die „erzieherische Maßnahmen“ und die Menschenwürde verletzende Schleifer-Manieren sparsam verwendet. Entscheidend bleibt, daß sie an den jungen Arbeitern erreicht, was ihr Ziel ist. Die Allgemeine Grundausbildung ist ein traumatisches Erlebnis in jeder Hinsicht. Wo sich ein Selbstwertgefühl entwickelt hatte, da wird es vernichtet oder verunsichert. Fortan wird der junge Arbeiter wissen, daß dieser Staat es versteht, aus einem erwachsenen Mann ein hilfloses Kind zu machen, aus einem halbwegs freien Menschen ein gefangenes Tier. Wenn dieser Staat so will, dann ist ein braver Familienvater eine mordende Kampfmaschine, dann ist ein hochqualifizierter Facharbeiter ein Schwein, das sich nach den Kommandos eines eben der Hilfsschule entronnenen Hilfsausbilders im Dreck wälzt Wo einer meinte, es sei niemand mehr, der ihn zwingen könnte, Dinge zu tun, die er nicht tun wollte, da ist nun das Wissen daß er gezwungen werden kann. Man kann einen erwachsenen Mann dazu zwingen, sich die Haare zu stutzen. Man kann ihn dazu zwingen zu schießen. Man kann ihn auch dazu zwingen zu arbeiten.

In der Allgemeinen Grundausbildung wird den Soldaten die Erfahrung ihrer Machtlosigkeit ebenso nachdrücklich vermittelt, wie die Erfahrung der Möglichkeit dieses Staates, seine Bürger zu terrorisieren. Diese dreimonatige Erfahrung der un begrenzten Unterwerfbarkeit verankert im Individuum eine dauerhafte Strafangst und Verunsicherung des Selbstgefühls. Im Falle des Ungehorsams wird es künftig auch im Betrieb im allgemeinen ausreichend sein, die Erinnerung an diese Situation wachzurufen um das Individuum zu diziplinieren. Die relative Freiheit, die der Soldat nach der Grundausbildung genießt, ebenso wie seine Freiheit nach der Ableistung des Wehrdienstes, erscheinen somit als jederzeit widerrufliche Scheinfreiheit.

Für die Jugendlichen aus der Mitttelschicht, die „Streber“ und „sozialen Aufsteiger“, erscheint die Grundausbildung zwar auch als Terror und Gewalt, darüber hinaus jedoch als Möglichkeit, Lob einzuheimsen und Tadel zu vermeiden. Unter den Bedingungen der totalen Repression ist es bereits ein Privileg, von Schikanen und besonderen Erziehungsmaßnahmen ausgespart zu bleiben. Soweit diese Jugendlichen in ihrer „Privilegierungserwartung“ nicht zu sehr enttäuscht wurden, werden sie hier immerhin für ihre Anpassungsfähigkeit damit belohnt, daß sie keinen besonderen Demütigungen unterworfen werden. Die Unverdrossenen allerdings suchen sich darüber hinaus auszuzeichnen durch besonders gute Erfüllung der Vorschriften und besonderen Einsatz in den verschiedenen militärischen Übungen. Aus ihnen werden dann die Unteroffiziere oder Offiziere.

Die zivile Erziehung und Ausbildung bringt Kinder und Jugendliche dazu, sich bestimmte Wertvorstellungen und Verhal-

tensweisen anzueignen die in der Regel nicht den Bedürfnissen der Kinder und Jugendlichen entsprechen. Daß sie dennoch den an sie gerichteten Erwartungen nachkommen, wird bei Arbeiterkindern vorwiegend durch physische Gewalt und Strafandrohung und die Verhinderung der Entwicklung eines Selbstwertgefühls erreicht, bei Kindern der Mittelschicht dagegen vorwiegend durch Bestechung mittels des Versprechens von Privilegien, durch Lob und Tadel. Diese Sozialisation findet vor allem statt in den Familien, und setzt sich in Schulen und Betrieben fort. Mit dem Ende der Schulzeit und der Lehre um das 18. Lebensjahr gewinnen die Arbeiterkinder ökonomische Selbständigkeit. Damit entfallen für sie weitgehend die Strafdrohungen, die bisher den Gehorsam gegen die Erwartungen der Gesellschaft erzwungen haben, und sie erhalten die Chance ein eigenes Selbstwertgefühl zu entwickeln. Die Kinder der Mittelschichten haben zu dieser Zeit ebenfalls die hauptsächlichen Erwartungen von Eltern und Schule erfüllt, und erwarten nun ihrerseits die Belohnung. Diese muß jedoch ausbleiben, insofern nämlich Arbeit oder Studium kaum als Belohnung angesehen werden können. Soweit sie nicht bereit sind, ihre Privilegierungserwartung abermals zu verschieben, ist Enttäuschung die Folge, und möglicherweise Rebellion gegen die bislang für richtig gehaltenen Vorstellungen und gesellschaftlichen Normen.
An dieser Stelle nun greift die Bundeswehr ein als eine staatliche Institution, da alle anderen gesellschaftlichen Institutionen nicht mehr in der Lage sind, die Jugendlichen nennenswert zu beeinflussen. Ziel dieses Eingreifens ist es einerseits, eine dauerhafte Strafdrohung zu schaffen, die nicht durch ökonomische Selbständigkeit geschwächt werden kann, und zwar vor allem für die Arbeiterkinder. Andererseits gilt es für die Mittelschichten-Kinder Privilegien zu schaffen, die diese zu weiterem Gehorsam veranlassen.
Während Mittelschichten-Angehörige die Erfahrung machen, daß ihr Wohlverhalten tatsächlich auch von der höchsten Autorität, d. h. von Staats wegen, mit der Erteilung von Privilegien belohnt wird, und somit zur weiteren Erfüllung von Leistungsforderungen motiviert werden machen die Unterschichten-Angehörigen die Erfahrung, daß Ungehorsam auch außerhalb von Familie und Schule bestraft wird, und zwar jetzt durch den Staat, durch eine Gewalt, der sie nicht entrinnen können. Während Mittelschichten-Angehörige auf Grund der Bestechung mit der Leistungserfüllung eigene Interessen verbinden können und ihr Gehorsam prinzipiell gesichert ist, ist dies bei Unterschichten-Angehörigen nicht der Fall. Infolgedessen kann den Mittelschichten-Angehörigen ihr Handeln weitgehend selbst überlassen werden und der formale Gehorsam braucht nicht allzu wichtig genommen zu werden. Von den Arbeitern muß hingegen gerade dieser formale Gehorsam verlangt werden, sie sind zu trainieren, immer genau das zu

tun, was von ihnen verlangt wird, und nichts ohne Anweisung zu tun. Untertanen sind beide: beliebig verfügbare Mittel des Staates und der wesentlichen zivilen Autoritäten, der Unternehmer. Verschieden sind nur Art und Begründung des Gehorsams.
Die Methoden und Zielsetzungen der Erziehung und Ausbildung in der Bundeswehr sind damit keineswegs vollständig beschrieben. Es wäre mißverständlich zu meinen, die Bundeswehr bediente sich ausschließlich der Methode physischer Gewaltsamkeit und physischen Terrors. Dies sind nur die unentbehrlichen Hauptmethoden gegenüber den Arbeitern. Würden Erziehung und Ausbildung sich in diesen Methoden erschöpfen, so bestände für keinen Menschen irgend ein Zweifel mehr daran, daß er kein „Staatsbürger" ist, sondern ein „Untertan". Und es könnte auch keinerlei Zweifel daran bestehen, daß die Bundeswehr-Sozialisation nichts anderes darstellt, als ein Mittel zur Unterdrückung der Arbeiterklasse. In einer Gesellschaft, die auf dem Privateigentum einiger weniger an den Produktionsmitteln beruht, die auf der Ausbeutung der Arbeiterklasse gegründet ist, kann eine solche Erkenntnis nicht erwünscht sein, da sie das System gefährden würde. Die Bundeswehr ist also einerseits gezwungen, die Sozialisation der Arbeiter mit Gewalt vorzunehmen; sie ist auf der anderen Seite gezwungen, den Eindruck dieser Gewalt wieder zu verwischen und die Tatsache der Gewalt aus dem Bewußtsein der Arbeiter zu verdrängen so daß ihre Angst nur noch unbewußt wirken kann. Der Terrorapparat ist gezwungen, die Terrorisierten für sich einzunehmen, in den Unterdrückten das Einverständnis mit der Unterdrückung herbeizuführen. Die Mittel, dieses zu erreichen, sollen nun kurz skizziert werden.
Auf die Allgemeine Grundausbildung folgt die wesentlich mehr Freiheit lassende Vollausbildung. Daß die Vollausbildung, oder die Verwendung im Truppendienst, gegenüber der Grundausbildung als „liberal" erscheint hat nun Folgen für die Haltung der Soldaten. Sie haben diese plötzliche „Freiheit" zu verstehen. Da die „Freiheit" den größten Zeitraum des Wehrdienstes einnimmt müssen sie die Erfahrung der Allgemeinen Grundausbildung aus der Perspektive des „fertigen" Soldaten verstehen.
Und was dabei herauskommt, das ist jedem bekannt, der Bundeswehr-Reservisten ihre Erfahrungen hat austauschen hören. Die Grundausbildung erscheint nun als eine Bewährungsprobe männlicher Härte. Man ist stolz, daß man diese Tortur überstanden hat. Die Grundausbildung wird als notwendig angesehen, um zum „Soldaten" zu werden. Die relative Freiheit der Vollausbildung erscheint als Belohnung dafür, daß man die Strapazen überstanden hat. Weil man nicht anders als so, nämlich durch diese Grundausbildung, hätte „Soldat" werden können, erscheint der körperliche und seelische Terror nachträglich als gerechtfertigt. Indem die Unterdrückung als not-

wendiger Bestandteil der Ausbildung akzeptiert wird und nicht mehr geprüft wird, warum diese Unterdrückung stattfand und wem sie diente, wird es möglich, die beiden wesentlichen anderen Methoden neben dem Terror wirksam werden zu lassen, die die Sozialisation in der Bundeswehr auszeichnen: die ideologische Indoktrination und die Integration in Kleingruppen (Kameradschaft).

„Der Zusammenhalt der Bundeswehr beruht wesentlich auf Kameradschaft. Sie verpflichtet alle Soldaten, die Würde, die Ehre und die Rechte des Kameraden zu achten und ihm in Not und Gefahr beizustehen. Das schließt gegenseitige Anerkennung, Rücksicht und Achtung fremder Anschauungen ein." (Soldatengesetz, § 12).

„Kameradschaft erweist sich im Handeln und im rechten Einstehen füreinander. Sie ist das Band, das die Truppe in allen Lagen fest zusammenschließen soll. Im Alltag wie in der Stunde der Gefahr gibt sie Zuversicht und Halt. Wer mehr zu leisten vermag, muß dem weniger Erfahrenen und Schwächeren helfen. Falscher Ehrgeiz, Selbstsucht und Unaufrichtigkeit zerstören die Kameradschaft" (Aus: Leitsätze für die Erziehung des Soldaten, ZDv 11/1).

In der Praxis wird Kameradschaft erzwungen durch das Verfahren der Kollektivbestrafung bzw. Kollektivbelohnung. „Erzieherische Maßnahmen" werden weit häufiger gegen Stubengemeinschaften, Gruppen oder den ganzen Zug oder die Kompanie verwandt als gegen Einzelne. Das ist zwar an sich nicht zulässig, „wenn die Erziehung eines einzelnen möglich ist und ausreicht"[4] aber ebenso üblich wie der Verstoß gegen folgende Vorschrift: „Maßnahmen die den Zweck verfolgen, den in einer Gruppe verborgenen Täter zu treffen oder die Angehörigen einer Gruppe zu zwingen, den Täter zu nennen, sind unzulässig."[5] Das Verhalten der einzelnen Soldaten richtet sich weitgehend nach den in seiner Gruppe oder Stubengemeinschaft herrschenden Normen. Befindet er sich in einer Gruppe, die den besonderen Ehrgeiz hat, alle Anforderungen zu erfüllen, so wird es ihm schwerfallen, sich undiszipliniert zu verhalten, weil er damit die Gruppe den Bestrafungen aussetzt und innerhalb der Gruppe isoliert wird. Umgekehrt gilt das gleiche in einer Gruppe, deren Normen vorschreiben, gelegentlich „aufzufallen".

Die Kameradschaft, die im übrigen ihre größte Wirksamkeit unter den Streß-Bedingungen der Grundausbildung hat, hilft mit, den Soldaten an der Führung eines Privatlebens zu hindern, ihn zu zwingen auch in der Freizeit „Soldat" zu sein: „Die Mitglieder der soldatischen Gemeinschaft sollen ihr gegenseitiges Verhalten nach den befohlenen Leitlinien der Kameradschaft einrichten. Dieser dem Intimleben entlehnte Begriff offenbart ebenfalls totalitäre Züge: die Postulate der Ka-

---

4,5 Erlaß „Erzieherische Maßnahmen" vom 20.2.1965

meradschaft anerkennen keine Trennung des Privatlebens von den Dienststunden eines Soldaten ..."[6] In ihrer durch den Terror verursachten Hilflosigkeit benötigen die Soldaten zur Aufrechterhaltung ihres emotionalen Gleichgewichts eine Person oder Institution, die ihr Verhalten steuern, und an deren Selbstwertgefühl der Soldat teilhaben kann, da ihm ein eigenes Selbstwertgefühl unter diesen Bedingungen nicht möglich ist. An die Stelle seines eigenen Ich tritt die Gruppe, mit der er sich identifiziert. Da diese Gruppe vor allem versucht, die Kollektivbestrafungen möglichst gering zu halten, werden auf diese Weise die Erwartungen der Ausbilder unmittelbar in Verhaltensanweisungen für den Soldaten übersetzt. Was hier „Kameradschaft" genannt wird ist nichts weiter als die Unterordnung unter die Normen einer durch Zwang zustande gekommenen Gruppe. Auch diese Unterordnung beruht nicht auf einer freien Wahl, sondern auf einer psychischen Notsituation. Die „Kameradschaft" ist nicht das Verhältnis freier und selbständiger Menschen, die einander akzeptieren im Bewußtsein des Selbstwerts des anderen; „Kameradschaft" ist vielmehr das einzige Mittel, einer Situation zu begegnen, die das Individuum zu zerstören droht. Andernfalls würde nämlich der angehende Soldat in vollständige Apathie verfallen, wie man sie gelegentlich bei Geisteskranken findet, oder er würde in wahlloser Zerstörungswut in der Kaserne Amok laufen, wie gelegentlich bei Zuchthäuslern zu beobachten ist. Solche Folgen der Ausbildung würden die Kampfkraft der Truppe sicherlich nicht erhöhen. Erstens um diesen unerwünschten Auswirkungen zu begegnen zweitens aber auch, um die zuvor ja willentlich erzeugte Hilfslosigkeit zu erhalten und auszunutzen, wird den derart gefährdeten Rekruten ein festes, von oben bestimmtes Gefüge von Regeln und Personen angeboten. In diesem Gefüge hat er seinen festen Platz, der durch seine Aufgaben darin bestimmt ist (Beispiel: 3. Mann in Gruppe 1 in der Reihe. Aufgabe: Drittgrößter sein). In diesen Aufgaben, die sich stereotyp wiederholen aber nur in diesen Aufgaben, kann er seine Energien verwenden.

Das Individuum wird zerstört, um die Gruppe leistungsfähig zu machen. Die durch den dauernden Zwang in den Rekruten erzeugten Aggressionen gegen die Ausbilder werden umgelenkt, auf andere Gruppen und zur Leistungssteigerung nutzbar gemacht, indem die härtesten militärischen Übungen, z.B. Eilmärsche, wettbewerbsmäßig durchgeführt werden. Im übrigen aber werden diese Aggressionen durch den Aufbau eines politischen Freund-Feind-Bildes militärisch, politisch und ökonomisch verwertet. Das Freund-Feind-Bild wird auf allen Stufen des theoretischen Unterrichts und der Ausbildung vermittelt. Der „Feind" oder „Gegner" wird im allgemeinen nicht näher benannt. Aber jeder weiß, wer es ist, und gelegentlich

6 Wido Mosen, Bundeswehr – Elite der Nation? Neuwied/Berlin 1970 S. 59

wird das auch deutlich gemacht. So durch die Vorführung von Lehrfilmen über die Angriffstaktik der sowjetischen Armee im Zweiten Weltkrieg. So im staatsbürgerlichen Unterricht durch die Behandlung des Themas „Das Leben unter kommunistischer Herrschaft". In den ziemlich regelmäßigen Sicherheitsbelehrungen der Vollausbildung wird über Spionage und Zersetzung berichtet (Freiheitssender 904). Der „Spi-Sa-Zer" (Spion-Saboteur-Zersetzer) wird als bösartige Karikatur ans Schwarze Brett geheftet. Außer den Panzern der Bundeswehr werden im allgemeinen nur sowjetische Panzer vorgestellt. Alle Ausbildungsmaßnahmen beim Schießen, der Panzernahbekämpfung, der Gefechtsausbildung werden mit dem Verhalten „des Feindes" begründet. Die Manöverpatronen der Gefechtsausbildung werden gegen imaginäre „feindliche Spähtrupps" oder dergleichen verschossen. Der Soldat befindet sich im Kampf, und alle seine Handlungen stehen in Beziehung zu diesem Kampf. Er lernt daß die „Verteidigung" gegen Russen und Kommunisten gerichtet ist, und daß seine ganze Existenz als Soldat „Verteidigung" ist. Tatsächlich befindet sich der Soldat auch in einem realen Kampf. Sein Gegner ist allerdings nicht der Russe. Sein Gegner ist der militärische Apparat, der sich mit allen Kräften bemüht, seine Persönlichkeit zu zerstören. Indem jedoch über die Gruppensolidarität, die relative Freiheit nach der Grundausbildung und die ideologische Indoktrination eine Identifikation mit diesem Apparat herbeigeführt wird, werden die Aggressionen nach außen gelenkt. Die Bedeutung dieser Politischen Bildung darf jedoch nicht überschätzt werden Ihr Niveau liegt allenfalls auf dem der Volksschule, wenn nicht darunter. Sie ist pädagogisch ausgesprochen unqualifiziert: „Barscher Ton, Befehlssprache, Kniebeugen, Liegestütze zur Aufmunterung und Lockerung, Tadel oder gönnerhafte Hinnahme von Kurzreferaten der Abbruch von Diskussionen, das Untersagen weitere Meinungsäußerungen, die Ahndung von Unaufmerksamkeit durch Stehenlassen, Überwachung durch Unteroffiziere formalistischer Unfug wie die scharfen Ermahnungen zu militärisch straffer Sitzhaltung, „zackigem" Aufstehen und Hinsetzen machen die geistige Rüstung zur Farce . . ."[7] Die im Unterricht vermittelten Inhalte – Antikommunismus Lob der freiheitlich- demokratischen Grundordnung der BRD, Teilung Deutschlands, NATO, etwas Zeitgeschichte, Nationalsozialismus (zusammen mit Kommunismus unter der Rubrik „Totalitarismus") – haben eine für das Verhalten entscheidende Bedeutung vermutlich nur für die Angehörigen der Mittelschicht. Für die Arbeiter gehören sie zu der allgemeinen Dressur. Wie man auf den Befehl „Stillgestanden" stillsteht, so antwortet man auf die Frage „Was verteidigen wir?": „unsere freiheitlich-demokratische Grundordnung". Daß die Soldaten dies ernstlich durchdenken,

7 Peter Balke, Der politische Unterricht in der Bundeswehr. Auswertung einer Fallstudie, Diss., Kiel 1969, S. 229

ist nicht anzunehmen, da ihnen zuerst als Kindern und Jugendlichen und nun als Wehrpflichtigen die Mehrzahl aller Grundrechte bislang verwehrt gewesen ist. Die intellektuell am besten ausgebildeten Soldaten, die Abiturienten (die nicht Offiziere oder Unteroffiziere werden) unterzieht man denn auch einer Sonderbehandlung in Form der jährlichen „Abituriententagungen", einer Art politischer Seminare, in denen der Antikommunismus in wesentlich subtilerer Form dargeboten wird. Da jedoch dieser „Lehrstoff" nicht in irgendeiner Form geprüft wird, ist die Funktion des politischen Unterrichts in der Bundeswehr wohl kaum darin zu sehen, jemanden zu überzeugen und ihn auf Grund dieser Überzeugung zum freiwilligen Gehorsam zu bringen; vielmehr bietet dieser Unterricht eine nachträgliche Legitimation sowohl für den erzwungenen Zustand des Soldat-Seins wie für die repressiven Formen der Erziehung und Ausbildung. Die Inhalte dieses Unterrichts werden von den Soldaten übernommen, aber nicht auf Grund rationaler Einsicht, sondern wiederum auf Grund einer psychischen Notsituation: zum einen bedarf es zur Erhaltung des Selbstwertgefühls einer Begründung des Gehorsams, die nicht auf der bloßen Gewalt fußt, zum anderen bedarf die ganze ungewöhnliche Situation der totalen Repression irgendeiner Erklärung.

Der Soldat lernt, seinen Gehorsam und seine Gefügigkeit gegenüber der militärischen Ordnung, den Terror, dem er ausgesetzt ist, zu erklären als „Verteidigung" gegen den Kommunismus. Dies ist die einzige Erklärung, die ihm angeboten wird. Diese Erklärung, und damit auch den Anti-Kommunismus und die Haltung „staatsbürgerlicher Verantwortungsbereitschaft", wird er künftig beibehalten und gegen Angriffe verteidigen. Wenn er nämlich all dies für falsch erklären würde, so müßte er auch seinen Gehorsam verwerfen. Er müßte sich zu der Auffassung bekennen, daß er gegen die Unterdrückung hätte Widerstand leisten müssen. Das aber würde bedeuten: daß die Strafangst und die Schuldgefühle, vor denen er zu fliehen trachtet, neu belebt werden.

Erziehung und Ausbildung in der Bundeswehr haben also insgesamt das Ziel, die Soldaten zur Annahme vorgegebener Verhaltensregeln, Wertvorstellungen und ideologischer Begründungen zu veranlassen. Dies wird erreicht, indem man die Soldaten in einen Zustand psychischer Hilflosigkeit versetzt und sie mit der Zerstörung ihrer Individualität bedroht. Die Annahme der befohlenen Verhaltensweisen, Werte und Regeln, die Einordnung in die „soldatische Gemeinschaft" wird damit zur einzigen Möglichkeit, sein psychisches Gleichgewicht zu wahren. Das Individuum bleibt auf diesen Bezugsrahmen angewiesen wie ein Krüppel auf seine Krücken, und es wird deshalb diese seine Haltung tatsächlich auch verteidigen, gegen den Gegner, der ihm gezeigt worden ist. Auch nach der Entlassung aus der Bundeswehr wird er sich von diesen erlernten Vorstellungen nur dann lösen können, wenn er seinen Gehorsam gegen die Ausbilder verwirft und ihn auf den realen Grund zurückführt, den psychischen Terror. Andernfalls hat er nur die Wahl, „Staatsbürger“ oder schizophren zu sein.

In der Tat erreicht die Sozialisation in der Bundeswehr so das Ziel das ihr gesetzt ist, und das Elternhaus, Schule und Betrieb nicht erreichen konnten: der Jugendliche wird zum „Staatsbürger“, d.h. zum Anhänger der bürgerlichen Demokratie. Er teilt die offizielle Staatsreligion, den Anti-Kommunismus, und er wählt eine der drei staatstragenden Parteien, CDU/CSU/NPD,FDP oder SPD. So konnte der ehemalige Wehrbeauftragte Mathias Hogen feststellen: „Ich kann (den) Erfolg der staatsbürgerlichen Erziehung besonders daran erkennen, daß die ungedienten Wehrpflichtigen meistens nicht das staatsbürgerliche Bewußtsein ihrer gedienten Jahrgangskameraden haben. Ich habe dabei insbesondere festgestellt, daß es der Bundeswehr gelingt, die große Zahl von Wehrpflichtigen während des Wehrdienstes aus ihrer indifferenten Haltung gegenüber dem Staat in eine bejahende, loyale Auffassung umzuschmelzen.“[8] Es ist jener Staat, der das Privateigentum an den Produktionsmitteln und die ökonomische Ausbeutung der Arbeiterklasse schützt.

Die von der Bundeswehr hergestellte Loyalität gegenüber den Autoritäten, d. h. die Fähigkeit, Wünsche der Oberen als Befehle aufzufassen und ihnen Gehorsam zu erweisen, kommt natürlich denen recht, die für ihr Bedürfnis der Profitmaximierung auf die Disziplin der Lohnabhängigen angewiesen sind. Die Unternehmer nehmen dankbar zur Kenntnis, daß „Veränderungen in Haltung und Einstellung junger Mitarbeiter, die nach Ableistung ihrer Wehrpflicht in den Betrieb und an ihren Arbeitsplatz zurückkehren,. . .von der überwiegenden Zahl . . . der Betriebe festgestellt“ werden, von denen „weitaus die meisten“ „positiver Art“ sind.[9] Vor allem werden gelobt: „eine verbesserte Pflichtauffassung, Disziplin und Einordnungsbereitschaft gegenüber den Anforderungen im Betrieb und am Arbeitsplatz“.[10]

Die Soldaten haben gelernt, ihre Aggressionen nicht gegen jene zu richten, die von ihnen Arbeit und Gehorsam erwarten, sondern diese Aggressionen umzulenken. Sie werden nun, außer dem notwendigen Antikommunismus, auch dem Leistungswettbewerb von Teams zunutze gemacht und wirken damit profitsteigernd. Der Soldat hat gelernt, sich mit einer größeren Gemeinschaft zu identifizieren (und wegen der Zerstörung sei-

---

8 Matthias Hoogen Die Innere Führung in der Bundeswehr, in: *Das Parlament* Nr. 33, 14.8.1968, S. 2

9 Zweiter Bericht über die Lage der Jugend und die Bestrebungen auf dem Gebiet der Jugendhilfe, Bonn 1968, S. 206. Aus der Studie „Erfahrungen der Wirtschaft mit jungen Mitarbeitern nach Ableistung ihrer Wehrpflicht“, S. 172 ff.

10 ebd.

nes Selbstwertgefühls ist er weiter gezwungen, das zu tun). So schafft man bei den Arbeitern Stolz auf ihr Team, ihre Abteilung, ihren Betrieb. Die Bundeswehr kommt so den modernen Methoden der „Personalführung“ weit entgegen. Schließlich und endlich werden solche „Tugenden“ wie Pünktlichkeit, Präzision und die Fähigkeit, immer gleiche Arbeitsabläufe zu wiederholen, nirgends so sehr verlangt wie im Betrieb. Auch in dieser Hinsicht hat die Bundeswehr eine willkommene Ergänzung geschaffen, auf die die Unternehmer zurückgreifen können. Die größte erzieherische Aufgabe der Bundesrepublik Deutschland bestand – und besteht – zweifellos darin, „die gesellschaftliche Eingliederung des Arbeiterstands in eine Gesellschaftsordnung zu vollziehen, die auf dem Privateigentum beruht.“[11] Diese Aufgabe sollte die Bundeswehr übernehmen, und sie hat sie so gut übernommen, daß ein Bundeskanzler sie zu „einer Schule der Nation“ erklären konnte.

2. Militärische Erziehung und Ausbildung

Militärische Erziehung und Ausbildung ist Erziehung und Ausbildung für Krieg und Bürgerkrieg. Ihre Formen hängen daher ab von der erwarteten Form der Kriegsführung, vom Stand der Technik der Waffen und Geräte, sowie von der Beschaffenheit der auszubildenden Soldaten. Die Soldaten haben sich nicht nur bestimmte Fähigkeiten, Fertigkeiten und Kenntnisse (Ausbildung) anzueignen, sondern darüber hinaus auch bestimmte Haltungen, Vorstellungen und Verhaltensweisen, die insgesamt erst eine effektive Kriegsführung ermöglichen. Alle Faktoren, die die Form der militärischen Erziehung und Ausbildung bestimmen, haben sich gewandelt, mit einer wesentlichen Ausnahme: „Auch unter den heutigen Bedingungen kann eine Armee nicht auf Befehl und Gehorsam verzichten.“[12] Ohne formale Disziplin und Dienstvorschriften, ohne einheitliche Regelungen und „handwerklichen Waffendrill“ gehe es nicht. Die Armee kann auch „in Gefechtslagen, die extreme Belastungen bringen, nicht auf eine einfache Befehl-Gehorsam-Disziplin verzichten.“[13] In der Tat ist es selbst in den kleinsten selbständig handelnden militärischen Gruppen, die wir kennen, in den Trupps der Guerilla und Stadtguerilla, erforderlich, sehr strenge Disziplin zu wahren, die Handlungsab-

---

11 Heinz Karst/F. Beermann/F. Grosse, Menschenführung, Personalauslese, Technik in Wirtschaft und Armee. Darmstadt 1954. S. 220 (Paul Mertens, Arbeitsgemeinschaft selbständiger Unternehmer e.V.) Die Schrift bringt die Ergebnisse einer Tagung der Volkswirtschaftlichen Gesellschaft in Hamburg von 1953, an der Vertreter der Wirtschaft und verschiedene Generale teilnahmen.

12 Weißbuch 1970. Zur Sicherheit der Bundesrepublik Deutschland und zur Lage der Bundeswehr, Bonn 1970, S. 125

13 ebd.

Übersicht

ERZIEHERISCHE MASSNAHMEN

Anlaß	**Allgemeine** Erzieherische Maßnahmen, anwendbar durch jeden Vorgesetzten	**Zusätzliche** Erzieherische Maßnahmen, zusätzlich anwendbar durch **Vorgesetzte vom Feldwebel aufwärts**	**Besondere** Erzieherische Maßnahmen, zusätzlich anwendbar, nur durch **Disziplinarvorgesetzte**
Bei guten Leistungen	(III. 1.) a) **Loben** b) **Herausstellen** einer besonders guten Leistung c) **Herausziehen** aus der Front und Übertragung von Aufgaben mit erhöhter Verantwortung d) **Dienstpausen** für einzelne Soldaten e) **Meldung** und gegebenenfalls Vorschlag für Maßnahmen höherer Vorgesetzter	(IV. 1.) **Vorzeitige Beendigung** des Dienstes, sofern der Vorgesetzte Leitender und der beabsichtigte Dienstzweck erreicht ist	(V. 1.) a) **Befreiung** von bestimmten Dienstverrichtungen b) **Förderung** durch **Sonderausbildung** c) **Erweiterung des Verantwortungsbereiches** d) Preise für **Bestleistungen** e) Andere in seiner Zuständigkeit liegende geeignete Maßnahmen
Bei Mängeln	(III. 2.) a) **Belehrung, Ermahnung, Zurechtweisung, Warnung** b) **Beseitigung eines festgestellten Mangels:** (1) **Befehl** zur sofortigen Abstellung (2) **Verlängerung eines Übungsabschnittes,** gegebenenfalls verbunden mit Meldung über Ausbildungsversäumnisse c) **Meldung** und gegebenenfalls Vorschlag für Maßnahmen höherer Vorgesetzter	(IV. 2.) a) **Bewegungsübungen:** Übungen im Außendienst, die im Zusammenhang mit Zweck und Ausbildungsziel des angesetzten Dienstes stehen; Dauer: wenige Minuten b) **Zusätzliche schriftliche Ausarbeitungen** eines Ausbildungsstoffes, nicht über eine Stunde täglich c) **Zusätzlicher Wiederholungsdienst** bis zu einer Stunde, sofern – der Vorgesetzte Leitender, – der Disziplinarvorgesetzte nicht erreichbar ist	(V. 2.) a) **Abänderung des Dienstplans** b) **Zusätzlicher Dienst** c) **Versagen von Nacht- und Wochenendausgang** d) **Ablösung** von bisheriger Verwendung, Zurückstellung von einer Sonderausbildung oder Vorschlag hierfür e) Vorübergehende Abnahme des Bundeswehrführerscheins f) Einschränkung der Befugnisse zur Anwendung Erzieherischer Maßnahmen

läufe immer erneut zu üben, Vorhaben pünktlich und präzise durchzuführen, und einen bestimmten Kanon von Regeln zu beachten. In der Tat wird es auch in der Guerillakriegführung erforderlich, eine zentrale Koordination der Unternehmungen zu schaffen, sobald die Kriegführung sich über ein größeres Gebiet erstreckt. Es ist nicht möglich, alle Soldaten an der militärischen Willensbildung zu beteiligen und aus Gründen der Geheimhaltung gegenüber dem Gegner auch nicht immer wünschenswert. Entscheidend für die politische Bewertung des militärischen Befehl-Gehorsam-Prinzips sind die Art der Rekrutierung der Soldaten und der Charakter der von ihnen verteidigten Gesellschaft. Eine Willensbildung, die alle Soldaten an der Planung und Vorbereitung von Unternehmen beteiligt,

ist im allgemeinen nur auf der Ebene kleiner Gruppen möglich. Allerdings ist eine indirekte Beteiligung auch an größeren Vorhaben durch die Delegation gewählter Vertreter in die überregionalen Entscheidungsgremien in den meisten Fällen möglich und wird in verschiedenen Guerilla-Organisationen praktiziert. Insofern bedarf die Feststellung, daß auch eine moderne Armee ohne Befehl und Gehorsam nicht auskommen könne, einer Einschränkung. Es bleibt bei der Bewertung dieses Prinzips immer zu fragen, ob es im konkreten Fall auf Grund der Lage erforderlich ist, mit von oben festgesetzten Direktiven zu arbeiten, oder ob diese nicht vielmehr den Regelfall darstellen und in nichts anderem begründet sind als in der – nun keineswegs militärischen, sondern politischen – Notwendigkeit, die Soldaten aus der Willensbildung auszuschließen, weil diese sonst in andere als die von den Herrschenden gewünschten Bahnen geriete. Letzteres ist bei der Bundeswehr der Fall. Befehl und Gehorsam sind hier nicht so sehr Instrumente, militärische Ziele in einer Lage durchzusetzen, die schnelles und einheitlich koordiniertes Handeln erfordert, sondern vielmehr, militärische Ziele durchzusetzen, die nicht die Ziele der Soldaten sind. Wäre es anders, so bedürfte es keiner Allgemeinen Wehrpflicht, bedürfte es auch nicht des psychischen und physischen Terrors der Allgemeinen Grundausbildung; denn warum sollte ein Freiwilliger sich der Einsicht verschließen, daß ein Soldat schießen können muß und körperlich fit sein muß?
War es nun in früheren Armeen tatsächlich möglich, mit nichts anderem als ‚Kadavergehorsam" die Ziele der Führung zu erreichen, so hat sich diese Lage weitgehend geändert. Die Technik, die Art der Kriege und die Art der benötigten Soldaten haben eine neue Art der „Menschenführung in der Armee" notwendig gemacht. Diesen Änderungen sucht in der Bundeswehr das Konzept der „Inneren Führung" gerecht zu werden. „Die Kriegstechnik – und nicht nur sie – spricht eine neue Sprache; sie zwingt den Soldaten anders zu reagieren als früher. . . Es genügt aber auch nicht mehr der unselbständige und fraglose Gehorsam, der auf den Befehl bis in die Einzelheit der Ausführung wartet. Die Zeiten sind vorbei, in denen der Soldat ein winziges ohne weiteres durch Neben- und Hintermann ersetzbares Rädchen einer festen Schlachtordnung war, in der er auf Kommando die gleiche Bewegung ausführte, die gleiche Waffe im gleichen Augenblick wie Tausende neben und hinter ihm im gleichen gedrillten Rhythmus zur Wirkung brachte. Zukünftig wird der Gefechtsverlauf noch unberechenbarer werden, die Belastung noch härter, die fachlichen Anforderungen noch differenzierter . . ."[14] Das künftige „dynamisch-technische Gefecht" werde „getragen von der Initiative einzel-

14 Handbuch Innere Führung. Hilfen zur Klärung der Begriffe, 2. Auflage. 1960, S. 37

ner Soldaten und Gruppen, die aus Verantwortung und Einsicht im Rahmen einer verstandenen Gesamtabsicht handeln."[15] Die Technik erfordere vom Soldaten neue Fähigkeiten: „Technische und menschliche Qualitäten, die Fähigkeit, selbständig zu denken, zu entscheiden und zu handeln, sich der Gesamtabsicht freiwillig unterzuordnen und mit den Kameraden in der Mannschaft reibunslos zusammenzuarbeiten."[16] Der Soldat auf dem künftigen Schlachtfeld läßt es nicht mehr zu, den einzelnen Mann oder die kleine Gruppe ständig zu führen, sie ständig mit Befehlen zu versehen."[17] „Die technische Spezialisierung und damit das militärische Interesse verlangen, daß die Individualität Raum erhält, um sich zu entwickeln und sich dann um so besser in die Zwangsgemeinschaft einzuordnen, die jede Truppe darstellt."[18] „Schließlich zeichne sich die heutige Jugend durch ein anderes Verhältnis zur Autorität aus und sei durch mehr geistige Selbständigkeit gekennzeichnet als früher. „Der verringerte pädagogische Abstand, die andere Luft lassen es nicht mehr möglich erscheinen, nur aus der Distanz der reinen Autorität heraus zu führen. Der Befehlende muß seinen Befehl immer wieder von der Verantwortung her überprüfen; und der Gehorsam muß letzlich aus Überzeugung und Einsicht heraus geleistet werden und ist als Kadavergehorsam nicht mehr denkbar."[19] Unter diesen Bedingungen kann alle militär-fachliche Ausbildung, wie sie sich in den Dienstplänen der Einheiten niederschlägt, nur dann sinnvoll sein, wenn sie einheitlich durch das Prinzip gesteuert wird, daß es primär auf die „moralischen" Qualitäten des Soldaten ankommt, auf seine Haltungen und Überzeugungen. „Der moderne Krieg ist nicht nur ein Waffengang, sondern auch ein Krieg der politischen Ideologien, der Schlagworte, der Propaganda, der psychologischen Kampfführung. In einer solchen Auseinandersetzung muß der Soldat einen festen geistigen Standort haben. Er muß wissen, wofür und er muß wissen, wogegen er kämpft."[20] Da der verschärfte Klassenkampf die Grenzen zwischen militärischem und zivilem Bereich verschoben hat und die „Verteidigungs-Moral" in besonderem Maße Objekt der kommunistischen Propaganda ist, muß auch im Frieden, der praktisch ein „permanenter Bürgerkrieg" sei[21], der Überzeugung des Soldaten besondere Aufmerksamkeit entgegengebracht werden. Die „Erziehung" ist wichtiger als die „Ausbildung". So kennt die Bundeswehr

---

15 ebd., S. 38
16 ebd.
17 Hans Jacoby, Menschenführung in der Bundeswehr. Ein Beitrag zur Erziehung des jungen Staatsbürgers, Sonderdruck Stuttgart 1957, S. 6
18 ebd.
19 Jacoby, a.a.O., S. 5
20 ebd. S. 3
21 Handbuch Innere Führung, S. 34 ff. „Soldat im permanenten Bürgerkrieg"

einen besonderen „Inspekteur des Erziehungs- und Bildungswesens" der Teilstreitkräfte, und in der Institution des Wehrbeauftragten ist ein Amt geschaffen worden, das im wesentlichen der Durchsetzung der Inneren Führung dient. Seine Berichte tragen „wesentlich zur begrifflichen Klärung und zur Ausgestaltung der Inneren Führung" bei.[22] Den Anforderungen der Innneren Führung sucht man Rechnung zu tragen durch die Gewährung scheindemokratischer Rechte: Wehrbeschwerdeordnung, Vertrauensmann, Recht, an den Wehrbeauftragten zu schreiben. Neben das militärische Prinzip von Befehl und Gehorsam läßt man treten: „das demokratische Erfordernis, zu diskutieren und zu überzeugen" und „das technische Kriterium von Leistungsautorität und Sachdisziplin."[23] Die Diskussion und das „Vertrauensverhältnis" besonders zu den unmittelbaren Vorgesetzten bedeuten freilich nicht irgendeine Art von Mitbestimmung oder sogar Selbstbestimmung. Sie sind Techniken der Herrschaftsausübung unter gewandelten Bedingungen: gewiß wird diskutiert, um zu überzeugen. Aber was geschieht, wenn sich jemand nicht überzeugen läßt? Dann wird befohlen und werden erzieherische Maßnahmen eingesetzt: „Bösem Willen ist streng entgegenzuwirken."[24] Der gelockerte, ungezwungene Ton in den Fachgruppen nach der Grundausbildung, die regelmäßige Freizeit, die Übertragung kleinerer Aufgaben in die Verantwortung der Soldaten (z.B. Instandhaltung eines Kraftfahrzeuges) erzeugen in den Soldaten das Gefühl, als erwachsene Menschen ernst genommen zu werden und tatsächlich „Staatsbürger" zu sein. Dem gleichen Zweck dient auch die „Diskussion", die hier nicht ein Mittel ist, Entscheidungen zu finden, sondern vielmehr ein Mittel, schon getroffene Entscheidungen durchzusetzen. Der Soldat soll typischerweise nicht selbst denken, sondern „mitdenken", nämlich das mitdenken, was andere schon für richtig befunden haben. Die Innere Führung hat mit Demokratie absolut nichts zu tun: „Es handelt sich dabei nicht um eine demokratische Konjunkturerscheinung, die der jungen deutschen Armee helfen soll, die psychologischen Schwierigkeiten des Neubeginns zu überwinden, sondern um reale Forderungen an die militärische Führung."[25]
Die innere Führung ist eine Antwort auf eine Lage des Militärs, die Karl Liebknecht bereits 1907 wie folgt charakterisiert hat: „Waffentechnik, Strategie und Taktik fordern heute von dem Soldaten ein nicht geringes Maß an Intelligenz und machen den intelligenten Soldaten ceteris paribus auch zu dem tüchtigeren. Schon darum könnte der Militarismus mit einer bloß stumpfsinnigen Masse heutzutage nichts mehr anfan-

22 Weißbuch 1970 a.a.O., S. 123
23 ebd. S. 124
24 Leitsätze. . .a.a.O., S. 7 (= Handbuch Innere Führung a.a.O. S. 94)
25 Jacoby, a.a.O., S. 3

gen. . . ."[26] „Da der bloße Sklaven- oder Kadavergehorsam nicht ausreicht, aber auch nicht mehr möglich ist, muß der Militarismus sich den Willen seiner Mannschaft auf einem Umwege zu eigen machen, um sich auf diese Weise „Schießautomaten" zu schaffen. Er muß ihn durch geistige und seelische Beeinflussung oder durch Gewaltmittel beugen, er muß ihn ködern oder zwingen. „Zuckerbrot und Peitsche" heißt es auch hier."[27] Das „Zuckerbrot" sind die Methoden der Inneren Führung. Daneben bleibt die „Peitsche" als altbekannter „Kommiß" bestehen, wie beispielweise Stuckmann deutlich genug gezeigt hat.[28] Den Widerspruch zwischen einer neuen militärischen Technik, die Selbstverantwortung und Eigeninitiative des Soldaten erfordert, und der Befehls- und Gehorsam-Struktur, die notwendig ist, weil die Ziele der Bundeswehr nicht die Ziele der Soldaten sind, diesen Widerspruch sucht man durch Techniken der psychischen Manipulation zu beseitigen. Während sich diese Art der Erziehung offenbar günstig auf die zivile Verwendung der Arbeiter im Betrieb auswirkt und die Möglichkeiten der privaten Gewinnmaximierung der Unternehmer steigert, ist ihr militärischer Wert fragwürdig. Unter den extremen, im Gegensatz zur Kasernenhof-Ausbildung mit Lebensgefahr verbundenen Streß-Situationen der modernen Kriege müssen Soldaten versagen, die Rechte verteidigen sollen, die sie nicht haben und nicht gehabt haben. Die scheinbare Selbständigkeit versagt, wo es auf wirkliche Selbständigkeit ankommt. Wer sich von realer Armut und realer Unterdrückung zu befreien hat, der hat immer eine bessere „Kampfmoral" als jener, der nur einen fiktiven Reichtum und eine fiktive Freiheit zu vertreten hat, weil der reale Reichtum und die reale Freiheit nicht in seinem Besitz sind. Dies mußten die Soldaten der reichsten und freiesten bürgerlichen Demokratie, der USA, in Vietnam erleben.

3. Bundeswehr und Gesellschaft

Das Verhältnis zwischen militärischer und ziviler Sozialisation läßt sich zunächst von zwei Seiten betrachten: Vom Standpunkt der Bundeswehr aus betrachtet erscheint die Sozialisation in Familie, Schule und Betrieb als „vormilitärische" Erziehung und Ausbildung, d.h. als Vorbereitung auf die Wahrnehmung militärischer Aufgaben: vom „zivilen" Standpunkt aus, d.h. vom Standpunkt besonders der Unternehmer, erscheint die Sozialisation in der Bundeswehr als notwendige und willkommene Ergänzung und „Verbesserung" der Erziehung.
Die vormilitärische Sozialisation schafft zwar die Grundlagen, die psychischen Strukturen und Wertvorstellungen, auf die sich

26 Karl Liebknecht, Ausgewählte Reden und Schriften I, Frankfurt/M. 1969 S. 55
27 ebd., S. 56 f.
28 Heinz D. Stuckmann Es ist so schön, Soldat zu sein oder Staatsbürger in Uniform, Reinbek b. Hamburg, 1964

die Bundeswehr stützen kann, wenn sie dem Rekruten den Mechanismus von Befehl und Gehorsam einbleut, und ihm Ideologien zur Rechtfertigung seines Untertanenverhaltens bereitstellt. Mit dieser zivilen Vorbereitung ist die Bundeswehr jedoch des öfteren unzufrieden. Dies zeigt sich beispielsweise in vielen Versuchen des Bundesverteidigungsministeriums, über die ständige Konferenz der Kultusminister der Länder den Belangen der Verteidigung mehr Beachtung im Schulunterricht zu verschaffen. Dies zeigt sich in der Einrichtung der Jugendoffiziere und Jugendunteroffiziere, die die public relations gegenüber der Jugend betreiben. Dies zeigte sich schließlich und endlich in der Heeresstudie des General Schnez „Gedanken zur Verbesserung der inneren Ordnung des Heeres“, die eine „Reform an “Haupt und Gliedern“, an Bundeswehr und Gesellschaft“[29] forderte. Insbesondere bemängelte die Studie „die mangelnde staatsbürgerliche Erziehung und das nahezu fehlende Staatsbewußtsein in der Jugend“[30]. In vielen Kreisen werde „gesellschaftspolitisch, aber nicht staatspolitisch“ gedacht. Bei ihrer Aufgabe, die Jugendlichen zu disziplinieren, sieht sich also die Führung der Bundeswehr von Staat und Gesellschaft zu wenig unterstützt. Zwar ist die Bundeswehr in der Lage, diese Disziplin durch psychischen und physischen Terror zu erzwingen, doch kann sie nicht die für den „Gehorsam aus Einsicht“ erforderlichen Begründungszusammenhänge liefern. So wird verständlich, daß viele Offiziere die Innere Führung beseitigt sehen und zum Kommiß zurückkehren möchten, wie jüngst die Hauptleute von Unna. Das intensive Interesse, das Politiker, Unternehmer und Publizisten der Bundeswehr entgegenbringen, ist begründet in der überragenden Bedeutung der Bundeswehr als wichtigstes Instrument der Herrschaftssicherung im nationalen und internationalen Klassenkampf. International dient sie dem Kampf gegen die das kapitalistische System dauernd gefährdenden sozialistischen Staaten, nach innen dient sie dem kalten oder heißen Bürgerkrieg. Der kalte Bürgerkrieg wird ausgetragen mit den Mitteln der Erziehung. „Das System der geistigen und psychischen Beeinflussung der Soldaten, das anstelle der Klassenscheidung nach sozialen Klassen eine solche Scheidung nach Jahresklassen zu setzen, eine besondere Klasse von 20-22jährigen Proletariern mit einem dem Denken und Fühlen des Proletariats der anderen Altersklassen geradezu konträren Denken und Fühlen zu schaffen sucht, ist ein höchst kühnes und raffiniertes.[31] Mit anderen Worten ist die Bundeswehr „die raffinierteste und zugleich brutalste Form der Dienstbarmachung der proletarischen Jugend gegen das Proletariat.“[32]

---

29 *Der Spiegel* 1/2 1970, S. 27
30 ebd., S. 23
31 Liebknecht, a.a.O., S. 57
32 Edwin Hoernle, Grundfragen proletarischer Erziehung, Frankfurt/M. 1970, S. 80

Johannes Schulz/Karl Michael Vogel

Thesen zur Funktionsfähigkeit der Bundeswehr

Nach einer Definition des inzwischen verstorbenen Wehrexperten der SPD, Fritz Erler, haben militärische Anstrengungen im Rahmen einer „Sicherheitspolitik" eine doppelte Aufgabe: „durch ihr Vorhandensein dem eventuellen Gegner die Lust zu einem militärischen Angriff zu nehmen und dadurch den Frieden zu bewahren sowie für den Fall eines äußeren Angriffs die Notwehr tatsächlich auch auszuüben."[1] Diese beiden Aufgaben – „Abschreckung" und „Verteidigung" – hat die Bundeswehr im Rahmen der NATO zu erfüllen. „Die Abschreckung hindert den Gegner daran, einen bestimmten Schritt zu tun, weil er die sich daraus ergebenden Konsequenzen fürchtet."[2] Daraus ergibt sich, so der gegenwärtige Verteidigungsminister Helmut Schmidt, daß „es keinerlei Inkongruenz zwischen der angedrohten Strategie der Abschreckung und der Strategie einer tatsächlichen Verteidigung geben" darf.[3] Mithin müssen Abschreckung und Verteidung . . . gemeinsam untersucht werden.[4] Ist die Abschreckung nicht glaubwürdig – und das kann aus mehreren Gründen der Fall sein –, bzw. sind die Verteidigungsmöglichkeiten nicht ausreichend, so wird das betreffende Land nach dieser Theorie zum „Opfer fremder Vergewaltigung oder Erpressung".[5] Ein „credibility lag" reizt den Gegner zur politischen Erpressung und zur militärischen Gewaltsamkeit. Sollte sich also zeigen lassen, daß die Bundeswehr im Sinne dieser Überlegungen abschreckungs- bzw. verteidigungsunfähig ist, also untauglich, die ihr zugeschriebenen Funktionen in der „Sicherheitspolitik" zu erfüllen, dann muß sich die Frage stellen, warum der von den Politikern ausgemachte Gegner – der Warschauer Pakt – nicht längst angegriffen hat. Darüber hinaus wäre dann auch die Frage zu stellen, was die Bundeswehr soll, wenn sie zur Verteidigung und Abschreckung unnütz ist. Die folgenden Thesen geben auf diese Fragen keine Antwort. Sie versuchen lediglich, in skizzenhafter Form die Brauchbarkeit der Bundeswehr zum Zweck der Abschreckung und Verteidigung zu beurteilen.

---

1 Fritz Erler, Politik und nicht Prestige. In: Sicherheit und Rüstung, Reihe „Brennpunkt der Diskussion" 2, Köln 1962, S. 10
2 Hermann Kahn, Eskalation. Die Politik mit der Vernichtungsspirale. Mit einer Einleitung von Helmut Schmidt. Frankfurt/Berlin/Wien (Ullstein Taschenbuch 2792) 1970, S. 335
3 ebd., S. 24
4 ebd.
5 F. Erler, a.a.O., S. 9

THESE I: Zur Verteidigung gegen thermonukleare Angriffe

Sollten die Truppen des Warschauer Paktes es für richtig halten, die Städte, Fabriken und Kasernen der Bundesrepublik Deutschland mit thermonuklearen Waffen anzugreifen, so würde es dagegen keinerlei Schutz geben. „Eine Verteidigung gegen diese Waffen ist praktisch nicht vorhanden, zur Zeit sogar noch nicht einmal möglich. Sie besteht nur in der blühenden Phantasie einiger Männer, aber nicht in der physischen Wirklichkeit.“[6] Daran ändern auch die atomaren Trägerwaffen und Antiraketen der Bundeswehr und der Aliierten auf deutschem Boden nichts. Die Antiraketen sind in ihrer Wirksamkeit umstritten.[7] Zudem werden sie durch die Entwicklung von Angriffsraketen entwertet, „Die sich unterwegs in viele einzelne Geschosse aufgliedern können, wobei jedes Geschoß unabhängig auf ein anderes Ziel gerichtet ist.,. . .“[8] Massenhafter und ausreichender Bau von Schutzräumen und rechtzeitige Evakuierungsmaßnahmen sind wegen der Kosten und des großen Aufwandes unpraktikabel, der Zivilschutz muß daher unzulänglich bleiben.

Da eine direkte Abwehr thermonuklearer Angriffe nicht möglich ist, bleibt im Grunde nichts anderes übrig, als sich darauf zu verlassen, daß ein solcher Angriff nicht erfolgt. Der große thermonukleare Krieg wäre ein Schachspiel zwischen Regierungen und Generälen in atomsicheren Bunkern, an dem die Bevölkerung nur als Schlachtopfer teilnimmt. Er ist insofern unwahrscheinlich; denn es gibt keine politischen Ziele, die sich damit erreichen lassen, daß man die eigene und gegnerische Bevölkerung ausrottet. Weniger sinnlos ist der „begrenzte Atomkrieg“, bei dem nicht die gesamte Zerstörungskapazität eingesetzt wird. Als Mittel der Drohung und Erpressung scheint er geeignet zu sein (vgl. Hiroshima). Eine direkte Abwehr auch gegen solche einzelnen Atomschläge gibt es dennoch nicht. Man kann nur versuchen, den Gegner „abzuschrecken“, und das heißt hier, ihm „Vergeltung“ androhen. Vergeltung heißt, „daß der Feind, wenn er angreift – ganz abgesehen von dem Widerstand durch direkte Verteidigung und Gegenangriffe – an der empfindlichsten Stelle gestraft wird, wenn es geht, auf eine ihm besonders unangenehme Weise. Das hat einmal den Zweck, den möglichen Erfolg des ursprünglichen Angriffs in den Augen des Feindes zu entwerten. Das andere, weiter reichende Ziel ist natürlich, ihn überhaupt von einem Angriff abzuhalten.“[9] Es stellt sich also die Frage, ob Bundeswehr bzw. NATO zur Vergeltung sowjetischer Atomschläge fähig sind.

---

6 Oskar Morgenstern, Strategie-heute (S. Fischer Verlag, Reihe „Welt im Werden“), Frankfurt/M. 1962, S. 18

7 Helmut Schmidt, Strategie des Gleichgewichts, Frankfurt/M. usw. 1970, S. 48

8 ebd.

9 Morgenstern, a.a.O., S. 36

Außer Großbritannien und den USA verfügt kein NATO-Staat über eigene Atomwaffen. Insbesondere verfügt die Bundesrepublik nicht über Atomwaffen. Die Bundeswehr hat zwar atomare Trägerwaffen kurzer und mittlerer Reichweite, aber keine atomare Munition. Sie ist infolgedessen nur dann in der Lage Vergeltungsschläge zu führen, wenn ihr solche Munition von einer der Atommächte zur Verfügung gestellt wird. Wegen der geringeren Bedeutung der britischen Atomwaffen liegt der nukleare Abschreckungseffekt der NATO, und ebenso der Bundeswehr, im wesentlichen im atomaren Potential der USA. Darüber kann auch die Beteiligung der anderen NATO-Staaten einschließlich der BRD an Planung und Oberbefehl des Atomwaffen-Einsatzes nichts ändern. „Alle Pläne zu einer gemeinsamen Nuklearstreitmacht des Westens liefen daher auf die Schaffung bloß des Anscheines von Teilhabe an nuklearen Einsatzentscheidungen hinaus.“[10] Mit anderen Worten: Die NATO einschließlich der Bundeswehr haben keinerlei atomaren Abschreckungswert, da sie nicht in der Lage sind, selbstständig entscheidende Vergeltungsschläge zu führen. Soweit die Sowjetunion von einem atomaren Angriff auf Europa bzw. einer atomaren Erpressung der europäischen Staaten absieht – und das hat sie bisher getan –, ist das jedenfalls nicht auf die Existenz der Bundeswehr oder der NATO zurückzuführen. Entweder hat also das Zerstörungspotential der USA „abschreckend“ gewirkt; oder die Sowjetunion hatte kein Interesse an derartigen Maßnahmen.
Bundeswehr und NATO sind nicht in der Lage, die Bundesrepublik gegen atomare Angriffe zu verteidigen oder solche Angriffe zu vergelten. Ihr Beitrag zur Verhinderung eines atomaren Krieges ist damit gleich Null, d. h. eine nukleare Abschreckungswirkung geht von ihnen nicht aus.

THESE II: Zur nuklearen Abschreckungswirkung der USA

Zweifellos würde „ein umfassender Angriff“ des Warschauer Pakts mit thermonuklearen Mitteln auf Europa „unausweichlich den schnellen Einsatz der Nuklearwaffen der USA herausfordern“.[11] Die Interessen der USA in Europa sind stark genug, um das plausibel erscheinen zu lassen. Ein bewußt herbeigeführter umfassender Krieg ist „völlig unwahrscheinlich“.[12] Er ist es auch ohne die „Abschreckung“ durch US-Raketen: welche Ziele sollte die UdSSR mit der atomaren Zerstörung europäischer Städte verfolgen?
Denkbar ist ein „isoliert gegen einen einzelnen ihrer (der NATO; d.V.) Mitgliederstaaten gerichteter politischer Druck . . ., bei dem im Hintergrund auch militärische Dro-

10 H. Schmidt a.a.O., S. 168
11 ebd., S. 166
12 ebd.
13 ebd.

hungen eine Rolle spielen können".[13] Hier versagt die amerikanische „everkill-capacity", denn: „Da kein amerikanischer Präsident bereit sein kann, wegen eines kleineren oder zunächst kleineren militärischen Konfliktes in Europa oder in Asien die gegenseitige Vernichtung amerikanischer und sowjetischer Städte zu riskieren, würde ihm das auch kein Gegner glauben, selbst wenn es offizielle Strategie der USA wäre."[14]
„Selbst dann, wenn die Bereitschaft, auch einen kleinen Angriff mit dem großen Gegenschlag zu beantworten, vorhanden ist, kann nicht in jedem Fall damit gerechnet werden, daß der Angreifer seinerseits an diese Bereitschaft glaubt",[15] meint auch Richard („Kopf ab") Jäger von der CSU. Eben dies, auf einen kleinen Angriff mit dem großen Krieg zu reagieren, war aber jahrelange Strategie von BRD, NATO und USA. So suchten die NATO-Staaten sogar noch bis 1967 „die USA gegen deren Existenzinteresse am Konzept der bedingungslosen Nuklearstrategie festzuhalten."[16] Der Wester hatte mithin mindestens bis zum Beginn der „Kennedy-Ära" eine Abschreckungs-Strategie, die für die Sowjetunion unglaubwürdig war. Hätten die USA ihre „vitalen Existenzinteressen auf dem Spiele stehen sehn"[17] wenn die UdSSR Finnland okkupiert oder die „Demarkationslinie zur SBZ" um einige Kilometer vorgeschoben hätte? Und wie steht es heute? Da die offizielle NATO-Strategie der „flexible response" von der Tatsache ausgeht, daß die USA auf eine begrenzte nukleare Aggression der UdSSR nicht mit ihrem ganzen Verteidigungspotential reagieren wird (wenn diese Aggression nicht gegen ihre „vitalen Interessen" gerichtet ist), warum ist dann etwa Finnland, das nicht einmal zur NATO gehört, noch keine autonome Sowjetrepublik? Und warum riskieren UdSSR und DDR trotz „vitaler Interessen" der USA ihre Berlin-Politik? Warum haben umgekehrt die USA zu einer Zeit, als die UdSSR über keine oder nur wenige Atomwaffen verfügte, nicht ihr „vitales Interesse" an einer „befriedigenden Regelung der Deutschland-Frage" wahrgenommen? Nicht alles scheint uns hier mit dem „Gleichgewicht des Schreckens" erklärbar.
Fazit: Die „vitalen Interessen" der USA sind ebenso unzuverlässig wie die oftmals beschworene Expansionswut der UdSSR. Ob die USA im Falle einer sowjetischen Aggression gegen Berlin oder die BRD wirklich nuklear intervenieren würden, scheint zumindest zweifelhaft. Dies, in Hinblick auf Frankreich, schien auch de Gaulle so, und war einer der Gründe seiner eigenen „Force de frappe".

---

14 ebd., S. 167
15 Richard Jäger, in: Sicherheit und Rüstung a.a.O., S. 148
16 H. Schmidt, a.a.O., S. 169
17 ebd., S. 167

THESE III: Zur „flexible response“

Die „flexible response“, seit 1967 offizielle NATO-Strategie, beruht auf der Feststellung, daß „das abschreckende Risiko der Verwendung nuklearstrategischer Waffen durch den Verteidiger nur in Extremfällen seiner eigenen Gefährdung glaubwürdig“ sei[18], mit anderen Worten darauf, daß die bisherige NATO-Strategie eigentlich schon längst irgendwelche begrenzten Aggressionen der UdSSR hätte hervorbringen müssen. Solche Aggressionen hätten taktisch-nuklearer oder konventioneller Art sein müssen. Sie blieben aus; dennoch braucht die NATO „die Möglichkeit zu weniger extremen Verteidigungsdrohungen“[19], also zur taktisch-nuklearen und konventionellen Rüstung: „Je nach Art des Angriffs muß die NATO eine andere Antwort bereithalten; dies ist der Kern der Strategie der beweglichen Erwiderung (flexible response).“[20]

Im Sinne der Theorie der Abschreckung wäre nun zu argumentieren: durch „flexibel response“ ist die Gefahr eines sowjetischen Angriffs gestiegen, weil das Risiko vermindert ist. Der Gegner riskiert „nur noch“ einen konventionellen oder taktisch- atomaren Krieg, nicht mehr die Selbstvernichtung.

Dem würden die Apologeten der „flexible response“ – und das sind alle unsere Verteidigungspolitiker – entgegenhalten: dieses Risiko bestand vorher auch nur, hier hat sich nur die Doktrin der NATO den Tatsachen angepaßt. Denn: „Die NATO konnte bisher die Sowjetunion von jeder Expansion in den vom Nordatlantikpakt geschützten Raum abschrecken, weil sie in der Lage war, ausreichende Risiken auf allen Ebenen möglicher Kriegführung zu schaffen.“[21] Der „konventionelle“ oder „taktisch-atomare“ Krieg ist ein realistisches Risiko, denn er ist ‚mit derart hohen Verlustrisiken belastet . . ., daß er gegenwärtig bei rationaler Kalkulation undenkbar erscheinen muß.“[22]

Allerdings, diese Argumentation hat einen Haken. Nicht nur wären die Verluste der NATO größer, auch würde sie solche Kriege verlieren. „Die konventionellen Streitkräfte, über die die NATO in Westeuropa verfügt, reichen . . . für eine längere Verteidigung der NATO-Territorien in Europa nicht aus, weder in Zentraleuropa noch im Nordabschnitt.“[23] Wenn dem aber so ist, und wenn man die Folgen kalkuliert die ein auch bloß mit den Mitteln des Zweiten Weltkrieges geführter Krieg für Europa würde, sollte dann die UdSSR nicht vernünftigerweise so kalkulieren. Die NATO wird einen solchen Krieg nicht lange durchhalten oder ihn gar nicht erst beginnen. Sie wird früher oder später vor der Frage stehen: Kapitulation

---

18 ebd., S. 167
19 ebd., S. 168
20 ebd.
21 ebd.
22 ebd.
23 ebd.

oder thermonuklearer Krieg. Die Einschätzung dieser Lage wird nach wie vor das Verhalten der Sowjetunion bestimmen. Im Prinzip hat sich nichts geändert. Nur sind die Möglichkeiten der Rüstung und damit des Profites der Rüstungsindustrie bei der „flexible response" größer.
Fazit: „flexible response" bedeutet keine größere „Abschreckung." Sie läuft auf eine „Eskalation" zum großen thermonuklearen Krieg hinaus, bloß, daß dieser um ein taktisch-nukleares und konventionelles Vorspiel verlängert wird. Davon abgesehen gibt diese Strategie es der Sowjetunion in die Hand, das Ausmaß der Eskalation zu bestimmem. Dadurch wächst die Gefahr eines Krieges, wenn die Theorie vom aggressiven Kommunismus richtig ist.

THESE IV: Zum taktischen Atomkrieg

In einem Krieg, in dem taktische Atomwaffen eingesetzt werden, wird eines des wesentlichsten Elemente konventioneller Strategie aller Voraussicht nach nicht mehr gültig sein: die „Sammlung der Kräfte im Raum". Nach Clausewitz ist die beste Strategie, „immer recht stark sein, zuerst überhaupt und demnächst auf dem entscheidenden Punkt".[24] Nun bietet aber eine stark konzentrierte Truppenmenge ein relativ gutes Ziel, und deshalb hat die Entwicklung der Waffentechnik (Artillerie, Luftwaffe) eine Auflockerung der militärischen Kampfeinheiten bereits in den Weltkriegen erfordert. Eine Truppenkonzentration im modernen Krieg „mit zwanzigtausend Mann als der untersten Stufe der verbundenen Waffen"[25] würde den Einsatz einer feindlichen Atomgranate geradezu provozieren. Die Bundeswehr kennt daher als solche unterste Stufe die „Brigade mit 3000 bis 4000 Mann".[26] Auch solche Konzentrationen sind schon einigermaßen riskant. Atomar, bakteriologisch oder chemisch verseuchte Gebiete werden die Verbindung zwischen den Truppenteilen abschneiden. Die Unterscheidung zwischen Zivilbevölkerung und Militär ist schon im zweiten Weltkrieg fiktiv gewesen und wird es im nächsten wegen der größeren Flächenwirkung der Waffen noch mehr sein. Ob es noch Fronten im herkömmlichen Sinne geben wird, ist äußerst fragwürdig wegen des gewissen konzentrierten Einsatzes von Luftlandetruppen. Desto entscheidender wird die Tätigkeit kleiner und kleinster Kampfgruppen sein. Unter den Bedingungen taktischer ABC-Kriegsführung nähert sich der „begrenzte Krieg" den Formen der Guerilla. Damit wächst die Bedeutung der psychischen und ideologischen Faktoren.

---

24 Carl von Clausewitz, Vom Kriege, Reinbek b. Hamburg 1963, S. 94
25 Franz Josef Strauß, *FAZ* 6.5.59. Zit. nach: Karl Bauer, Deutsche Verteidigungspolitik 1945–1963. Dokumente und Kommentare, Boppard 1964, S. 160
26 ebd.

Nun ist aber nicht nur fragwürdig, ob die Bundesbürger den psychischen Anforderungen gerecht werden.[27] Es ist nicht nur fraglich, ob der radioaktive Fall-out nicht ohnehin ganze Landstriche entvölkert. Sondern vor allem wird der taktische Atomkrieg von Mächten geführt und unterstützt, die über „strategische" Atomwaffen verfügen. Wie werden sie auf eine drohende Niederlage reagieren? Wie der konventionelle 2. Weltkrieg zum atomaren Krieg eskalierte, so kann leicht ein taktisch-atomarer Krieg zum „großen Krieg" eskalieren. Im übrigen dürfte es für das relativ kleine Gebiet der Bundesrepublik ziemlich unerheblich sein, ob es durch viele taktische Atomgefechte oder durch wenige strategische Atomschläge vernichtet wird.

Eine konventionell an Masse und Feuerkraft unterlegene Truppe handelt nur militärisch „vernünftig", wenn sie taktische Atomwaffen einsetzt, und sei es, um nach dem Prinzip der „verbrannten Erde" bloß ihren Rückzug zu decken. Der Einsatz dieser Waffen ist in einem konventionell begonnenen Krieg zu erwarten. Insofern ist die Vorbereitung der Bundeswehr darauf „vernünftig" (taktische Trägersysteme, ABC- Abwehr-Ausbildung als Bestandteil der Allgemeinen Grundausbildung).

Aber auch der „taktische Atomkrieg" ist weder vom Standpunkt des Angreifers noch von dem des Verteidigers aus sinnvoll. Die „verbrannte Erde", die es in jedem Falle gibt, nützt keinem von beiden, und beide stehen früher oder später vor der Wahl, zum „strategischen" Nukleareinsatz zu eskalieren oder den Kampf zu beenden. Die gebrachten Opfer wären in beiden Fällen ziemlich sinnlos.

THESE V: Zum konventionellen Krieg

Daß die Verteidigung Europas eine Art verlängerten Selbstmordes bedeuten würde, ist schon mehrfach belegt worden. Deutlicher als der gegenwärtige Verteidigungsminister kann man das kaum noch ausdrücken: „Eine effektive Verteidigung Westeuropas wäre nur kurze Zeit oder nur punktuell möglich, sie würde schnell zur Zerstörung Europas führen."[28] Die konventionelle Überlegenheit des Warschauer Paktes wird auch nicht bestritten, sondern lediglich (meistens) verschwiegen. Die „abschreckenden Risiken für einen potentiellen Angreifer"[29], die die NATO zur Verfügung stellt, sind im wesentlichen nuklearer Natur und für den Verteidiger mindestens ebenso schrecklich wie für den Angreifer. Im Prinzip besteht die westliche Strategie nach wie vor darin, der Sowjetunion mit dem Selbstmord zu drohen. Damit verhindert man viel-

---

27 Vgl. den Aufsatz „Erziehung und Ausbildung in Bundeswehr und Gesellschaft" in diesem Buch.

28 H. Schmidt, a.a.O., S. 167

29 ebd.

leicht den Mord, aber nicht den Tod. Ebenso irrsinnig wie dieser Sachverhalt ist denn auch die konventionelle Hauptstrategie der NATO, die „Vorne-" oder „Vorwärts-Verteidigung". „Jeden Quardratmeter deutschen Bodens, beginnend unmittelbar am Eisernen Vorhang, gegen jeden Angriff zu verteidigen"[30], also die Kräfte der NATO bzw. der Bundeswehr von Anfang an an der Zonengrenze zu verheizen, ist militärischer Unfug.

Erstens hat noch keine derartige „Sicherheitslinie", von der Chinesischen Mauer über den römischen Limes bis zu den französischen Festungen, auf die Dauer gegen gut geführte Angriffe geschützt. Zweitens gibt es heute Luftlandetruppen, und der Warschauer Pakt ist damit gut ausgerüstet. Und drittens pflegen „Hauptschlachten", zu denen man alle Truppen zusammenzieht, nicht gerade am ersten Kriegstag stattzufinden. Endlich riskiert man eine totale Niederlage nur dann, wenn man die Chance hat, entscheidend zu siegen. Wenn dies dennoch als NATO-Strategie ernst zu nehmen sein soll, dann hat also die Bundeswehr die Aufgabe, sich zwischen Weser und Zonengrenze verheizen zu lassen, damit die Aliierten jenseits des Rheines nur noch auf eine etwas verminderte Angriffswut treffen, die allerdings vermutlich ausreichen würde, die Truppen des Warschauers Paktes an den Atlantik zu bringen. Es ist nämlich Europas Raum „für eine Kriegsführung unter modernen Verhältnissen viel zu eng und die durch den Entwicklungsstand der Technik bedingten Rüstungsanstrengungen erfordern eine Ausweitung über den europäischen Raum hinaus."[31]

Angesichts des Aufbaus der Bundeswehr mit dem Schwergewicht bei Panzerbrigaden, Jagdbombergeschwadern und Aufklärungsverbänden ist es nun allerdings schwer, diese Strategie nicht so mißzuverstehen, wie es manche in allzu wörtlicher Beachtung des „vorne" und „vorwärts" getan haben, als eine Strategie nicht der Verteidigung, sondern des Angriffs, nicht des Verteidigungskrieges, sondern des Angriffs- oder Präventivkrieges. Der Eindruck ist schwer von der Hand zu weisen, daß nach diesem Konzept die Bundesrepublik in Polen oder in der UdSSR verteidigt werden soll. Gewiß, auf eine abgewehrte Offensive reagiert man vernünftigerweise mit einer Gegenoffensive. Aber doch erst nach der Abwehr. Sind Panzergrenadiere, Kampfpanzer, Fallschirmjäger und Raketenartillerie wirklich so geeignet dafür? Wie dem auch sei, entscheidend ist wohl, daß „für die militärische Zusammenarbeit im Rahmen der NATO ... die Bundesrepublik Frontgebiet und Frankreich Hinterland" ist[32], ungeachtet seines Ausscheidens aus der NATO. Angenehme Aussichten.

---

30 Kai-Uwe von Hassel, Deutsche Sicherheitspolitik und atlantische Verteidigung (Juli 1963). In: Bauer, a.a.O., S. 2O4

31 Kai-Uwe von Hassel, a.a.O., S. 2O4

32 ebd., S. 2O5

THESE VI: Zur Wünschbarkeit der Verteidigung

Eine konventionelle Verteidigung müßte entweder den Krieg von vornherein im Gebiet des Warschauer Paktes führen, also als eine Art Präventivkrieg, oder die Bundesrepublik zum Frontgebiet machen. Trotz solcher Verteidigung würde der Krieg für NATO und Bundeswehr verloren gehen.

Ein konventioneller Krieg würde, vermutlich gerade wegen der Schwäche der NATO, sehr bald mit taktischen Atomwaffen geführt. Auf dem kleinen Gebiet der Bundesrepublik ist das kaum zu verantworten, auf dem Gebiet des Gegners würde es – vom militärischen Nutzen einmal abgesehen – Vergeltungsmaßnahmen gegen das Gebiet der BRD provozieren. Westeuropa ist auch mit taktischen Atomwaffen nur selbstmörderisch zu verteidigen.

Das Resultat dieser Überlegungen: die ‚Fähigkeit des Westens zu nuklearer Eskalation" bleibt „das Rückgrat oder die Auffangposition der „flexible response" gegenüber der Sowjetunion"[33]. Man könnte auch sagen: die UdSSR darf nicht gewinnen, weil die USA sonst ihr ganzes Vernichtungspotential einsetzen.

Unter diesen Umständen scheint es nicht nur angebracht, daß die Sowjetunion nicht angreift; sondern auch: daß die BRD sich nicht verteidigt. Denn was von den verteidigungswerten Gütern wird solche Kriege überstehen?

THESE VII: Zur Alternative

Angenommen, wir hätten weder Bundeswehr noch NATO. Weiterhin angenommen, die UdSSR wäre so expansionsdurstig, wie man ihr nachsagt. Angenommen, Rote Armee und Nationale Volksarmee marschierten in der Bundesrepublik ein. Wird die Bevölkerung gewaltlosen Widerstand leisten? Wird sie eine spontane Selbstbewaffnung durchführen? Wird sie einen Guerilla-Krieg führen? Wird sie zwanzig, dreißig oder fünfzig Jahre kämpfen, um ihre nationale Souveränität wiederzuerlangen?

Solche Formen der Verteidigung sind anstrengend, langwierig und schwer, wie der Vietnam-Krieg zeigt. Ihr Erfolg ist wahrscheinlich, wenn auch nicht gewiß. Die Überlebens-Chancen jedes Einzelnen scheinen etwas höher zu sein. Es bleibt mehr Geld für wichtigere Aufgaben übrig. Diese Methoden der Verteidigung haben jedoch einen entscheidenden Nachteil: Sie setzen „ein ausgeprägtes staatsbürgerliches Verantwortungsbewußtsein voraus"[34], d. h. sie beruhen weitgehend auf Freiwilligkeit und Überzeugung. Sie sind deshalb in der Bundesrepublik nicht praktikabel, weil nur sehr wenige bereit sind, frei-

33 H. Schmidt, a.a.O., S. 169

34 Warum brauchen wir die Wehrpflicht? Eine Denkschrift der Bundesregierung. Bonn 1956. S. 19

willig zu verteidigen. Sie müssen vielmehr gezwungen werden, zu verteidigen. Es ist „der Bundesrepublik unmöglich, ohne allgemeine Wehrpflicht den Schutz des Landes zu gewährleisten . . ."[35] Es wird ihr auch mit der Allgemeinen Wehrpflicht nicht möglich sein. Die Bedingungen künftiger Kriege fordern freie und selbständige Soldaten, nicht zwangsrekrutierte Landsknechte.

Die Alternative zur Bundeswehr ist nicht die „Unterwerfung unter das bolschewistische Joch". Sondern die Abschaffung einer Gesellschaft, die mit Massenmord spielt.

35 ebd., S. 21

Heinrich Schacht

Der Bürgerkriegsauftrag

Bundesrepublik 19 . .: Es kommt zu einer erneuten Rezession, die die Entlassung von 2 Millionen Arbeitern und Angestellten sowie Kurzarbeit für weitere Millionen mit sich bringt: Lohnkürzungen, Preissteigerungen. Studenten gehen auf die Straße und fordern die Ablösung der Regierung, die Freilassung der politischen Gefangenen, eine umfassende Demokratisierung von Hochschule und Wirtschaft. Einzelgewerkschaften solidarisieren sich; nach schweren Zusammenstößen mit der Polizei wird ein unbefristeter Generalstreik ausgerufen; Fabriken und Universitäten sind teilweise besetzt; der Einsatz des Bundesgrenzschutzes verschärft die Situation. Die Regierung tagt mit den Inspekteuren der Bundeswehr-Ausgangssperre, Reservisten werden einberufen. In einer Fernsehrede droht der Bundeskanzler bei weiteren Demonstrationen mit einem Einsatz der Bundeswehr, nachdem einzelne Kommandeure bereits selbständig Einheiten zur Zerstreuung von Demonstranten aufgeboten haben. Am darauffolgenden Tag kommt es zu Schießereien, als in verschiedenen Städten Barrikaden errichtet und Gefangenensammellager gestürmt werden; Demonstrantengruppen verschaffen sich Handfeuerwaffen. Dann rollen Panzer und Schützenpanzer. Artikel 87a IV Grungesetz.

Gewiß, die Situation ist erdacht, aber sie ist nicht undenkbar. Undenkbar wird nur der sagen, dem „formierte Gesellschaft" und „konzertierte Aktion" ein System vorspiegeln, das Ausbeutung und undemokratische Herrschaft nicht kennt. Undenkbar wird nur der sagen, der nicht zur Kenntnis nimmt, daß tagtäglich Demonstranten von der Polizei verprügelt und in die Gefängnisse gesteckt werden, und Arbeiter, Schüler und Studenten wegen „Störung des Betriebsfriedens" ihrer Existenz beraubt d. h. entlassen werden. Undenkbar wird nur der sagen, der nicht sieht, daß die spätkapitalistische Gesellschaft in ihrer Struktur potentieller Faschismus ist!

Die parlamentarischen Notstandsvertreteter der Großen Koalition im Verein mit der Bürokratie und den Wirtschaftsbossen wußten sehr wohl, was eine „Stunde der Not" bedeutet – wenn ihr System nämlich nicht mehr den Anspruch einlösen kann, den Frieden und die Freiheit seiner Bürger zu sichern, weil das private Interesse eine faktisch vergesellschaftete Wirtschaft nicht sinnvoll zu lenken vermag, ohne zu Lasten der Masse der Bevölkerung zu gehen. Um ihre Macht auch in Krisenzeiten zu gewährleisten, mußten die Herrschenden ihre mögliche offene Gewalt deshalb schon jetzt legalisieren.

Artikel 87 a IV GG ist ein Bürgerkriegsauftrag für die Bundeswehr:

„Zur Abwehr einer drohenden Gefahr für den Bestand oder die freiheitliche demokratische Grundordnung des Bundes oder eines Landes kann die Bundesregierung, wenn die Voraussetzungen des Artikels 91 II vorliegen und die Polizeikräfte sowie der Bundesgrenzschutz nicht ausreichen, Streitkräfte zur Unterstützung der Polizei und des Bundesgrenzschutzes beim Schutz von zivilen Objekten und bei der Bekämpfung organisierter und militärisch bewaffneter Aufständischer einsetzen. Der Einsatz von Streitkräften ist einzustellen, wenn der Bundestag oder der Bundesrat dies verlangen."

Der Wehrpflichtige ist diesem Auftrag unterworfen und wird entsprechend ausgebildet. Nur vergißt man, ihm zu sagen, daß hier nicht die freiheitliche demokratische Grundordnung verteidigt werden soll, sondern die Herrschaft einiger weniger. Der politische Gegner, eine demokratische Opposition, wird zum „Staatsfeind" gemacht, gegen dessen „verdeckten Kampf" man das Vaterland zu schützen hat.

Wie sehen nun Situationen aus, in welche dieses Gesetz uns zwingt? Es ist die Rede von einer „drohenden Gefahr für den Bestand oder die freiheitliche demokratische Grundordnung", ferner davon, daß die Bundeswehr zur Unterstützung der Polizei und des BGS beim ‚Schutz von zivilen Objekten" und bei der „Bekämpfung organisierter und militärisch bewaffneter Aufständischer" eingesetzt werden kann. Jedem fällt auf, wie unklar diese Klauseln gefaßt sind. Das ist nichts Ungewöhnliches. Juristen legen diese unbestimmten Begriffe aus, so daß sie faßbarer werden. Doch muß man sich davor hüten anzunehmen, hierbei würden keine politischen Entscheidungen getroffen. Demokratische Juristen werden deshalb darlegen, daß ein Einsatz der Bundeswehr im Inneren nur dann der Verfassung gemäß sei, wenn Teile der Streitkräfte putschen, nicht aber wenn die Bevölkerung ihr Streik- und Demonstrationsrecht in Anspruch nimmt. Während Vertreter der Herrschenden eine Wirtschafts- oder Versorgungskrise oder einen politischen Streik (den sie als Parlamentsnötigung interpretieren würden) zum Inneren Notstand machen würden. Und bisher ist es noch immer so, daß *die* juristischen Meinungen „richtig" sind, die die herrschenden sind. Es soll auch nicht vergessen werden, daß Wehrpflichtige nach dem 1. Oktober 1969 zum Bundesgrenzschutz eingezogen werden sollen, für dessen Einsatz weit weniger Voraussetzungen erforderlich sind.

Wir müssen deshalb Situationen betrachten, die man den genannten Begriffen zuordnen könnte, indem wir dabei von den tatsächlichen wirtschaftlichen und sozialen Interessenlagen ausgehen.

1. Beispiel: Die seit Jahrzehnten erhobenen Forderungen nach Mitbestimmung der Gewerkschaften werden vom Bundestag nicht behandelt. Die Kündigungen von Arbeitern wegen politischer Äußerungen nehmen zu. Auf Druck von Mitgliedern und unteren Funktionären kommt es zur Urabstimmung über einen Streik, der ihre Forderungen durchsetzen soll. Man streikt, Fabriken werden besetzt. Polizei und BGS sind durch Demonstrationen und durch die Aufrechterhaltung des Verkehrswesens gebunden. Die Bundeswehr wird zum Schutz ziviler Objekte – „strategisch wichtiger" sagt man –, wie Versorgungseinrichtungen, Rüstungsfabriken usw., eingesetzt. Es kommt zu Auseinandersetzungen; gegen die sich mit Steinen wehrenden Streikenden wird geschossen; unter den Toten ist der Arbeiter X, ein Bruder des Gefreiten Y, der mit seiner Kompanie ein Werk sicherte.

2. Beispiel: Gleiche Lage. Studenten versuchen, streikenden Redakteuren und Journalisten zu Hilfe zu kommen, die sich in einer Rundfunkanstalt verschanzt haben. Oberleutnant A soll dies mit seiner Kompanie verhindern; als das gegen die tausendköpfige Menge nicht gelingt, gibt er „Feuer frei". Unter den Schwerverletzten befindet sich sein alter Schulfreund B, heute Chemiestudent.

3. Beispiel: Situation Bundesrepublik Mai 19 . . Gefreiter M ist Richtschütze auf einem „Leopard". Sein Zug soll Arbeiter zerstreuen, die sich vor einem Rathaus versammelt haben und drohen es zu stürmen, falls der Oberbürgermeister einen Einsatzbefehl an die Polizei nicht zurücknimmt. Ein Panzerkommandant wird nervös und beginnt mit einem Fla-MG über die Versammelten hinwegzuschießen. Daraufhin wird ein Molotow-Cocktail gegen einen Panzer geschleudert, der in Brand gerät. Die Panzer-MGs schießen nun alle in die Menge. Das Blutbad währt nur wenige Augenblicke – dreißig Tote und über hundert Verletzte. Gefreiter M erhält den Auftrag, die Toten zusammenzutragen. Unter ihnen findet er seinen alten Kollegen N, mit dem er gut befreundet war, als er noch in der Stadt arbeitete.

Freilich sind diese Beispiele erfunden! Aber sie können schneller Wirklichkeit werden, als wir es uns träumen lassen. In den Vereinigten Staaten werden Armee und Nationalgarde gegen farbige und weiße Demonstranten eingesetzt, die für die Rechte der Unterdrückten im eigenen Land und in Vietnam eintreten. In Griechenland geben sich Soldaten dazu her, Demokraten zu foltern, die gegen die Militärdiktatur opponieren. Bisher versucht man in der Bundesrepublik, die demokratische Opposition durch politische und rechtliche Mittel auszuschalten, indem man ihr verfassungswidrige Absichten unterstellt – Sperrung öffentlicher Mittel, Gefängnis usw. Aber weil sich das Verlangen nach Selbstbestimmung und Freiheit nicht unterdrücken läßt und das herrschende System dieses Verlangen nicht erfüllen kann, will es die „Ordnung" – die eigene, versteht sich – notfalls mit Waffengewalt aufrechterhalten. Hier ist auch nicht mehr von Abschreckung die Rede; denn wer sollte schon abgeschreckt werden? Soldaten sollen gegen die vorgehen, deren politische Forderungen den Interessen der Mehrzahl gerade auch der Soldaten entsprechen. Eine demo-

kratisch gemeinte Wehrpflicht verliert ihren Sinn, wenn der Wehrpflichtige auf seinen Kollegen, Freund oder Bruder schießen soll.
Wer griechische Verhältnisse bei uns nicht haben will, wer meint, daß menschlicher Fortschritt sich nicht durch Kanonen und Gewehre einer Armee, sondern nur durch die unablässige Demokratisierung aller Bereiche unserer Gesellschaft erzielen läßt, kann einen Bürgerkriegsauftrag der Bundeswehr nicht befolgen. Die freiheitliche demokratische Grundordnung bedroht nicht der, der seine Grundrechte in Anspruch nimmt, sondern bedrohen die, die eine Gewalt- und Willkürherrschaft errichten und aufrechterhalten und dazu die Wehrpflicht mißbrauchen.

Mathias Jung

Der militärisch-industrielle Komplex

> „Weißt, wer das ist? Ein Generaldirektor in Zivil. Da muß man vorsichtig mit'n Reden sein. Das ist nämlich der Vorgesetzte von die Generäle."
> Karl Kraus, Die letzten Tage der Menschheit

Industriegesellschaft oder Spätkapitalismus?

Nach dem Zusammenbruch des Faschismus, 1945, war die ökonomische Macht des Monopolkapitals gelähmt, seine Auslandspositionen verloren gegangen, Industrieanlagen, Verkehrswesen, Städte und die gesundheitliche Lage der arbeitenden Bevölkerung befanden sich in einem apokalyptischen Zustand des Ruins und der Auswegslosigkeit. Das von den Alliierten der Anti-Hitler-Koalition erarbeitete Potsdamer Abkommen formulierte das verbindliche Programm der Vernichtung des Faschismus und Militarismus an ihren Wurzeln, nämlich der Konzentration der ökonomischen und politischen Macht in den Händen der Trusts, Kartelle und Monopole. Gleichzeitig votierte die Bevölkerung von Hessen, und Sachsen mehrheitlich für die Überführung der Schlüsselindustrie in Gemeineigentum. In dieser für die herrschende Klasse alarmierenden Situation, wo die Entscheidung zwischen der Restauration des Kapitalismus oder einer antimonopolistisch-demokratischen Zukunft Deutschlands auf der Tagesordnung stand, gelang es der Bourgeoisie, in den westlichen Besatzungszonen die demokratische Neuordnung auf Grund einer für sie günstigen Situation zu verhindern: der Uneinigkeit der Arbeiterklasse und der massiven Unterstützung der Bourgeoisie durch den US-Imperialismus im Rahmen der antikommunistischen Blockstrategie. Mit Recht bezeichnete der Wirtschaftsexperte der SPD, Dr. Victor Agartz, 1954 in einer Rede vor dem 3. Bundeskongreß des DGB die Währungsreform Ludwig Erhards als klassenpolitische Wendemarke: „Die Geldreform von 1948 hatte den Krieg in seiner innerpolitischen Verschuldung einseitig zu Lasten der Geldwertbesitzer, nämlich der Sparer und Rentner, liquidiert. Demgegenüber blieb der Sachwertbesitz unberührt. Im Gegenteil, er erfuhr jede nur denkbare Förderung durch die amtliche Wirtschafts- und Steuerpolitik. Wir müssen feststellen, daß selten eine kapitalistische Expropriation so offen vollzogen worden ist wie nach dem Jahre 1948. Ebenso deutlich erwies sich bereits die absolute Identität von Staat und Wirtschaft ... Zwei deutlich getrennte Klassen wurden Ausdruck der sich anbahnenden neuen gesellschaftlichen Ordnung."[1] Geblieben war der Grundwiderspruch des Kapitalismus, der vor mehr als einem Jahrhundert von Marx und Engels definiert wurde als der Widerspruch von Arbeit und Kapital, der Widerspruch von gesellschaftlich-arbeitsteiliger Produktion und privater Wertaneignung. Geblieben waren die Klassengesellschaft und ihre Klassen, die sich, wie Lenin formuliert, „voneinander unterscheiden nach ihrem Platz in einem geschichtlich bestimmten System der gesellschaftlichen Produktion, nach ihrem (größtenteils in Gesetzen fixierten und formulierten) Verhältnis zu den Produktionsmitteln, nach ihrer Rolle in der gesellschaftlichen Organisation der Arbeit, und folglich nach der Art der Erlangung und der Größe des Anteils am gesellschaftlichen Reichtum, über den sie verfügen. Klassen sind Gruppen von Menschen, von denen sich die eine die Arbeit einer anderen aneignen kann infolge der Verschiedenheit ihres Platzes in einem bestimmten System der gesellschaftlichen Wirtschaft."[2]

1953 proklamierte die Großindustrie konsequent, daß es ihr gutes Recht sei, solche Parteien zu unterstützen, „die dem deutschen Volk das kostspielige Experiment des Sozialismus ersparen."[3] Monopole und Monopolparteien hatten längst das kostspieligere Experiment des Kapitalismus eingeplant. Ein Jahr zuvor hatte der CSU-Bundestags-Abgeordnete Bodensteiner in seiner Austrittserklärung angegeben, die CDU werde von einer Gruppe unter Führung des Bankiers und Adenauerfreundes Pferdmenges beherrscht, die „dem Großkapital näher steht als den deutschen Arbeitern und Bauern. Unter dem beherrschenden Einfluß dieser Gruppe haben Fraktion und Partei ihr eigenes Programm verraten."[4]

Das Heranwachsen eines sozialistischen Staates auf deutschem Boden bedeutet langfristig eine schwere Gefährdung der sozialökonomischen und ideologischen Basis der herrschenden Klasse in der BRD. Der CDU-Abgeordnete Kai Uwe von Hassel formulierte 1961: „Unsere Gebietsforderungen gehen bis weit hinter die Oder-Neiße-Linie. Das Jahr 2000 darf nicht zum 83. Geburtstag der Oktoberrevolution in der Welt werden."[5] Für die westdeutsche Regierungspolitik bedeutet dies: Zerschlagung der KPD nach innen, Remilitarisierung, Nichtanerkennung der Ergebnisse des zweiten Weltkrieges, Nichtanerkennung der gesellschaftlichen Umwälzung in den sozialistischen Nachbarstaaten, juristische Untermauerung dieser sta-

1 Zit. nach: Nikolaus J. Ryschkowsky, Die linke Linke, München 1968 S. 15
2 W. I. Lenin, Die große Iniative, Werke Bd. 29, Berlin 1961, S. 410
3 *Unternehmerbrief*, Köln, 26/1953
4 *Tägliche Rundschau*, Berlin, 15. 11. 1952
5 *Rheinischer Merkur*, 27. 6. 1961

tus-quo-ante-Politik durch die Fiktion eines Heimat- und Alleinvertretungsrechts. Daß die herrschende Klasse die Grundrechte des arbeitenden Volkes eben durch das KPD-Verbot ins Visier nahm, erkannten hierzulande wenige.
Die von John Forster Dulles und Konrad Adenauer vertretene „Politik der Stärke“ scheiterte offenkundig am 13. August 1961, als die, infolge innerer Geburtsschwierigkeiten und äußerer Störmanöver geschwächte DDR ihre Grenzen schloß und sich hiermit die Startbasis für den zügigen Aufbau des Sozialismus schuf. Während sich die DDR als 9.-stärkster Industriestaat der Welt etablierte und insbesondere in der zweiten Hälfte der 60er Jahre die spezifischen Kinderkrankenheiten einer extensiv ausgerichteten sozialistischen Ökonomie durch das auf Intensivität, d. h. Weltniveau hin orientierte Neue Ökonomische System von Planung und Leitung (ab 1963) abstreifte und eine überlegene soziale Infrastruktur sowie eine ertragreiche genossenschaftliche Landwirtschaft errichtete, geriet das spätkapitalistische Herrschaftssystem der BRD – nach dem zyklischen Konjunkturboom der 50er Jahre – in fundamentale ökonomische, politische und ideologische Krisen: 1966/67 die schwerste Wirtschaftskrise seit Bestehen, rascher Verschleiß der Regierungen, Agrarkrise und sozialpolitische Deformationen, welche u. a. die massiven Studentenunruhen, später die Kette spontaner Streiks, die politisch motivierte Kriegsdienstverweigerung und die Lehrlingsbewegung hervorriefen. Das Gesellschaftssystem der BRD erwies sich nach dem Urteil eines seiner prominentesten bürgerlichen Kritiker, Karl Steinbuch, als „falsch programmiert“.[6]
Spätestens hier, seit dem Eintritt der Sozialdemokratie in die Große Koalition und der Ablösung der fossilen „laissez-faire“-Ideologie des Erhardschen Wirtschaftsliberalismus durch das straffe Programm einer staatsmonopolistischen Regulierung, „Globalsteuerung“, „mittelfristigen Wirtschafts- und Finanzplanung“, „Planifikation“ und „deficit spending“ des Neo-Keynesianers Karl Schiller, zerplatzten die Lügen von der klassenneutralen Industriegesellschaft wie Seifenblasen. Es wurde deutlich: In Westdeutschland sind 3/4 des privaten Vermögens im Besitz von 1/6 der Bevölkerung. Ein verschwindend kleiner Teil der Haushaltungen, nämlich 1,6 %, besitzt 70 % des gesamten Produktionsvermögens. Die große Mehrheit hat also keinerlei Anteil am Produktionsvermögen. Der Nationalökonom Jörg Huffschmid belegte dies in seiner detaillierten Untersuchung über die Kapitalkonzentration und Wirtschaftspolitik in der Bundesrepublik: „Einkommen und Vermögen in der Bundesrepublik konzentrieren sich nach wie vor in den Händen einer kleinen Schicht der Bevölkerung, die sich vorwiegend aus Unternehmern sowie aus ihren leitenden Angestellten und Managern zusammensetzt, während der überwiegende Teil der Bevölkerung vermögenslos ist und sein Ein-

6 Karl Steinbuch Falsch programmiert, Stuttgart 1968

kommen fast zur Gänze verbrauchen muß, jedenfalls aber mit den geringen Ersparnissen den Zustand der Vermögenslosigkeit nicht zu durchbrechen vermag. – Innerhalb der Vermögenskonzentration spielt die Konzentration von Kapital- und Betriebsvermögen eine besondere Rolle: Kapital- und Betriebskonzentration entstehen nicht nur in der Hand der reichsten Leute, sondern saugen auch als quasi autonome Organisationen das Eigentum der Besitzer geringerer Vermögensmengen auf. Dieses Eigentum ... wird Teil einer Kapitalorganisation, die eine eigenständige und nicht selten führende Rolle auf einem Markt, in einer Branche oder in der Gesamtwirtschaft spielt."[7]

Wer hat, dem wird gegeben. Daran ändern weder das Märchen von der neuen Klasse der Manager noch die Schutzbehauptung von den in Ost und West angeblich gleichen technologischen Zwängen der „modernen Industriegesellschaft" (Konvergenztheorie) etwas. Was den geheimnisvollen Manager angeht, der angeblich die Macht in der Wirtschaft übernommen hat, so versuchte nach Beobachtung des Bochumer Soziologen Urs Jaeggi noch keiner, „die Macht im Staat zu erobern und wenn, dann im Interesse der Kapitaleigentümer. In der Bundesrepublik bejahen die Manager mit großer Entschiedenheit die Erhaltung der bestehenden wirtschaftlichen Einrichtungen ... Nicht nur ist mit den Managern dem Kapitalismus kein neuer Feind entstanden, er hat in ihnen mächtige Verteidiger gefunden.."[8]

Staat und Rüstung

Die Verschärfung des Grundwiderspruchs zwischen gesellschaftlich-arbeitsteiliger Produktion und privatem Besitz an Produktionsmitteln, die schnell wachsende kapitalistische „Vergesellschaftung" der Produktion, die Zuspitzung des Marktproblems die immer häufiger auftretenden Wirtschaftskrisen und die Internationalisierung des Klassenkampfes führte zur Herausbildung des staatsmonopolistischen Kapitalismus. Der Staat übernimmt die Aufgabe, über die konjunkturelle „Globalsteuerung", „Orientierungsdaten" und „Lohnleitlinien" hinaus eine Stabilisierungs- und „Strukturpolitik" für eine optimal krisenfreie Kapitalverwertung im gesamtwirtschaftlichen Maßstab zu garantieren – auf Kosten der arbeitenden Bevölkerung. Joachim Hirsch hat diesen Versuch, die aufbrechenden Klassenwidersprüche einzudämmen und das staatsmonopolistische Herrschaftssystem konfliktärmer zu stabilisieren, wie folgt charakterisiert: „Die profiterhaltende An-

---

7 Jörg Huffschmid, Die Politik des Kapitals, Konzentration und Wirtschaftspolitik in der Bundesrepublik, Frankfurt am Main 1970, S. 64

8 Urs Jaeggi, Macht und Herrschaft in der Bundesrepublik, Frankfurt am Main 1969, S. 53 – Vgl. auch Günther Rose, Konvergenz der Systeme, Legende und Wirklichkeit, Köln 1970, S. 94 ff

passung volkswirtschaftlicher Produktionsstrukturen an veränderte ökonomische und technische Bedingungen wird zu einer Hauptaufgabe der staatlichen Administration – sei es ‚defensiv‘ durch subventionierte Reduzierung produktiver Potentiale (Bergbau, Stahlindustrie), sei es ‚offensiv‘ durch gezielte Förderung technischer Neuerungen. Diese Entwicklung hat aber erhebliche Konsequenzen für die Organisation und Struktur des bürokratischen Staatsapparates. Ungeachtet der bestehenden funktionalen Abhängigkeiten haben enge wechselseitige personelle Verflechtungen zwischen Staats- und Wirtschaftbürokratie gerade in Deutschland eine feste Tradition. Mittlerweile zeigen sich aber unter dem Einfluß der modernen Technologie Tendenzen, die praktisch auf eine Aufhebung der organisatorischen Grenzlinien zwischen Staatsbürokratie und privater Großindustrie hinauslaufen. Damit verlagern sich auch die ökonomischen Antagonismen und die Konflikte zwischen einzelnen Machtgruppen und wirtschaftlichen Teilsektoren immer stärker und unmittelbarer in den administrativen Apparat hinein. Dessen Tätigkeit wird in durchaus neuer Form vom anarchischen Charakter der herrschenden Produktionsweise beeinflußt was seine Fähigkeit zur tatsächlichen und langfristigen Stabilisierung des gesellschaftlich-ökonomischen Systems ernsthaft in Frage stellt.“[9]
Durch Unterzeichnung der Pariser Verträge wurde die BRD im Jahre 1955 in die NATO aufgenommen. Die von den bürgerlichen Parteien betriebene restaurative Entwicklung in Wirtschaft, Politik und Gesellschaft fand damit einen Höhepunkt. Zwar verpflichteten die westlichen Alliierten die Bundesrepublik auf den Verzicht, atomare, biologische und chemische Waffen herzustellen und Flugkörper großer Reichweite, Fluglenkkörper, Bombenflugzeuge für strategische Zwecke und größere Kriegsschiffe zu bauen, nahmen jedoch seit 1958 durch Produktionsgenehmigungen fast alle Beschränkungen zurück. Hatten die Rüstungsimporte 1956 noch einen Anteil von 60 % am Bedarf, so sank dieser Anteil bis 1960 auf 40 %. Gleichwohl stieß das militärische Konzept der Adenauer/Blank-Regierung in den 50er Jahren auf starke Reserven der Industrie, da der geplante rasche Aufbau einer 500 000-Mann-Bundeswehr die Ware Arbeitskraft spürbar verknappt und verteuert hätte und außerdem die zivilen industriellen Kapazitäten durch die Rückgewinnung der Außenmärkte[10] und den immensen innländischen Nachholbedarf bis an die Grenzen ausgelastet waren. Die Phase des Lizenbaues – (Fiat G 91 und F 104 (Starfighter) – und der beginnenden Kooperation – der militärische Transporter „Transall“ – bestimmten die ersten Jahre. Erst durch die abrupte Konzentration und Zentralisa-

9 Joachim Hirsch, Wissenschaftlich-technischer Fortschritt und politisches System, Frankfurt/M. 1970, S. 246 ff

10 Vgl. Ludwig Erhard Deutschlands Rückkehr zum Weltmarkt, Düsseldorf 1954

Aufgliederung der Finanzplanung 1970–1973 im militärischen Sektor auf die einzelnen Haushaltsbereiche in Mio DM.

Quelle: Weißbuch 1970 zur Sicherheit der Bundesrepublik Deutschland und zur Lage der Bundeswehr, 6. Dt. Bundestag Drucksache VI/765 v. 14. 5. 1970, S. 204

Nr. des Gr. Pl.	Haushaltsbereich	1970	1971	1972	1973	1970–73
4	Personalausgaben	7401,0	7723,0	7802,0	7828,9	30754,9
5 (ohne 55)	Sächliche Verwaltungsausgaben	2194,6	2329,3	2340,8	2381,0	9245,7
551	Wehrforschg., Entwicklung, Erprobung	1072,1	1130,3	1169,9	1218,2	4590,5
552, 553	Materialerh. einschl. Betr.-Kosten	1883,8	2025,5	2105,8	2149,0	8164,1
554	Militärische Beschaffung	4795,5	4863,1	5200,6	5516,9	20376,1
555 bis 559	Milit. Anlagen	1030,0	1030,0	1185,0	1145,0	4390,0
6	Zuweisungen u. Zuschüsse f. lfd. Zwecke	847,2	855,5	814,6	809,9	3327,2
7	Baumaßn., soweit nicht in 555–559, 6 u. 8	19,2	19,2	19,2	19,2	76,8
8	Ausgaben f. Investitionen	644,7	519,0	560,4	430,0	2154,1
9	Besondere Finanzierungsmaßnahmen	461,9	564,2	620,1	640,2	2286,4
	Gesamtausgaben	20350,0	21059,1	21818,4	22138,5	85365,8

tion des Rüstungskapitals in den späten 60er Jahren stieg der Anteil der Rüstungsgüter aus der westdeutschen Industrie auf ca. drei Viertel.
Die Wiedereinsetzung des Kapitalismus und seiner Herrschaftseliten auf dem Boden der Bundesrepublik, die militärpolitische und wirtschaftliche Integration in NATO und EWG schufen im Verbund mit der Staatsdoktrin des Antikommunismus, der wesentliche Lebensbereiche beeinflußte – in der Folge des KPD-Verbotes wurden etwa eine halbe Million Bundesbürger in strafrechtliche Verfolgungsmaßnahmen verwickelt –, ein

einzigartiges Klima für Militärs und Rüstungskonzerne: reaktionäre ökonomische Machtverhältnisse schaffen sich notwendig reaktionäre politische Strukturen. Folgerichtig verficht Franz Josef Strauß, Aufsichtsratvorsitzender der Airbus-GmbH, bis heute das militante Politik-der-Stärke-Konzept, eine Politik der wirtschafts- und militärpolitischen Aufrüstung gegen die sozialistischen Staaten.
Hinter dem friedengefährdenden Kurs der CSU steht heute nach Beobachtung des ehemaligen Strauß-Beraters Klaus Bloemer ein „Freundeskreis, der sich so zusammensetzt: erstens Exponenten der Export- und Wachstumsindustrie, die durch das Wirken von Strauß in den Regierungen Adenauer und Kiesinger erheblich profitiert haben. Diese Gruppe reicht von Flick über Quandt, Bölkow, Messerschmidt bis Siemens und schließt Teile der stahlverarbeitenden Industrie an Rhein und Ruhr sowie der Großchemie ein. Dazu kämen entsprechende Bankverbindungen und nicht zuletzt der expansionsträchtige Axel Cäsar Springer."[11] Strauß darf als Sprachrohr und unmittelbarer Repräsentant des wirtschaftsgeographisch zunehmend in Bayern zentrierten militärisch-industriellen Komplexes gelten. Als Atom-, Verteidigungs- und Finanzminister mischte er in allen Phasen der Wiederaufrüstung kräftig mit. Bereits 1958 warnte daher der Altvater des bürgerlichen Liberalismus, Reinhold Maier im Bundestag: „Dem Herrn Verteidigungsminister vertraue ich nicht einmal ein Feldgeschütz an, denn einer, der so spricht wie er, wird auch schießen. Aus seinem Munde ertönen nicht die Reden eines Politikers, sondern eines Menschen, der nach Krieg schreit. Das war eine Rede über den Krieg. Das war die Rede eines Menschen, der von der Manie der Größe besessen ist und die Sprache eines bis an die Zähne bewaffneten Militaristen spricht".
Die moderne Kriegstechnik mit ihren hochkomplizierten technischen Anlagen, insbesondere in der Produktion von Raketen und außerirdischen Nachrichtensystemen überstieg in den folgenden Jahren zunehmend das finanzielle und technologische Vermögen einzelner Konzerne. Wie die Entwicklungen der Atomenergie-, Flugzeug- und Raumfahrtindustrie im EWG-Raum beweisen, wird tendenziell sowohl die Staatsfinanzierung wie die internationale Kapitalverflechtung immer mehr absolute Voraussetzung, um auf dem Weltmarkt produzieren zu können. Damit begann ein Prozeß der Deformierung der „liberalen Marktwirtschaft", eine Flucht der Konzerne aus dem hartnäckig gepriesenen unternehmerischen Risiko in Richtung einer kriegswirtschaftlichen Organisation und Forschung für den militärischen Auftraggeber Staat. Die Rüstungsindustriellen arbeiten nicht mehr für den freien – krisengefährdeten – Markt, sondern auf Bestellung des Staates, zumeist sogar mit dem Geld, das ihnen dieser vorgestreckt hat. Dieses System, das die Sozialisierung der Verluste und die Pri-

11 In: *Vorwärts*, Bonn, 13/1970

vatisierung der Gewinne in Reinkultur verkörpert, beschert den Monopolen Höchstprofite bei geringerem eigenen Kapitalaufwand und noch geringerem Risiko für das eingesetzte Kapital. Es sorgt nach Galbraith „für sehr langfristige Verträge, die riesige Kapitalinvestitionen auf Gebieten fortgeschrittener Technologie erfordern. Es gibt kein Risiko der Preisfluktuation. Gegenüber jeder Veränderung in den Erfordernissen, d. h. der Nachfrage, wird voller Schutz gewährt. Sollte ein Vertrag gekündigt werden, so wird die Firma in voller Höhe ihrer Investitionen entschädigt. Keine anderen Waren lassen sich von der Technostruktur mit ähnlicher Gewißheit vorausplanen".[12] So bestätigte der Staatssekretär Mommsen: „Bei unseren ganzen Forschungs- und Entwicklungsprojekten hat die Industrie aufgrund des Kostenerstattungsprinzipes überhaupt kein Risiko. Alles wird bezahlt."[13]

Rolle der SPD-Führung

Ernst Wolf Mommsen, unter Hitler Hauptabteilungsleiter im Rüstungsministerium, später Generaldirektor der Thyssen Röhrenwerke AG, wurde weder von dem CSU- Verteidigungsminister Strauß noch dem CDU-Mann Schröder, sondern von dem Sozialdemokraten Helmut Schmidt ins Amt berufen. Zum Ehrensold von einer Mark im Monat – Thyssen gewährt ihm einen hoch bezahlten Urlaub – stellte der großindustrielle Rüstungsmanager inzwischen einen „Arbeitskreis für Rüstungswirtschaft" zusammen, der ein getreues Spiegelbild der bundesdeutschen Rüstungsindustriellen darstellt. In Springers „Welt am Sonntag" schrieb Mommsen unter dem Titel „Was der Millionär vom Genossen hält" am 3. 1. 71 eine emphatische Lobeshymne auf den SPD-Rechtsaußen Helmut Schmidt und formulierte offenherzig das Sonderlob der Industrielobby.

Maßgebliche Fraktionen der Monopole gehen in der pragmatischen Verfolgung ihrer Profitinteressen davon aus, daß sich die CDU/CSU als militante Monopolpartei in der Restauration des Kapitalismus, der Einleitung der staatsmonopolistischen Entwicklung, der militärischen Aufrüstung, der „inneren Staatsreform." Notstandsgesetzgebung und antisozialistischen Kampfführung gegenwärtig verbraucht hat. Spätestens seit den Bundestagswahlen von 1969 wurde alarmierend deutlich, daß die CDU/CSU mit ihrem konservativen, ja anachronistischen innen- und außenpolitischen Konzept weder die Klassengegensätze auf allen Gebieten des gesellschaftlichen Lebens zu neutralisieren noch den erschwerten Reproduktionsbedingungen des krisenanfälligen Kapitalismus gerecht zu werden vermochte. Die soziale Basis des imperialistischen Systems wurde zu-

---

12 J. G. Galbraith, Die moderne Industriegesellschaft, München 1968, S. 295

13 *Der Spiegel*, 40/1971

nehmend schmaler, die Kluft zwischen den Profitinteressen des Großkapitals und den Bedürfnissen der arbeitenden Bevölkerung immer tiefer.
Zur Effektivierung des Systems wie zur Dämpfung der Unruhe in der Arbeiterklasse, in den Gewerkschaften, unter der Intelligenz und der Jugend als auch zur Durchführung einer Reihe auch im Interesse der Monopolbourgeoisie notwendigen Reformen bot sich die sozialdemokratische Führung, seit einem halben Jahrhundert Sanitäter am Krankenbett des Kapitalismus, an. Dies umso mehr, als diese Partei in ihrem Godesberger Programm spektakulär den Verzicht auf den Klassenkampf und damit der Errichtung des Sozialismus kundgetan hatte: „Der einst das bloße Ausbeutungsobjekt der herrschenden Klasse war, nimmt jetzt seinen Platz ein als Staatsbürger mit anerkannten gleichen Rechten und Pflichten."
Da die SPD-Führung – mit rund 800 000 Mitgliedern und millionenstarken Gewerkschaften im Rücken – nach wie vor von der Mehrheit der Arbeiterklasse als ihre politische Vertretung angesehen wird, verfügt sie auch, im Gegensatz zu so unverhüllten Kapitalagenten wie Strauß, Stoltenberg oder Barzel, über ein vergleichsweise großes Vermögen, auch in Krisenzeiten, wo Preise, Steuern, Mieten und öffentliche Armut rasant steigen, die Arbeiterschaft an das staatsmonopolistische System zu binden. Da wird der Großindustrielle Mommsen Staatssekretär beim Unternehmen Bundeswehr, der Porzellanmillionär und Mitbestimmungsgegner Rosenthal Staatssekretär beim Mitbestimmungsgegner und Millionärsfreund Schiller und bekennt treuherzig: Es gibt „Unternehmer von Gewicht, die mein Engagement ausdrücklich bejahen."[14]
Ein Militäretat von gegenwärtig mindestens 22 Milliarden DM, darüber hinaus erhebliche versteckte Posten für Besatzungstruppen, West-Berlin-Hilfe, Notstandsplanung, Bundesgrenzschutz, Devisenausgleich und „zivil" deklarierte Forschung, weckt den Appetit der Rüstungshaie: Staatliche Mittel für Rüstungsaufträge, Rüstungsforschung, Kredite und Subventionen zur Erweiterung der Kapitalanlagen erreichen zusammen eine Höhe wie in keinem anderen Bereich der Industrie. Der Konzernherr Mommsen präzisierte einmal die merkantilen Aspekte der schimmernden Wehr: „1971 Investitionen von 7,4 Milliarden DM, Betriebskosten 14,5 Milliarden DM, Personalkosten für 730 000 Beschäftigte." Mommsen über seine neue Einkaufsabteilung: „Die 27 000 Beschaffer sind mehr Einkäufer, als Siemens, Thyssen und Hoesch zusammen haben."[15] Denn der Katalog der sogenannten Versorgungsartikel führt 900 000 Positionen auf. Quelle und Neckermann bieten nur ca. 40 000 Artikel feil. Zwischen Staat und Rüstungsindu-

14 *Vorwärts*, Bonn, 10/1969. Vgl. auch: Emil Bandholz, Zwischen Godesberg und Großindustrie oder Wo steht die SPD, Hamburg 1971
15 *Kapital*, 4/71

strie, den Kadern des Generalstabs und den Konzernagenten entwickelt sich ein engverfilzter Verbund, der, wie im Falle Mommsen, zur offenen Personalunion ausarten kann. Wunschgemäß führt der alte Wehrwirtschaftsführer unter Schmidts Ägide nach eigenem Eingeständnis die großindustrielle Scheuer: „Darüber hinaus wurden große Bereiche, die für die Bundeswehr von Bedeutung sind, stärker den je (!) in die Arbeit des Ministeriums einbezogen. Dies betrifft zum Beispiel den technisch-wirtschaftlichen Bereich, in dem eine hervorragende Zusammenarbeit nicht nur mit der deutschen Industrie, sondern auch mit den entsprechenden Organisationen der uns umgebenden NATO-Länder aufgebaut wurde."[16]
Durch die von Schmidt und Mommsen 1970 verfügte Reorganisation der staatlichen Rüstungsplanung im Sinne einer direkten Entscheidungsbefugnis der Führungsstäbe von Heer, Marine und Luftwaffe bei den Beschlüssen der „Hauptabteilung Rüstung" im zentralen „Bundesamt für Wehrtechnik und Beschaffung" wird die ohnehin rüstungsfreundliche Bundeswehrführung weitgehend der zivilen Kontrolle entzogen und die Verflechtung von Bundeswehr und Rüstungsindustrie noch verschärft. Wenn der industrielle Rüstungsmanager Mommsen auf der Wehrpolitischen Tagung der SPD am 20. 6. 70 in Bremen von der „echten Partnerschaft zwischen Wirtschaft und Bundeswehr" redet und die Öffentlichkeit ernsthaft glauben machen will, „die häßlichen Begriffe ‚Lobbyist' und ‚Bürokrat' werden allmählich durch den einheitlichen Begriff des ‚Partners' ersetzt werden können", so wird da wohl der Bock zum Gärtner gemacht. Schon Friedrich Engels hat darauf hingewiesen, daß eine Schuhbürste noch lange keine Milchdrüsen bekommt, nur weil man sie zur Gattung der Säugetiere zählt.

Machtkonzentration der Monopole

Auf der genannten Wehrpolitischen Tagung berichtete Mommsen vom „besonderen Augenmerk" des Verteidigungsministeriums hinsichtlich der Förderung der „mittelständischen und handwerklichen Betriebe". Tatsächlich hat das Ministerium in seiner bisherigen Praxis alle Großaufträge für Rüstungsgüter an sog. Generalauftragnehmer vergeben. So fungiert z. B. die dem Flick-Konzern zugehörige Krauss-Maffei AG als Generalauftragnehmer für das Panzerprogramm „Leopard". Hiermit bestimmt der Flick-Konzern die Wahl der wirtschaftlich schwächeren Unterauftragnehmer und somit seine eigene Machtausdehnung. Ein Rüstungsmarkt breitet sich aus, der in der Regel nur den mächtigen Rüstungspools mit umfangreichen Fertigungs- und Entwicklungsmöglichkeiten offensteht und langfristig den Ruin der mittelständischen Industrie zu-

16 *Welt am Sonntag*, 3. 2. 1971

gunsten der Zentralisation des Großkapitals beschleunigt. Im Mittelpunkt stehen die Konzerne Siemens-AEG, Flick-Quandt (Daimler-Benz, Krauss-Maffei), Messerschmitt-Bölkow, Krupp, Rheinstahl und Rheinmetall. Siemens–AEG bestimmt z. B. über 30 000 Zulieferer, Krupp über 23 000 und Daimler-Benz über 17 000.[17] Diese formal unabhängigen Betriebe sind praktisch den großen Rüstungskonzernen und ihren Preisdiktaten ausgeliefert. Die Verfilzung von Staat und Monopolen erhält, wie „Der Spiegel" schrieb, gleichsam den Charakter der Naturläufigkeit: „Je größer der Auftrag wird – etwa der Bau einer neuen Jäger- oder U-Boot-Serie – , desto kleiner wird der Kreis der potentiellen Auftragnehmer. Damit wird der Staat gleichzeitig abhängig von den wenigen leistungsfähigen, finanzstarken Firmen, von ihrem technologischen Know-how, ihren Vorschlägen und Projektentwürfen . . . Der Staat kann nicht mehr ohne einzelne Monopolfirmen bestimmte Aufträge durchführen. Die politische Entscheidungsbefugnis der Exekutive verlagert sich damit unterderhand in die private Sphäre der ‚Ökonomie des Todes.'"[18]

Für mittelständische Rücksichtsnahmen hat die Allianz von hoher Ministerialbürokratie, Bundeswehrführung und großindustrieller Rüstungswirtschaft keinen Anlaß. Denn – so der Rüstungsstaatssekretär Mommsen kaltschnäuzig: „Die geplante Behördenorganisation muß darauf achten, daß sowohl beim Auftraggeber als auch beim Auftragnehmer voll verantwortliche systemführende Stellen vorhanden sind und daß diese Stellen so *reibungslos* wie möglich zusammengekoppelt werden können . . . Die mittelfristige Finanzplanung des Bundes, der Rüstungsplan, das 5-Jahres-Programm der Bundeswehr und die Forschungs- und Entwicklungspläne sind Grundlage für zielgerechtes Handeln sowohl im Rüstungsbereich als auch in der Industrie. Die Zeiten des Improvisierens und der Intuition sind vorbei."

In der Tat. In dem von Mommsen initiierten „Arbeitskreis für Rüstungswirtschaft", der seit August 1970 regelmäßig tagt und den Minister berät, geben sich laut Unternehmerzeitschrift „Volkswirt" vom 7. 8. 1970 die heute tonangebenden Rüstungsindustriellen der Bundesrepublik ein profitables Stelldichein: „Vorsitzender der Industriellenrunde ist der CSU-Abgeordnete Wolfgang Pohle, 66, Duzfreund des Ministers, und persönlich haftender Gesellschafter der Friedrich Flick AG. Weitere Teilnehmer: Cl. Dornier jun., 55, Vorsitzender der Geschäftsführung der Dornier GmbH., Friedrichshafen/München, und Präsident des Bundesverbandes der Deutschen Luft- und Raumfahrtindustrie; Karl Diehl, 63, Geschäftsführer der Nürnberger Uhren- und Metallwarenfabrik Diehl; Ludwig Boelkow, 58, Chef der Messerschmitt-Boelkow-Blohm-GmbH; Dr.

17 Karl Heinz Stanzig, Der ökonomische Konzentrationsprozeß. In: Der CDU-Staat, Hrsg. v. Schäfer/Nedelmann, München 1967, S. 26
18 *Der Spiegel*, 12/1971

Geboren am 12. Mai 1910 in Berlin-Charlottenburg. Sein Großvater war der Historiker und Nobelpreisträger Theodor Mommsen.

Studium der Rechtswissenschaft und Nationalökonomie in Heidelberg, Kiel und Berlin.

1938 Eintritt in die Geschäftsführung des Spitzenverbandes der deutschen Industrie. Ab Ende 1940 Hauptabteilungsleiter im Reichsministerium für Rüstung und Kriegsproduktion.

Nach Kriegsende in einem Unternehmen der Elektroindustrie tätig, 1948 Geschäftsführer in der Wirtschaftsvereinigung Eisen- und Stahlindustrie.

1952 Geschäftsführer der Klöckner-Drahtindustrie, anschließend Vorstandsmitglied der Klöckner-Werke AG. Im Jahre 1954 Berufung in den Vorstand der Rheinischen Röhrenwerke, später Vorstandsmitglied der Phoenix-Rheinrohr AG. 1966 Vorsitz des Vorstandes der Thyssen Röhrenwerke AG. Im Aufsichtsrat einer Reihe von in- und ausländischen Gesellschaften. Mitglied des Außenhandelsbeirats des Bundesministers für Wirtschaft und des vom Bundespräsidenten berufenen Wissenschaftsrats. Vorsitzender des Vorstandes des Rationalisierungs-Kuratoriums der Deutschen Wirtschaft.

1964 wurde E. W. Mommsen von der Technischen Hochschule München der Titel eines Dr. rer. pol. h. c. verliehen.

Am 27. April 1970 Berufung in das Bundesministerium der Verteidigung als Staatssekretär für Technik und Beschaffung.

Staatssekretär Dr. h. c.
Ernst Wolf Mommsen

Aus „Information für die Truppe" 4/1970

Werner Knieper, 60, Vorsitzender der Vereinigten Flugtechnischen Werke GmbH. (VFW) in Bremen und ehemals Abteilungsleiter für Wehrtechnik und Verteidigungswirtschaft bei den Ministern Schröder und von Hassel, später unter Kiesinger Kanzleramtssekretär; Karl Heinz Sonne, 55, Vorstandsmitglied der Kloeckner-Humboldt-Deutz AG, Köln, und Dieter Spethmann, 44, Vorstandsmitglied der August-Thyssen-Hütte AG und designierter Nachfolger von Thyssen-Chef Hans-Günter Sohl, 64." Dabei gerät die mittelständische Industrie unter die Räder. Es bestätigt sich, was das Kartellamt bereits 1965 registrierte: „Marktbeobachtungen und Marktuntersuchungen lassen erkennen, daß die strukturelle Veränderung der Märkte in Richtung auf oligopolistische Marktformen in der Bundesrepublik fortschreitet." (Tätigkeitsbericht). 1968 hatte die parlamentarische Rüstungslobby die Unverfrorenheit, folgenden Erpressungsantrag im Bundestag durchzupeitschen: „Die Bundesregierung wird gebeten, mit allen ihr zur Verfügung stehenden Mitteln, insbesondere im Zusammenhang mit der Auftragsvergabe und der Darlehensgewährung, auf den erforderlichen Zusammenschluß der deutschen Luft- und Raumfahrtindustrie einzuwirken. Die Einflußnahme der Bundesregierung soll in ihren Bemühungen so weit gehen, daß Unternehmen, die die notwendigen Konzentrationsbestrebungen nicht unterstützen, u. U. Nachteile in Kauf nehmen müssen."[19]
Gleichzeitig entwickeln die Unternehmerverbände Stabsabteilungen für die rüstungswirtschaftliche Offensive mit den Koordinierungsstellen des Staates, der Bundeswehr, der Zivilverteidigung, der Forschungsinstitute und der Hochschulen. Rainer Rilling hat in seiner Studie über Kriegsforschung und Vernichtungswissenschaft in der BRD umfangreiches Material über den Vorgang der Militarisierung von Wissenschaft und Wirtschaft erarbeitet. Er zeigt, wie in Lobbyistengremien altgediente Kriegsforscher aus der faschistischen Kriegsproduktion zusammengefaßt wurden (Deutsche Gesellschaft für Wehrtechnik) und wie nach der Errichtung industrieller Kriegsforschungszentren zunehmend auch Teile der Hochschulforschung auf militärische Zielsetzungen hin ökonomisch zwangsverpflichtet wurden. Emphatisch bezeichnete einer der wissenschaftlichen Dunkelmänner, der Vorsitzende Stahl, im Jahre 1959, die DGW als „Gegenkraft gegen die zersetzenden Elemente, die vor dem Bolschewismus zurückweichen und ihm den Weg bereiten und wie sie durch Namen wie Niemöller, Barth, Heinemann und andere westliche Politiker gekennzeichnet"[20] seien. Der Herausbildung staatsmonopolistisch organisierter Forschungs- und Entwicklungskapazitäten insbesondere seit 1966/67 entspricht nach Rilling die Entwicklung differen-

19 Zit. nach: Rainer Rilling, Kriegsforschung und Vernichtungswissenschaft in der BRD, Köln 1970, S. 187 f.
20 ebd. S. 22

zierter staatsmonopolistischer Planungs- und Lenkungsgremien, die auf dem Rüstungssektor besonders schnell entwickelt wurden, und die garantieren, „daß nur solche Bereiche der Wissenschaft entwickelt werden, die profitabel kapitalistisch verwertbar sind, d. h. zur Erzielung von Mehrwert eingesetzt werden können oder an die sich ein militärisches Verwertungsinteresse heftet."[21] Allein von 1967-1971 wurden (zum Teil im Bildungsetat versteckt) rund 6,4 Millionen DM für Militärforschung ausgegeben. Die SPD/FDP-Regierung will unter der Ägide Helmut Schmidts bis 1974 in die wissenschaftlich-technische Effektivierung von Vernichtungsmitteln runde 7 Milliarden DM investieren. An der Technischen Universität München sind z. B. laut „Schwarzbuch" des AStA 75 Hochschullehrer als „direkte Vertreter der Rüstungskonzerne" zu betrachten und mindestens 200 Angehörige der Universität an Rüstungsprojekten beteiligt. Rillings Forschungsergebnis faßt in einem einzigen Satz den Klassencharakter und die Militanz des Staates BRD zusammen: „Die militärische Forschung und Entwicklung wurde bis 1970 vom westdeutschen Staat mit ebensoviel Geld bedacht, wie er seit der Währungsreform bis Anfang 1968 für den Neu- und Ausbau von Schulen ausgab."[22] Die Größenordnung der Profite – und der Profit allein ist das Schwungrad der kapitalistischen Rüstung – wird deutlich an dem unlängst ergangenen Rüstungsauftrag der Bundeswehr für die Beschaffung der „Fahrzeug-Folgegeneration der Mittelklasse" an das Gemeinschaftsbüro der Firmen Büssing, Rheinstahl, Krupp, MAN und Klöckner-Humboldt-Deutz (KHD) in Höhe von 4 Milliarden DM. Die Lastwagenindustrie frohlockt über astronomische Bilanzen. Denn – so die Süddeutsche Zeitung vom 12. 2. 71 – " für die Ausstattung der ungepanzerten Fahrzeuge werden mindestens 40 000 bis 50 000 luftgekühlte Motoren benötigt, die KHD allerdings erst in der zweiten Hälfte dieses Jahrzehnts liefern wird. Schon rechnet man sich in Fachkreisen aus, daß die Lieferung von 40 000 Motoren bei einem Stückpreis von 20 000 DM die stattliche Summe von 800 Millionen DM ausmacht . . . Man kann davon ausgehen, daß auch die anderen beteiligten Firmen in einer ähnlichen Größenordnung an dem großen Kuchen beteiligt sind." Die wenigen für Rüstungsproduktion in Frage kommenden Konzerne können oligopolistisch Preise festsetzen. In der US-Rüstungsindustrie, die inzwischen wie ein Krebsgeschwür das Land überwuchert und den Höhepunkt der hierzulande erst beginnenden Entwicklung signalisiert, ist es nach Angaben der „Welt" vom 29. 5. 69 üblich, Gewinnaufschläge zwischen 15 und 33 % auf die ohnehin überhöhten Kosten zu fordern. „In besonders günstigen Fällen erreicht die Kapitalrentabilität die phantastische Rate von 860 Prozent."

21 ebd. S. 78
22 ebd. S. 119

NATO und EWG

Strategisches Ziel des nordamerikanischen Imperialismus war es bereits kurz nach Kriegsende, mittels eines supranationalen Zusammenschlusses der kapitalistischen Staaten Westeuropas eine ökonomische und politische Aufmarschbasis gegen die sozialistischen Staaten, zumal die Sowjetunion, zu gewinnen. Der Nordatlantikpakt richtete sich ungeachtet aller friedlichen Beteuerung gegen den Sozialismus. Die Pariser Verträge bestimmten in Artikel 7 Abs. 2 des Deutschland-Vertrages als „gemeinsames Ziel . . .: ein wiedervereinigtes Deutschland, das eine freiheitlich- demokratische Verfassung, ähnlich wie in der Bundesrepublik, besitzt und das in die europäische Gemeinschaft integriert ist." Das bedeutete praktisch, und auch nach regierungsoffiziellem Verständnis, die Absicht die DDR zu liquidieren, ein kapitalistisches Gesamtdeutschland zu schaffen und es in die NATO einzugliedern. Offen sprachen denn auch die christ-demokratischen Wiedervereinigungsapostel davon, ein „nicht-sozialistisches Gesamt-Deutschland zu schaffen" (Gerhard Schröder)[23]. Der Nordatlantikpakt richtete sich aber auch global gegen die demokratischen und sozialistischen Volksbewegungen im Innern der Mitgliedstaaten, zumal in Frankreich und Italien, wo sich die Möglichkeit antikapitalistischer Volksfrontregierungen abzeichnete. Gleichzeitig hofften die westeuropäischen Kolonialmächte Großbritannien, Belgien, Frankreich, Niederlande und Portugal, mit Hilfe der NATO ihre überseeischen Kolonien unter Druck halten zu können.

Der US-Außenminister Dulles betonte: „diese Europäische Integration und die Entwicklung der NATO ergänzen einander".[24] Tatsächlich gewann gerade die westdeutsche Monopolbourgeoisie in der (West-)Europa-Konzeption ein einmaliges Herrschaftsinstrument gegen die aktuellen Forderungen der demokratischen Opposition (Sozialisierung der Schlüsselindustrie, Bodenreform . . .) nach innen wie gegen die sozialistischen Staaten nach außen. Ideal einerseits, als die emphatisch zur Schau getragene Europa-Beflissenheit einen Verzicht auf den unheilvollen Nationalismus und die friedliche Wiederanknüpfung an das alte humanistische Erbe des Kosmopolitismus zu bedeuten schien und die Illusion eines klassenlosen „Abendlandes" suggerierte – ideal andererseits, als die objektiv-gesetzmäßige Zentralisation und Konzentration der modernen Produktivkräfte unter den Bedingungen der wissenschaftlich-technischen Revolution in der Tat eine radikale Sprengung nationaler Grenzen, Aufhebung nationaler Zölle sowie die supranationale Investition und Kooperation erforderlich macht. Die treibenden Kräfte der EWG waren von Anfang an, wie der Verwaltungsbeamte des Europaparlamentes, Heinz

---

23 *Frankfurter Rundschau*, 30. 1. 1969

24 The Department of State Bulletin, Washington, 30. 4. 1956, S. 706

Kuby, öffentlich kritisierte, „eine Kombination von Schwerindustrie und Militärs, und das ganze Unternehmen stand ... unter dem Stern amerikanischer Vormundschaft und des kalten Krieges.“[25] Drohte doch bereits der „Europäer“ Graf Coudenhove-Calergi: „Der neue europäische Patriotismus beginnt sich als gemeinsamer Antikommunismus zu manifestieren.“[26]

Vollauf bestätigt sich die Feststellung Lenins, daß als zeitweiliges Abkommen der europäischen Kapitalisten auch die „Vereinigten Staaten von Europa“ möglich seien als Abkommen „darüber, wie man gemeinsam den Sozialismus in Europa unterdrücken, gemeinsam die geraubten Kolonien ... verteidigen kann.“[27] Es lag auf der Hand, daß der westdeutsche Imperialismus – nach Straußens Worten ein ökonomischer Riese und ein politischer Zwerg – über den Weg der wirtschaftlichen „Integration“ nicht nur den Ausbau der – für den Spätkapitalismus lebenswichtigen – supranationalen staatsmonopolistischen Regulierungsinstrumente und ein kollektives Krisenmanagement anstrebte, sondern auch die Vormachtstellung Westdeutschlands. Mit dem Übergang zu den 70er Jahren dringen die bundesrepublikanischen Konzerne unter dem Expansionsschirm der EWG verstärkt in das internationale Waffengeschäft ein. Gestützt auf das militärpolitische Potential der größten westeuropäischen Kriegsmaschinerie und unter der Stabsführung Schmidts, Mommsens und Schnez‘, dem langjährigen Leiter der Direktionsabteilung bei Klöckner-Humboldt-Deutz, stießen die Vereinigten Flugtechnischen Werke (Krupp), Siemens, die Diehl-Gruppe sowie der Bundesverband der Deutschen Industrie in die 1969 geschaffene „Industrielle Beratergruppe der NATO“ vor, wo sie nun bereits im Stadium der strategischen und taktischen Planung die Kriegsproduktion mit ihren horrenden Extraprofiten darauf einstellen können. „Hier geht es darum“, schrieb der „Wehrdienst“, Sprachrohr der Rüstungsagenturen der BRD, 1967 lakonisch, „zunächst alle nationalen Möglichkeiten und Fähigkeiten zusammenzufassen. Dann marschiert man in ein europäisches Produktions-Konsortium, um darin möglichst erste Geige zu spielen. Das ist die Absicht.[28] Was die nationale Konzentration anbelangt, so sorgen der Flick-Gesellschafter Wolfgang Pohle und Herbert Schneider, der Geschäftsführer der westdeutschen Luft- und Raumfahrtindustrie, im Verteidigungsausschuß des Bundestages für Hege und Pflege der kapitalistischen Rüstungspfründe.

Die zum militärisch-industriellen Komplex in der BRD zählenden führenden Rüstungskonzerne der Flugzeug- und Raketenindustrie, der Elektronik-, Chemie- und Atomindustrie sowie

---

25 *Frankfurter Rundschau*, 7. 10. 1970
26 Coudenhove-Kalergi, Die europäische Nation, Stuttgart 1953, S. 60
27 W. I. Lenin, Über die Losung der Vereinigten Staaten von Europa, Werke Bd. 21, Berlin 1960, S. 345
28 Zit. nach: Rilling, a. a. O., S. 146

des Kriegsfahrzeugbaus, der Herstellung schwerer Waffen und die mit diesen Konzernen verbundenen Banken haben sich in den insgesamt 140 NATO-Gremien zur gemeinsamen Waffenentwicklung nach Angaben Kai Uwe von Hassels mit Wucht durchgesetzt: 100 Gremien werden von den USA und der BRD, weitere 26 von Frankreich, Italien und der BRD, die restlichen 14 von Frankreich und der BRD gemeinsam besetzt.[29] Die Resultate können sich in den Auftragbüchern der bundesdeutschen Rüstungsgewinnler sehen lassen: der Flick-Konzern hat sich zum größten Panzerproduzenten Westeuropas entwickelt. 3500 Leopard-Panzer werden für die BRD und für weitere 6 westeuropäische Länder hergestellt. Der Messerschmitt-Bölkow-Blohm-Konzern hat sich die Systemführung in dem bisher größten Rüstungsprojekt der NATO-Staaten gesichert: Rund 1000 MRCA-Flugzeuge sollen in Kooperation mit Italien und Großbritannien hergestellt werden. Der Gesamtwert dieses Projektes wird auf 15 bis 25 Milliarden DM geschätzt.

Die „nationale Verteidigung" ist eines der größten, vielleicht das größte Geschäft in der BRD geworden. Die bekannt gewordenen Beschaffungs- und Bestechungsskandale dürften die Spitze eines erheblichen Eisberges bilden. Die nie geklärten Vorgänge um den Schützenpanzer HS-30, die CDU-Zuwendungen und den prallen Geldkoffer des „Strauß-Intimus Onkel Alois" gaben der aufgeschreckten Öffentlichkeit für einen kurzen Augenblick die Sicht in ein Gangstermilieu. Es empfiehlt sich ein Blick auf das ruinöse Beispiel der USA. Nach den Angaben einer parlamentarischen Untersuchungskommission (1965) beschäftigten 1960 bereits die US-Rüstungsindustrieen „726 ehemalige Generäle oder Oberste, die ihren Arbeitgebern neben Fachkenntnissen auch ihre guten Beziehungen zu hohen Militärs zur Verfügung stellen." Der amerikanische Politologe Richard Barnett hat in einer Studie Licht in den Dschungel des militärisch-industriellen Komplexes der USA zu bringen versucht und dabei einen Abgrund von Militarismus, Korruption, parlamentarischer Leichtfertigkeit und Napalm-Gangstertum aufgedeckt. Vor dem Hintergrund des Völkermordes in Vietnam liest sich sein Resümee besonders gespenstisch: „Der amerikanische Steuerzahler hat seit 1946 mehr als eine Billion Dollar für die nationale Sicherheit aufwenden müssen. Die Regierung in Washington verbraucht mehr als 70 Cent von jedem Etatdollar für vergangene, gegenwärtige und künftige Kriege. Die Amerikaner stecken also mehr Geld in die Kriegsmaschinerie, als die Regierung in Washington, die Regierung der einzelnen Bundesstaaten und die örtlichen Gemeinde- und Stadtverwaltungen insgesamt für Gesundheitswesen, Krankenhäuser, Erziehung, Altersversorgung, Pensionen, staatliche Wohlfahrtsprogramme, Beihilfen aller Art, Arbeitslosenunterstützung, So-

---

29 Kai Uwe von Hassel, Verantwortung für die Freiheit, Boppard 1965, S. 341

zialversicherung, Wohnungsbau, Sanierung von Städten und Gemeinden sowie für die Unterstützung der Landwirtschaft ausgeben. Von jedem Steuerdollar bleiben ganze 11 Cents für die Verbesserung der amerikanischen Gesellschaftsstruktur zurück."[30] Barnett warnt davor, „daß ein Land bereits erobert ist, wenn es sein Schicksal in die Hände des Militärs legt."[31] In diesem Sinne richtete Präsident Eisenhower seine Abschiedsadresse an das amerikanische Volk im Jahre 1961: „Wir müssen auf der Hut sein vor dem Überhandnehmen des unerlaubten Einflusses, den der militärisch-industrielle Komplex, gewollt oder ungewollt ausübt."

Friedenspanik der Rüstungskartelle

Zwei Jahrzehnte lang haben die Rüstungsindustrie und ihre C-Parteien, auch rechte SPD-Führer, der arbeitenden Bevölkerung der Bundesrepublik eine gnadenlose Furcht vor der drohenden sowjetischen Aggression eingejagt und den Steuerzahler unter der Parole der „Politik der Stärke" und der Notwendigkeit des atomaren „Vergeltungsschlags" um astronomische Summen geschröpft. Summen, die gereicht hätten, uns allen einen öffentlichen Reichtum an Bildungseinrichtungen, Krankenhäusern, Kindergärten und unfassenden sozialen Ausstattungen zu bescheren, wie sie die deutsche Sozialgeschichte nicht kennt. Statt dessen sitzen wir, wider unserern Willen und unser Interesse, auf einem Vernichtungspotential, das einzig geeignet ist, unseren schönen blauen Planeten in Moliküle zu zertrümmern.

Wer den Schaden hat, hat auch den Spott. Am Ende seiner aggressiven Ostpolitik bekannte der Bundeskanzler Adenauer der erstaunten westdeutschen Bevölkerung treuherzig: Die Sowjetunion gehöre zum „Kreis der friedliebenden Nationen". Es war derselbe Adenauer, von dem der heutige Bundespräsident Dr. Heinemann schrieb: „Die Sowjetunion sollte zur Räumung Deutschlands gezwungen werden, um damit Platz für eine Ausdehnung all dessen zu schaffen, was sich unter Dr. Adenauer in schmählicher Verleugnung des Ahlener Programms von 1947 an wiederbelebter, alter Gesellschaftsordnung in Westdeutschland entwickelte. Den Weg dorthin sollte die engste Anlehnung an den ‚stärksten Bundesgenossen aller Zeiten', die USA, bahnen. Diese enge Anlehnung an Amerika wurde als Voraussetzung für ein Auftreten gegenüber dem Osten aus einer ‚Position der Stärke', für eine ‚Befreiung der besetzten deutschen Gebiete', ja sogar . . . für eine Neuordnung der ‚Verhältnisse im Osten' propagiert. Deshalb das ‚Niemals mit Pankow reden!'. . . Deshalb die Hallstein-Doktrin . . . Deshalb die hochfahrende Zurückweisung des ersten sowjeti-

30 Barnett, a. a. O., S. 9
31 ebd. S. 12

Ausgaben des Bundes für Forschung und technische Entwicklung 1967

Quelle: H. Krauch, Forschungsplanung, Heidelberg, 1969, Bild I

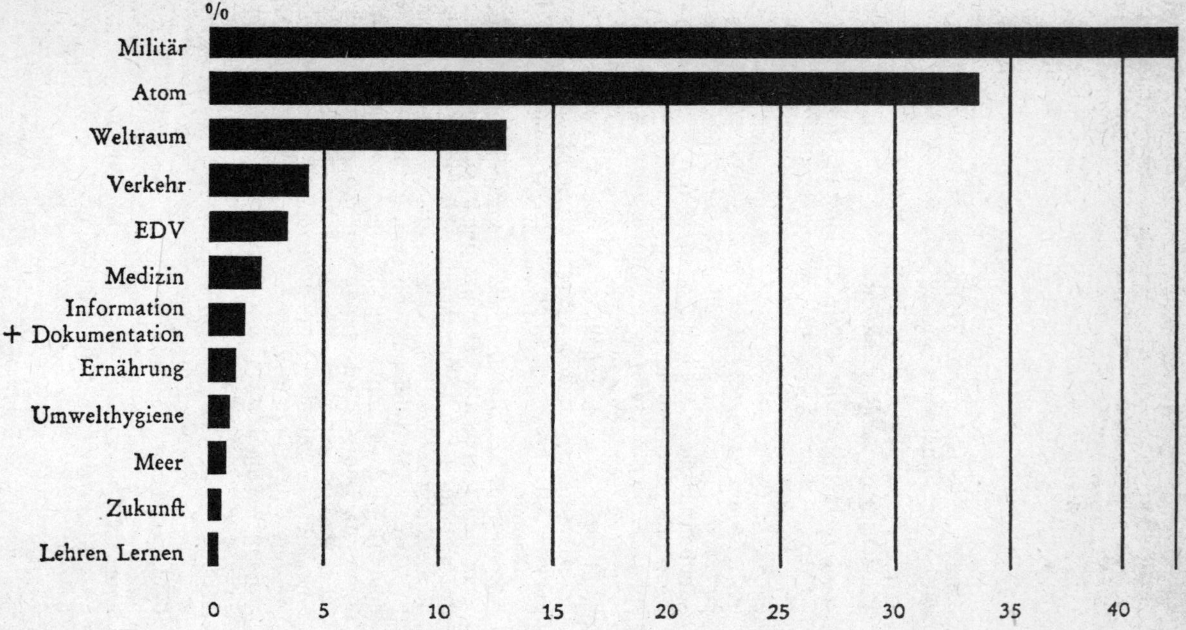

schen Vorschlags für einen Friedensvertrag mit einer gesamtdeutschen Regierung vom März 1952 u. a. durch Dr. Adenauers Äußerung, daß die Sowjetunion noch mehr in die Defensive hineingedrängt werden müssen.“[32]

Der Rüstungswahnsinn hatte indes Methode. C. Wright Mills schreibt: „Sowie die Russen eine versöhnlerische Geste machen, fallen die Börsenkurse. Wenn man befürchtet, es könnte zu Verhandlungen kommen, ganz zu schweigen davon, daß ein Vertragsgebäude für die ganze Welt im Werden sei, spiegeln die Aktienkurse durch ihre Schwankungen die sogenannte ‚Friedenspanik‘ wieder.“[33] Friedenspanik – eine Stimmungslage aus dem Arsenal des rüstungsindustriellen Mackie Messers. Der Absurdität der Rüstungspolitik liegt die Logik der Rüstungsgewinne zugrunde. Obwohl die Rüstungskapazität soweit aufgebläht wurde, daß die Menschheit – im sog. overkill – bereits mehrfach vernichtet werden könnte, obwohl das Verhältnis zwischen dem NATO-Vernichtungsvolumen und der Verteidigungskapazität des sozialistischen Lagers sich nach offiziellen Einschätzungen 3 : 1 verhält, beschwören die wehrwirtschaftlichen Kassiber des Bundes der Deutschen Industrie seit Jahren die bevorstehende Apokalypse: die derart geschürte Krisenhysterie und politische Pression brachte denn auch dem AEG-Telefunken-Konzern den nach den USA bedeutendsten Rüstungsanteil bei der Errichtung eines von Norwegen bis zur Türkei reichenden Frühwarn- und Waffenleitsystems im Gesamtwert von 1,2 Mrd. DM ein. Gleichzeitig zielt das Wettrüsten nach Eingeständnis führender US-Politiker darauf ab, wesentliche industrielle Kräfte im sozialistischen Gesellschaftssystem zu binden und damit den sozialistischen Aufbau zu verlangsamen.

Willy Brandt: „Lenin, Stalin und Chruschtschow haben gleichermaßen versucht, nicht in einen Weltkrieg verwickelt zu werden. Auch als unter Lenin und Stalin die Sowjets noch überzeugt waren, daß Kriege unvermeidbar seien, war ihre Strategie immer darauf gerichtet, das Überleben der Sowjetunion als einer Insel im Ozean des ‚feindlichen Kapitalismus‘ zu sichern.“[34] Tatsächlich hat die Sowjetunion, wie Fritz Vilmar in seiner Analyse „Rüstung und Abrüstung im Spätkapitalismus“ belegt, „nirgends den Bürgerkrieg von sich aus importiert. Es ist im Gegenteil der Westen, der durch seine gesellschaftspolitische Unfähigkeit, durch seinen Neokolonialismus in den Entwicklungsländern revolutionäre Konflikte entstehen läßt, die in der Tat . . . furchtbare militärische Aktionen à la Vietnam heraufbeschwören. Hier droht allerdings eine neue

32 Gustav Heinemann, Verfehlte Deutschlandpolitik, Frankfurt am Main 1966, S. 141
33 C. Wright Mills, Die Konsequenz, München 1959, S. 87
34 Willy Brandt, Koexistenz – Zwang zum Wagnis, Stuttgart 1963, S. 20

unabsehbare Militarisierung – aber gerade durch die Politik des niedergehenden Kapitalismus, nicht durch die des Ostens.“[35]

Rüstung ist Verschwendung

Das „Weißbuch 1970“ tischt der zahlenden Bevölkerung unverdrossen das alte Märchen auf, „wie stark sich Entwicklung und Produktion moderner Waffensysteme auf den allgemeinen technologischen Fortschritt und auf die Entwicklung moderner Führungsmethoden zur Bewältigung komplexer technisch-wirtschaftlicher Vorgänge auswirken. Beispiele sind: die Entwicklung neuer Werkstoffe und mikrominiaturisierter Bauelemente.“ Die Entwicklung „neuer Werkstoffe und mikrominiaturisierter Bauelemente“ kam dem bundesdeutschen Steuerzahler nach Auffassung seiner militärischen Oberen geradezu spottbillig: „Die Bundeswehr hat in der Zeit von 1955 bis 1969 rund 84 Milliarden DM für Rüstungszwecke ausgegeben. Davon entfallen 60 Milliarden auf die Materialbeschaffung, 17,2 Milliarden auf die Materialerhaltung und 6,8 Milliarden auf Forschung, Entwicklung und Erprobung.“ (Weißbuch)
Auch nach Franz Josef Strauß werfen die gigantischen Aufwendungen für die militärische Forschung und Entwicklung „volkswirtschaftlich hohe Zinsen“ ab.[36] Tatsächlich bilden technologische Innovationen nach herrschender Auffassung nur das Abfallprodukt der Rüstung. Es gehört zu den Widersprüchen des Spätkapitalismus, daß die Entwicklung einer feuerfesten Bratpfanne über ein Raketenprogramm in Milliardenhöhe realisiert wird. Vielleicht begründet man demnächst den Bau von Kriegsschiffen mit der Entwicklung eines wasserfesten Backpulvers. Allerdings wird bei dem heute hohen Stand der Produktivkräfte und angesichts der wissenschaftlich-technischen Revolution die Unfähigkeit der Privatindustrie zur Finanzierung der immensen technologischen Investitionen immer eklatanter und die Übernahme der riskanten Kapitalanlagen durch den Staat, das heißt in dem Fall die Allgemeinheit, immer umfassender. Die Luft- und Raumfahrtindustrie ist nach Angaben Mommsens zu 70 bis 80 % von staatlichen Aufträgen und Hilfeleistungen abhängig. Wenn daher die „freie“ Wirtschaft zunehmend dem arbeitenden Volk die Milliarden kostende Sozialisierung der Verluste bei privater Aneignung der horrenden Profite auferlegt – und um nichts anderes handelt es sich bei der staatlichen Förderung der Großforschung und der Investitionen –, so ist die logische

---

35 Fritz Vilmar, Rüstung und Abrüstung im Spätkapitalismus, Frankfurt am Main 1967, S. 67
36 Franz Josef Strauß, Herausforderung und Antwort, Stuttgart 1968, S. 159

Konsequenz, daß die Großindustrie aus ihrer privatwirtschaftlichen in eine gemeinwirtschaftliche Form überführt, sozialisiert werden muß.
Eine gemeinwirtschaftliche, von Profitmotiven und den Zwängen der Kapitalvernichtung befreite Volkswirtschaft implizierte den weitgehenden Verzicht auf die unproduktive Rüstungsindustrie, die gezielte Planung des technischen Fortschritts und der sozialen Infrastruktur und machte den der Rüstung – leider bisweilen auch von Gewerkschaftsseite – zugeschriebenen konjunkturellen, antizyklischen Effekt überflüssig. Fritz Vilmar hat in diesem Zusammenhang, auf den Boden einer bürgerlich nationalökonomischen Kontroverse eingehend, den unermüdlichen Wehrwirtschaftlern in unserem Lande den entscheidenden Unterschied zwischen der auf Rüstungswirtschaft basierenden „Vollbeschäftigungspolitik" und einer auf zivilen „deficit spending" beruhenden Ökonomie am historischen Exempel Hitler – Roosevelt dargelegt: Hitlers viel gepriesene „Vollbeschäftigungspolitik" verfolgte den Weg breiter Aufrüstung und zielte auf die imperialistische Expansion nach außen und die Entrechtung und zunehmende Ausbeutung der Lohnabhängigen nach innen. „Roosevelts New-Deal-Administration ging bewußt den Weg der Kaufkraftverteilung an die arbeitenden Massen und der Erhöhung der allgemeinen Produktionskapazität: Krediterleichterung für den Wohnungsbau; Entschuldung und Zinsherabsetzung für die Farmer, Lohnerhöhungen für die Arbeiter . . . Roosevelts Planung führte zu erhöhtem Wohlstand und zur Wiederwahl des Präsidenten."[37] Die Abrüstung, gegen die sich Unternehmerverbände und ihre Politiker so verbissen stemmen, gäbe das wertvolle Arbeitskräftepotential im Rüstungssektor frei und beseitigte die hohe Staatsverschuldung, die gegenwärtig bis in die Kommunen reicht.
Rüstung ist Verschwendung. Ein großer Teil des Forschungsaufwandes verpufft in unproduktive Bereiche. „Wie unser Wissen und Können zunimmt, darüber entscheiden" nach Beobachtungen des Heidelberger Systemforschers Krauch, „Kriterien der Machtausweitung und nicht die gesellschaftliche Wohlfahrt. Gefördert werden Forschungseinrichtungen nur dann, wenn sie über kurz oder lang neue Waffensysteme hervorbringen oder irgendeinen Bezug dazu haben." Die Geheimhaltung der Patente und die gigantische Vergeudung an Arbeitskräften belasten die Volkswirtschaft mit Bleigewichten. In diesem Sinn vermerkte Karl Marx einmal: Würde ein Teil des Nationaleinkommens jährlich ins Meer geworfen, so hätte dies die gleiche Wirkung wie die Rüstungsproduktion.

37 Vilmar, a. a. O., S. 63

Winfried Schwamborn

Kriegsdienstverweigerung: politische Alternative

Wider den dogmatischen Pazifismus

Noch Anfang der sechziger Jahre konnte man bei einem damals maßgeblichen Theoretiker der Kriegsdienstverweigerer-Bewegung folgendes lesen: „Der Kriegsdienst ist, wie sein Name besagt, ein Dienst am Kriege – ein Mittel zum Zweck. Er ist daher genauso zu werten wie der Zweck, dem er dienen soll.

Es ist wahr, daß der Krieg heute kein Selbstzweck, kein Ziel an sich ist. Auch er ist Mittel zu einem höheren Ziel. Dieses Ziel heißt heute Verteidigung – Verteidigung der Freiheit, des Friedens, der eigenen Lebensart, der Kulturgüter, des Lebens. Dieses Ziel ist an und für sich höchst sittlich und gut, denn Freiheit, Frieden, Kulturgüter, Leben, die eigene Lebensart usw. sind auch gut und sittlich, und sie müssen verteidigt werden.

Darüber sind wir uns alle einig – die Anhänger der Waffengewalt und die der Gewaltlosigkeit."[1]

Eine Haltung wie diese war bestimmend für die Motive der Kriegsdienstverweigerer bis etwa 1968. Mit der Verabschiedung der Notstandsgesetze und dem Widerstand dagegen machte die Kriegsdienstverweigerung in der Bundesrepublik nicht nur einen quantitativen sondern auch einen qualitativen Sprung. Die Möglichkeit des Bundeswehreinsatzes im Innern zur Stützung der Herrschaftsverhältnisse, die Tatsache aber auch, daß die „Freiheit des Westens" im Verband mit den faschistischen Diktaturen in Griechenland und Portugal „verteidigt" werden soll, die Tatsache schließlich, daß die NATO-Führungsmacht USA Tausende von Kilometer außerhalb ihrer Grenzen die „Freiheit des vietnamesischen Volkes" in einem verbrecherischen Aggressionskrieg „verteidigen" und sich dabei auf dem besten Weg befinden, eben dieses Volk auszurotten und sein Land in eine Wüste zu verwandeln – all das mußte für den Kriegsdienstverweigerer dazu führen, daß er die überkommenen Vorstellungen von den zu verteidigenden Werten nicht mehr kritiklos übernehmen konnte. So bewirkte die Beschäftigung mit der Gesellschaftsordnung in der Bundesrepublik und mit den Zuständen im westlichen, „freien" Ausland neben dem sprunghaften Anstieg der Anträge auf Anerkennung als Kriegsdienstverweigerer zugleich die Abkehr von den Positionen des dogmatischen Pazifismus.

---

1 Theodor Michaltscheff, Krieg, Kriegsdienst, Ersatzdienst. Hamburg o. J., S. 1

Der dogmatische Pazifismus ist geneigt – das kommt angesichts des Michaltscheff-Zitats aus der Zeit des Kalten Krieges besonders deutlich zum Ausdruck – die herkömmlichen Feindbilder zu übernehmen. Nicht der Kampfauftrag der Bundeswehr wird in Frage gestellt, sondern die Mittel, deren sich eine Armee zum Kampf bedient. Damit wird die Entscheidung für die Kriegsdienstverweigerung zugleich ihrer grundsätzlichen Bedeutung entkleidet und zur Privatsache des einzelnen Verweigerers gemacht. Kriegsdienstverweigerung bedeutet für den absoluten Pazifisten – der sich selbst ja jeglicher Gewaltanwendung enthält und sie auch bei anderen verurteilt – die persönliche Absage und Nichtbeteiligung an Krieg und Gewalt, sie ist – so das Bundesverfassungsgericht – „eine selbstverständliche Folge seiner allgemeinen Weltanschauung".
Kriegsdienstverweigerung so verstanden muß politisch unwirksam bleiben und konnte deshalb niemals zur politischen Gefahr werden. Sie war vielmehr erwünscht, um als demokratisches Alibi herzuhalten und somit an der Verschleierung gesellschaftlicher Konflikte mitzuwirken. Der Hang der Verweigerer zur Isolation, ihr Bedürfnis, aus ihrer Entscheidung gegen den Militärdienst eine Weltanschauung zu machen, ließ sie Züge einer Sekte annehmen. Die durchaus richtige Erkenntnis, daß auch die Funktion der Bundeswehr als Propagandaschule der Nation, daß auch die undemokratische Struktur der Bundeswehr die Entscheidung für die Kriegsdienstverweigerung mitmotivieren kann, wird auf rein persönliche Aspekte beschränkt. Michaltscheff nimmt eine negative Wertung dieser Funktion der Bundeswehr vom Standpunkt einer recht suspekten Totalitätstheorie vor: „Besonders bedenklich für ein demokratisches Gemeinwesen ist auch die Tatsache, daß die allgemeine Wehrpflicht eine Brutstätte des Kollektivismus ist.
In der Kaserne wird den jungen Menschen angewöhnt, kollektiv zu denken und zu handeln – ‚Züchtung von Gemeinschaftsgeist nennt man das . . . Diese Ausrichtung wird auch dadurch gefördert, daß alle Soldaten gezwungen werden, die gleiche Uniform, die gleiche Wäsche, die gleichen Schuhe, die gleiche Mütze und sogar den gleichen Schlips zu tragen . . .
Eine freie Wahl oder eine Ausrichtung nach dem persönlichen Geschmack gibt es nicht . . . Nicht umsonst hat man daher die allgemeine Wehrpflicht nicht allein als Wegbereiter der Diktatur, sondern auch des Kommunismus bezeichnet."[2]
Die Gleichsetzung verschiedenartiger Begriffe wie ‚Kollektivismus", „Diktatur", „Kommunismus" zeigt, daß der absolute Pazifismus die Problematik einer Armee wertfrei sieht. Naheliegend wäre es gewesen, hier aufzuzeigen, daß in der Bundeswehr gesamtgesellschaftliche Verhältnisse wiederkehren. Wenn diese Armee aufgrund bestimmter Strukturen, die ähnlich in allen Gesellschaftsbereichen bestimmend sind, undemokra-

2 Michaltscheff, a. a. O., S. 12

tisch ist, dann kann auch eine ähnlich strukturierte Gesellschaft schlechterdings nicht demokratisch sein. Nicht das Lamentieren über Uniformität der Unterwäsche kann Ziel und Inhalt einer Funktionsanalyse der Bundeswehr sein, sondern nur die Untersuchungen, wem die Indoktrination durch den staatsbürgerlichen Unterricht nutzt, wer ein Interesse an der Disziplinierung und Entmündigung der jungen Wehrpflichtigen durch die Erziehung in der Bundeswehr hat. Es gilt nicht, den „Kollektivismus" zu beklagen, sondern die kollektive Verdummung durch den Sozialisationsfaktor Bundeswehr aufzuzeigen. Die Furcht vor „Kollektivismus" und „Kommunismus" haben dem Kriegsdienstverweigerer den Zugang zu gesellschaftlichem Verantwortungsbewußtsein verwehrt und ihm nur die Flucht zur „überparteilichen" Instanz Einzelgewissen offengelassen. So wurde die Vernunft verdrängt zugunsten einer Kategorie von Gewissensbegriffen, die nicht die unsere ist, sondern die der Herrschenden. Pazifismus, auf Emotionen begründet, verstieg sich in seinem Glauben an die Kraft der Idee in Sektierertum und Weltfremdheit.

Denn gerade weil Pazifismus die politischen Implikationen der Kriegsdienstverweigerung ignoriert oder verleugnet, weil Pazifismus sich auf den individuellen Bereich beschränkt und vom gesellschaftlichen abstrahiert, weil Pazifismus die Verweigerung propagiert und fördert, ihr aber keine politische Wirksamkeit verleiht, weil Pazifismus zu einem Verhalten gegen die gesellschafliche Norm führt, dennoch aber egoistisch bleibt, da er unfähig ist, ein Alternativkonzept durchzusetzen, gerade deshalb kann und wird Pazifismus niemals das leisten können, was Kriegsdienstverweigerung leisten muß: an der Beseitigung aller Kriegsursachen mitarbeiten. Denn hierzu fehlt dem Pazifismus eine wesentliche Kategorie: Kampf. „Kampf ist eine andere Kategorie als Krieg und Widerstand gegen Unrecht eine andere als Unchristlichkeit schlechthin" (Ernst Bloch).

Der Kriegsdienstverweigerung folgt für den dogmatischen Pazifisten die willige und reibungslose Einordnung in ein Gesellschaftssystem, das nicht als friedensfeindlich und -gefährdend erkannt wird.

Mit dem moralischen Protest gegen das Töten aber läßt sich der Frieden weder herstellen noch bewahren. In einem System des Rüstungskapitalismus, das gekennzeichnet ist durch den inneren Unfrieden, der aus dem Widerspruch zwischen Kapital und Arbeit entsteht, läßt sich der Friede nur gegen den Widerstand jener erkämpfen, deren Geschäft der Krieg ist oder betreibt, nicht aber der Frieden.

Die politische Bedeutung der Kriegsdienstverweigerung

Eine gemeinsame Basis der immer noch recht unterschiedlichen Begründungen der Kriegsdienstverweigerung ist sicherlich in der Ablehnung des organisierten Tötens, der Ausbil-

dung dazu, in der Klassifikation des Krieges als Verbrechen an der Menschheit zu sehen. Gesetz und Rechtsprechung verlangen vom Kriegsdienstverweigerer lediglich, daß er grundsätzlich die Gewaltanwendung zwischen Staaten ablehnt. Diese Ablehnung muß auf einer Gewissensentscheidung beruhen.
Im Gegensatz zum dogmatischen Kriegsdienstverweigerer, der sein Handeln und seine Entscheidungsgrundlage als auch für andere verbindlich ansieht, wird der politische Verweigerer natürlich darauf verzichten, einen absoluten Gewissensbegriff aufzustellen. Dieser Begriff wird in Bezug auf die Kriegsdienstverweigerung und das damit verbundene Anerkennungsverfahren recht fragwürdig. Unter „Gewissen" ist nach der Rechtsprechung der Bundesgerichte „ein real erfahrbares seelisches Phänomen zu verstehen, dessen Forderungen, Mahnungen und Warnungen für den Menschen unmittelbar evidente Gebote unbedingten Sollens sind." „Gewissen" ist demnach weiterhin – so der Kommentar zum Wehrpflichtgesetz – eng mit Gemüt verbunden. Ein Mensch ohne Gemüt kann folglich auch kein Gewissen vorweisen.
Eine Auseinandersetzung mit diesem Gewissensbegriff kann sich für den einzelnen Verweigerer auf das Anerkennungsverfahren beschränken, in dem er seine Gründe an dieser Kategorie messen muß. Der politisch bewußte Kriegsdienstverweigerer ginge zu weit, wollte er – wie etwa der absolute Pazifist – an potentielle Verweigerer dieselben Wertmaßstäbe anlegen. Entscheidend muß für den politischen Kriegsdienstverweigerer bleiben, daß jeder Verweigerer die Bedarfsdeckungsplanung des Verteidigungsministeriums zugunsten einer Friedenspolitik gegen die herrschende Politik der gesamtgesellschaftlichen Militarisierung und potentiellen Aggression nach innen und außen verändert.
Der Gewissensbegriff in der herrschenden Auslegung begünstigt die Formel vom „Friedensdienst mit und ohne Waffe", die nicht hingenommen werden kann. Ein Kriegsdienstverweigerer kann heute nicht mehr die liberale Vorstellung akzeptieren – die seine eigene Entscheidung verharmlosen würde –, daß jedermanns „Gewissensentscheidung" zu respektieren und zu tolerieren sei, daß jeder also selbst entscheiden müsse, auf welche Weise er dem Frieden dienen will. Hier wird der Gewissensbegriff zur absoluten Norm erhoben, die „Gewissensentscheidung" ist wertfrei, Gewissen kann somit zum Vorwand für jedes beliebige Handeln – selbst für ein faschistisches – gemacht werden. Kriegsdienstverweigerung aber wird – und diese Auffassung ist unbeschadet aller Meinungsverschiedenheiten durchgängig – als Entscheidung gegen die Institution Bundeswehr verstanden. An die Stelle des bisher suggerierten Nebeneinander tritt ein Gegeneinander. Die Komplementaritätsformel vom „Friedensdienst mit und ohne Waffen" wird deshalb von der übergroßen Mehrzahl der Verweigerer nicht akzeptiert. Die Konsequenz der Kriegsdienstverweigerung in

der Bundesrepublik kann daher nur heißen: Nein zur Bundeswehr; ein Nein, das die Institution betrifft, nicht den einzelnen Soldaten, der seine Interessenlage oft verkennt.
Die Ablehnung der Bundeswehr, die Weigerung, sich für das organisierte Morden ausbilden zu lassen und daran teilzunehmen sowie die Absage an der Beteiligung an jeder Gewaltanwendung zwischen Staaten kennzeichnen die gemeinsame Basis der Kriegsdienstverweigerer in der Bundesrepublik. Das Spektrum der einzelnen Motivationen reicht hier von religiösen bis zu marxistischen Gründen.[3] Die charakterisierte gemeinsame Basis muß erhalten bleiben. Das setzt Tolerierung der jeweiligen persönlichen Motivationen voraus. Es setzt aber auch voraus, daß diejenigen Verweigerer, die subjektiv nicht bewußt politisch denken und handeln, erkennen, daß jede Kriegsdienstverweigerung objektiv eine politische Entscheidung ist, da sie Einfluß auf die Verteidigungskonzeption ausübt. Die große Mehrheit der Kriegsdienstverweigerer hat deshalb mit Recht begonnen, ein politisches Selbstverständnis zu entwickeln. Der von hier ausgehende Versuch, bei künftigen Verweigerern ein politisch einheitlicheres Bewußtsein zu schaffen, ist angesichts der gesellschaftlichen Funktion der Kriegsdienstverweigerung mehr als legitim.
Wer diesen Versuchen mit Vorbehalten wie „Manipulation des Gewissens" begegnen will, sollte sich vergegenwärtigen, daß auch derjenige Kriegsdienstverweigerer zwangsläufig gegen eine Gesellschaft Stellung beziehen muß, die Rüstung und Krieg produziert, der diese Vorstellungen nicht artikuliert. Die Veränderung unserer Gesellschaft zu einer demokratisch-antimonopolistischen, in der die Interessen der Rüstungsindustrie nicht mehr bestimmend sind, muß im Interesse aller Kriegsdienstverweigerer liegen.
Kriegsdienstverweigerung kann und darf – wenn sie heute eine Existenzberechtigung haben will, sich nicht von der Gesellschaft lossagen. Nicht die Anerkennung als Kriegsdienstverweigerer darf unser letztes Ziel sein, sondern die Abschaffung des Krieges. Jeder Kriegsdienstverweigerer muß – wenn er sich selbst ernst nimmt – die gesellschaftlichen Ursachen von Rüstung und Krieg bekämpfen.
Auch über das Postulat, die Ursachen von Rüstung und Krieg zu bekämpfen, herrscht weitgehend Einigkeit. Die Uneinigkeit beginnt mit das Analyse der Ursachen, sie erstreckt sich weiterhin auf die Frage der Mittel, mit denen das gemeinsame Ziel erreicht werden kann. Wir berücksichtigen dabei, daß das vordringliche Ziel der Arbeit aller Verweigerer in der Zurückdrängung des westdeutschen Militarismus und der Vermeidung des drohenden kriegerischen Konfliktes besteht. In der gemeinsamen Aktion müssen deshalb Fragen der Strategie und Taktik

3 Vgl. Wilfried von Bredow, Entscheidung des Gewissens. Kriegsdienstverweigerer heute. 2. Auflage, Köln 1971. Etwa 30 Kriegsdienstverweigerer stellen ihre Weigerungsgründe dar.

weitestgehend ausgeklammert werden. Dies bedeutet aber nicht, daß nicht jeder einzelne Verweigerer in der Diskussion mit diesen Fragen konfrontiert werden muß, um seine Entscheidung und seine Handlung einer kritischen Reflektion zu unterziehen.[4]

Seit dem Durchbruch der politischen Kriegsdienstverweigerung im Notstandsjahr 1968 kamen immer mehr Wehrpflichtige aufgrund ihrer Analyse des gesellschaftlichen Systems in der Bundesrepublik zu einer antikapitalistischen Grundhaltung, die sehr bald in die Forderung nach einer sozialistischen Gesellschaftsordnung mündete. Für die Kriegsdienstverweigerer, die zu dieser Einschätzung gefunden haben, ist die Verweigerung des Dienstes in der Bundeswehr nicht trennbar von den Versuchen der linken Opposition, eine Demokratisierung aller Gesellschaftbereiche durchzusetzen.

Dies ist bedingt durch die Erkenntnis, daß sich Erringung und Sicherung des Friedens nicht allein durch die individuelle Verweigerung des Kriegsdienstes erreichen lassen, sondern daß sie vielfältige politische Arbeit und Initiativen erfordern. Die Kriegsdienstverweigerer sehen deshalb zu Recht ihre Bündnispartner in dem breiten Spektrum aller demokratischen Organisationen von der Arbeiterschaft bis zur Studentenbewegung.

Die Frage der Gewaltanwendung kann von einem politischen Kriegsdienstverweigerer nicht isoliert von den jeweiligen Bezügen betrachtet werden. Grundlage unserer Überzeugung ist der Abscheu vor der Gewalt, wo immer sie manifest wird. Aber wir wissen sehr wohl zu unterscheiden zwischen der Gewalt der Unterdrücker und der der Unterdrückten. Wir haben – in einem für manche recht langwierigen Bewußtseinsprozeß – erkannt, daß die Gewalt des Vietcong nicht die gleiche ist, wie die der US-amerikanischen Aggressoren. Wir wissen, daß es Gewalt gibt, die sich stets weiter fortsetzt, weil die Interessen ihrer Anstifter kein Stillhalten dieses perpetuum mobile dulden wollen; wir wissen, daß diese Gewalt unter dem Namen der Freiheit geschieht und in Indochina verbrannte Erde und Menschen hinterläßt; wir wissen, daß die Anstifter dieser Gewalt „Freiheit“ sagen und – zum Beispiel – „Erdöl“ meinen. Wir können von daher nicht die Gewalt eines vietnamesischen Bauernvolkes verurteilen, das sich seiner Ausrottung widersetzt.

Wir sind zu lange belogen worden. Aber wir haben erkannt, daß nicht der Vietcong in Texas kämpft, um amerikanische Farmer zu vernichten und daß die Schweinebucht – ein anderes Beispiel von vielen – nicht Hoheitsgebiet der USA ist. Zu

4 Dieser Aufsatz will als Beitrag zur lange versäumten Diskussion um das Selbstverständnis des Kriegsdienstverweigerers verstanden werden. Er erhebt deshalb nicht den Anspruch, allgemeingültige Lösungen aufzuzeigen, sondern will den Leser vielmehr nötigen, seinen Standpunkt zu überprüfen, und ihm helfen, seine eigene Motivation abzugrenzen.

lange sind wir belogen worden, zu lange haben wir geglaubt, daß die USA unsere Freiheit tagtäglich in Berlin verteidigen; wir haben heute erkannt, daß um unsere Freiheit, die Freiheit der Minderheit, der Unterdrückten, der Entrechteten, tagtäglich in Vietnam gekämpft wird – auf seiten des Vietcong. Wer uns glauben machen will, die NATO und in ihr die Bundeswehr verteidige den „freien Westen" gegen den „aggressiven Kommunismus", den fragen wir von heute an: wessen Freiheit? !

Gewalt ist nicht wertfrei. Die Entscheidung für die Kriegsdienstverweigerung schließt deshalb nicht zwangsläufig die Nichtbeteiligung an jeder Gewalthandlung, gleichgültig in welcher Situation, ein. Der Wehrpflichtige, der vor der Entscheidung für den Dienst in der Bundeswehr oder für die Kriegsdienstverweigerung steht, kann die Kriterien für seine Entscheidung nur aus den gesammelten Erfahrungen gewinnen. Sein Gewissen ist sozial determiniert.

Eine Entscheidung für die Kriegsdienstverweigerung und damit gegen die Bundeswehr wird geprägt von der politischen und gesellschaftlichen Situation der Bundesrepublik: eine andere Umwelt, ein anderer Erfahrungshorizont könnten eine andere Entscheidung bedingen. Die Entscheidung des Kriegsdienstverweigerers gegen die Gewaltanwendung zwischen den Staaten ist daher eine Entscheidung, die nur unter den sozialen Bedingungen, die sie produziert haben, Gültigkeit haben kann. Die Entscheidung, ob der einzelne in bestimmten Situationen zur Gewaltanwendung bereit ist, kann deshalb nur durchdacht, nicht aber hier und heute getroffen werden. Sie würde eine grundlegende Änderung der Verhältnisse voraussetzen.

Kriegsdienstverweigerer können daher nicht zu einer grundsätzlichen Gewaltlosigkeit verpflichtet werden. Als Ergebnis der Diskussion um Gewaltanwendung und Gewaltlosigkeit bleibt festzuhalten, daß sich die Gegner jeder Gewalt wie auch die Kämpfer des Vietcong und anderer Befreiungsbewegungen einig sind in der Ablehnung und Verwerflichkeit des Krieges. Ob man den Frieden durch Stillhalten fördern kann und dabei bereit ist seine eigene physische Ausrottung hinzunehmen, ob man ihn in einer Klassengesellschaft erreichen kann, die durch den Widerspruch zwischen Besitzenden und Besitzlosen, zwischen Herrschenden und Beherrschten einen inneren Unfrieden in sich birgt, oder ob man – wenn man den Frieden erreichen will – zugleich auch jenem Klassenkampf der kleinen extremen Minderheit der Konzernherren und Aktionäre gegen die große Mehrheit der Arbeiter den Kampf ansagen muß, ob man bereit ist, als allerletztes Mittel Gewalt anzuwenden – das ist eine Frage, die jeder Kriegsdienstverweigerer für sich entscheiden muß. Seine Entscheidung jedoch sollte von einem Vorsatz bestimmt sein: Kampf dem Krieg.

Für denjenigen, der diese Gesellschaft revolutionieren will, gewinnt die Frage nach dem politischen Stellenwert der Kriegs-

dienstverweigerung Bedeutung. Es ist also hier – isoliert von grundsätzlichen Bedenken gegen den Dienst in einer Armee überhaupt – die Frage nach der politischen Relevanz der Kriegsdienstverweigerung zu stellen, oder nach der Arbeit in der Bundeswehr als Alternative hierzu.
Die Aufforderung, in die Bundeswehr zu gehen, um sich dort für den revolutionären Kampf ausbilden zu lassen, entpuppt sich bald als romantische Illusion. Sie ist getragen von einer Vorstellung, die die politischen Realitäten nicht nur in der Bundesrepublik, sondern auch in Europa, ja in allen hochindustrialisierten Staaten des Westens gründlich verkennt. Eine gewaltsame Änderung der gesellschaftlichen Verhältnisse durch revolutionären Umsturz dürfte nicht nur am Bewußtsein weiter Kreise der Bevölkerung scheitern, sondern auch an der Machtkonstellation im genannten Bereich. Auf den Klassenkampf, der in der Bundesrepublik möglich und notwendig ist, kann ein Dienst in der Bundeswehr mit dieser Vorstellung sicherlich nicht vorbereiten.
Als zweite – vielfach praktizierte – Alternative wird die Bewußtseinsförderung der Soldaten durch Arbeit von innen angeboten. Die Gefahr dieser Bundeswehrarbeit, der für diejenigen, die sie praktizieren, Erfolg zu wünschen wäre, liegt in der Beschränkung auf gewerkschaftliche Interessenvertretung, in der Forderung nach mehr Demokratie in den Kasernen, nach Mitbestimmung. In den wenigsten Fällen wird den Soldaten hierbei vermittelt werden können, daß sich in der Bundeswehr gesamtgesellschaftliche Verhältnisse lediglich reproduzieren, daß Reformen eben nicht nur für den Bereich der Bundeswehr gefordert werden können, sondern daß die Umgestaltung der Gesellschaft die Voraussetzung für eine Neustruktuierung der Bundeswehr ist. Die Versuche, die autoritären Strukturen der Bundeswehr von innen anzugehen, in der Bundeswehr bewußtseinsbildend zu arbeiten, laufen gegen den Willen derer, die sie unternehmen, Gefahr, eine ähnliche Alibifunktion anzunehmen wie etwa die Institution des Wehrbeauftragten: von den wirklichen Problemen abzulenken und stattdessen eine Art „saubere Bundeswehr“ zu proklamieren.
Die größte Schwierigkeit für eine wirksame Bundeswehrarbeit dürfte jedoch zur Zeit in der mangelnden organisatorischen Grundlage zu sehen sein. Die wenigen Wehrpflichtigen, die diesen mühevollen und kräfteverschleißenden Weg der politischen Arbeit wählen, sind hoffnungslos vereinzelt. Es besteht keine Organisation, die die Bemühungen der einzelnen Soldaten koordiniert. Die Bundeswehr tut durch Versetzung und Isolation innnerhalb des dienstlichen Einsatzes das ihre, die politische Gefahr zu bannen. Erschwerend kommt hinzu, daß die Wehrpflichtigen unvorbereitet den Dienst in der Bundeswehr antreten, während der physischen Strapazen der Grundausbildung zu politischer Aktion kaum in der Lage. Sie sind nicht vorbereitet auf die Knebelparagraphen des Soldatengesetzes,

auf die Feinheiten der Wehrbeschwerdeordnung und die Tücken der Wehrdisziplinarordnung und des Wehrstrafgesetzes.
Effiziente politische Arbeit innerhalb der Bundeswehr ist im gegenwärtigen Organisationsstadium der Linken nicht möglich. Sie wird verhindert durch die Isolation des einzelnen, die massive Disziplinierung des kritischen Soldaten, der sich kaum widersetzen kann, da der Gesetzgeber mit den Truppendienstgerichten, die in Disziplinarsachen endgültig entscheiden, ein System militärischer Justiz geschaffen hat, das sich jeder zivilen Kontrolle entzieht. Wer aber zu der Überzeugung kommt, daß die Existenz der Bundeswehr nicht widerspruchslos hingenommen werden kann, daß die Bundeswehr nicht sich selbst und den Wehrpolitikern überlassen werden darf, der muß heute den Kriegsdienst verweigern. Kriegsdienstverweigerung bietet im Gegensatz zur möglichen Arbeit in der Bundeswehr die Chance einer wirklichen Einflußnahme nicht nur auf die Organisation der Streitkräfte, sondern auf die gesamte Verteidigungskonzeption. Sie ist zudem geeignet der zunehmenden Militarisierung auch der öffentlichen Meinung entgegenzutreten.

Kriegsdienstverweigerung – eine relative Massenbewegung

Kriegsdienstverweigerung begann mit dem Ansteigen der Zahlen und der damit verbundenen Politisierung der Forderungen zu einer Gefahr für die Herrschenden zu werden. Kriegsdienstverweigerung ist machtpolitisch relevant geworden, ist nun ebenso ein Machtfaktor wie die Bundeswehr – ein Machtfaktor anderer Qualität freilich; ein Machtfaktor, der das gesamtgesellschaftliche Unterdrückungssystem anzugreifen beginnt. Konnte die vom absoluten Pazifismus bestimmte Kriegsdienstverweigerung noch geduldet, vielleicht sogar erwünscht sein, um als Alibi herzuhalten, so mußte die 1968 zum Durchbruch kommende Bewegung gestoppt und bekämpft werden. Die seit 1968 anhaltenden gezielten Diffamierungskampagnen gegen die Kriegsdienstverweigerung sind Ausdruck und Indiz für deren politische Relevanz.
Kriegsdienstverweigerung ist relative Massenbewegung geworden, stark genug; die Bedarfsdeckung des Verteidigungsministeriums empfindlich zu stören. Bis Ende des Jahres 1970 stellten über 85 000 Wehrpflichtige einen Antrag auf Anerkennung als Kriegsdienstverweigerer. Allein in den ersten 3 Monaten des Jahres 1971 liegt die Zahl der Antragstellungen bei 11 446, während im gesamten Jahr 1970 bei den Kreiswehrersatzämtern 19 363 Anträge eingegangen waren.
Auch dieses erneute Ansteigen der Verweigererzahlen ist Ausdruck eines gesteigerten politischen Bewußtseins, Absage aber auch an alle Bestrebungen, durch Gesetzesänderungen – wie etwa die Änderung des Gesetzes über den zivilen Ersatzdienst – das Grundrecht der Kriegsdienstverweigerung in seinem Wesensgehalt anzutasten. Die Wehrpflichtigen erkennen

in zunehmenden Maße, daß Versuche zur Einschränkung des Grundrechtes Voraussetzung einer angestrebten weiteren Militarisierung der Gesellschaft sind. Kriegsdienstverweigerer aktualisieren durch ihre Weigerung einen Freiheitsspielraum. Sie entziehen sich den Indoktrinationsmechanismen dieser Gesellschaft. Ihre Existenz, ihre Aussagen, die in zunehmendem Maße von einer breiten Öffentlichkeit beachtet werden, sind Hindernis für die psychologische Mobilmachung der Bevölkerung. Die radikale Reduzierung dieser Gegenöffentlichkeit zu einer politisch unbedeutenden Gruppe, die zur Zeit unter anderem durch die Pläne zur Neugestaltung des zivilen Ersatzdienstes – hier vor allem Dienstzeitverlängerung und Einsatz bei Bahn und Post – erreicht werden soll, ruft den Widerstand nicht nur der bereits Betroffenen hervor. So haben die Pläne des Regierungsbeauftragen für den zivilen Ersatzdienst, Hans Iven, die Verweigererzahlen durch Schreckpropaganda zu senken, den gegenteiligen Effekt erzeugt. Sie haben der wehrpflichtigen Generation zur weiteren Herausbildung eines Solidaritätsverhaltens verholfen.

Kriegsdienstverweigerung heute ist zur politischen Entscheidung gegen den Gesamtkomplex des Militarismus, gegen die autoritären und imperialistischen Strukturen dieser Gesellschaft geworden. Bereits im März 1971 konnte der Vorsitzende des Verteidigungsausschusses des Deutschen Bundestages, Friedrich Zimmermann, in der Sicherheitsdebatte dieses Parlaments konstatieren, daß allein die für 1971 zu erwartende Zahl von 35 000 bis 40 000 Kriegsdienstverweigerern eine Gefahr für die Schlagkraft der Bundeswehr darstelle.

Die Verweigerer sind sich dieser Funktion bewußt. Die Zahl derjenigen, denen diese Perspektive den letzten Anstoß zu ihrer Entscheidung gibt, wird wachsen. Wer die Schlagkraft der Bundeswehr gefährdet, der gefährdet deren Aggressionskraft, er und nicht ein beliebiger und auswechselbarer Verteidigungsminister auf der Hardthöhe erfüllt den Grundgesetzauftrag „dem Frieden in der Welt zu dienen."

Politische Kriegsdienstverweigerung greift die Bundeswehr in ihren beiden friedensgefährdenden Zielrichtungen an: innenpolitisches Disziplinierungsinstrument durch subtile Militarisierung, Fortsetzung der Erziehung zum Untertan, Funktion als Bürgerkriegsarmee im Inneren Notstand; außenpolitische Gefährdung durch die Integration in die NATO unter deren unberechenbarer, aber zu allem fähigen Führungsmacht USA, Grundlage für das Beibehalten einer Position der Stärke in Verhandlungen mit den Staaten des Warschauer Vertrages. Die Offensivbewaffnung der Bundeswehr wird uneingeschränkt beibehalten, immer noch verteidigt der Soldat „Recht und Freiheit des deutschen Volkes" (als gäbe es 26 Jahre nach Kriegsende noch ein deutsches Volk). Der Widerspruch zwischen der Kontinuität in der Rüstung und der „neuen Ostpolitik", die doch auf Entspannung basieren soll, bleibt unüber-

brückbar. Die Verteidungspolitik der Bundesrepublik stellt auch weiterhin einen Spannungsherd in Europa dar.
Doch damit nicht genug. Schon holt die von der Bundesregierung eingesetzte Wehrstrukturkommission Gutachten über eine Grundgesetzänderung ein, in Arbeits- und Verteidigungsministerium werden ähnliche Überlegungen angestellt. Erklärtes Schmidtsches Ziel, das dem zugrunde liegt, ist die Änderung des Art. 12a Grundgesetz, der die allgemeine Wehrpflicht begründet. Erreicht werden soll eine Umwandlung des Verhältnisses der allgemeinen Wehrpflicht in eine allgemeine Dienstpflicht. Kriegsdienstverweigerung als eigene, den Militarismus bekämpfende Entscheidung und Erscheinung wäre damit aufgehoben. Ein System von Diensten von Bundeswehr über Bundesgrenzschutz, über Zivilschutz und Technisches Hilfswerk, über Feuerwehren und Katastrophenschutz bis hin zum sogenannten „Zivildienst" der Kriegsdienstverweigerer soll geschaffen werden. In diesem System würden jedem Dienst Eigenheiten zugebilligt. Sie alle aber würden ineinandergreifen, zusammenspielen, gemeinsam „den Ernstfall bewältigen": ein Netz von Zulieferer- und Hilfsorganisationen der Bundeswehr wäre geschaffen, in dem alle Krieg führten oder ihren Beitrag zur Kriegsführung und -unterstützung zu leisten hätten. Die Tatsache, daß alle Krieg führen, der einzelne jedoch über die Mittel entscheiden kann, deren er sich hierbei bedienen will, ist Zugeständnis an den Scheinpluralismus dieser Gesellschaft, die absolute Perversion der Formaldemokratie.
Auch die Pläne des Verteidigungsministeriums zur Einführung einer Wehrsteuer dürften kaum geeignet sein, den politischen Widerstand zu brechen. Die Wehrsteuer müßte konsequent alle Bevölkerungsschichten – unabhängig von Alter und Geschlecht – betreffen. Sie wird ausgewiesen als ein „Beitrag zur äußeren Sicherheit." Da die Wehrsteuer aber zunächst von denjenigen erhoben werden soll, die zufällig und unverschuldet weder zum Wehr- noch zum Ersatzdienst eingezogen werden, dürfte sie die Tendenz zur freiwilligen Verpflichtung begünstigen. Diese Verpflichtung wäre die einzige sichere Möglichkeit, die Wehrsteuer zu umgehen. Die Wehrsteuer, die ein ganzes Volk weiter in den Militarisierungsprozeß einbezieht, bringt der Regierung die verschiedensten Vorteile: der Rüstungsetat wird gigantische Ausmaße annehmen, ohne den Haushalt zu belasten, die Beziehung des einzelnen, des Steuerzahlers zur Armee und zu ihren Ausrüstungsgegenständen und Waffen bekommt eine neue Qualität: das Gefühl und der Stolz, persönlich mit der auf dem Lohnstreifen ausgewiesenen Wehrsteuer zur Anschaffung eines technisch faszinierenden Panzers beigetragen zu haben, wird den Groll über die zahlreichen Starfighterabstürze bald verdrängen.
Allgemeine Dienstpflicht und Wehrsteuer drohen. Die Mobilmachung der gesamten Bevölkerung schon im Frieden steht ins Haus. Wer wollte unter diesen Umständen noch behaupten,

die Existenz der Bundeswehr trage zur Erhaltung des Friedens bei! Wir verweigern den Kriegsdienst bewußt. Wir schwächen den „Wehrwillen" und machen die Bundeswehr nach innen wie nach außen weniger aggressionsfähig.
Kriegsdienstverweigerung ist eine politische Kampfansage. Wer ihr mit der Einschränkung des Grundrechtes begegnen will, hat sich in uns getäuscht. 100 000 Kriegsdienstverweigerer seit Bestehen der Bundeswehr lassen sich nicht von der herrschenden Minderheit als „kleine radikale Minderheit" in die Ecke drängen und als „manipuliert" abqualifizieren. 100 000 Kriegsdienstverweigerer haben seit Bestehen der Bundeswehr eine politische Entscheidung gegen die Sicherheitspolitik der jeweiligen Bundesregierungen getroffen. Sie verlangen eine politische Lösung. Wer Kriegsdienstverweigerung als Herausforderung betrachtet, muß wissen, daß es auf diese Herausforderung nur eine Antwort gibt: Friedenspolitik.
Wir wissen: Grundrechte verteidigt man, indem man sie wahrnimmt!

Organisierte Verteidigung der Grundrechte

Es wird nicht mehr lange möglich sein, die Ehrlichkeit der Kriegsdienstverweigerer zu bezweifeln. Die ständig weitersteigende Zahl der Verweigerer wird zu einer Überprüfung der politischen Grundlagen, zu einer Korrektur der Verteidigungspolitik führen müssen.
Die wesentlichen politischen Forderungen, die die Kriegsdienstverweigerer augenblicklich stellen, sind auf die Durchsetzung einer Entspannungspolitik abgestimmt. Die NATO ist unglaubwürdig geworden. Wir fordern mit unserer Verweigerung das Ende der moralischen, politischen und finanziellen Unterstützung des Indochinakrieges. Sicherheit in Europa ist nur durch Respektierung der bestehenden Grenze zu erreichen. Die Forderung nach Anerkennung der DDR als der BRD gleichberechtigter Staat wird auch weiterhin eine der Hauptforderungen der Kriegsdienstverweigerer bleiben.
Auch die SPD/FDP-Koalition hat an den tatsächlichen Machtverhältnissen nichts geändert. Der Machteinfluß derer in Industrie und militärischer Führung, die immer noch Ansprüche auf Gebiete außerhalb unserer Grenzen stellen, ist nicht zurückgegangen.
Die Grundlagen der Politik der Stärke müssen so erschüttert werden – das ist die Aufgabe der Kriegsdienstverweigerung heute und ihrer Frontstellung gegen die Bundeswehr –, daß Verhandlungsangebote nicht mehr nur deshalb als taktische Manöver abgetan werden können, weil sie einige hundert Kilometer östlich von hier formuliert werden. Die Bundesrepublik muß – wenn sie die Entspannung will – die Verträge von Moskau und Warschau ratifizieren und ihre Bereitschaft an der

Vorbereitung und Teilnahme an einer europäischen Sicherheitskonferenz erklären, die – so der Vorschlag der UdSSR – zu einer Auflösung der Militärblöcke NATO und Warschauer Pakt führen soll.
Diese Politik wird nur möglich sein, wenn im Inneren die Voraussetzungen dazu geschaffen werden. Sie muß erzwungen werden gegen den Willen aller, die ein persönliches Interesse an der Fortführung einer offen expansiven Politik haben. Sie muß erzwungen werden gegen den Willen der Monopole, für die das Rüstungsgeschäft unverzichtbare Voraussetzung ihres Profits ist. Sie muß gegen den Willen jener weniger erzwungen werden, die ein Interesse daran haben, daß sich die gesellschaftlichen Verhältnisse nicht ändern. Sie mögen von „Zersetzung der Bundeswehr" reden und dabei verschweigen, daß diese nicht „unsere" Bundeswehr ist, sondern die ihre. Und wenn wir ihnen ihre Bundeswehr nehmen, sie handlungsunfähig machen, so weigern wir uns lediglich, die „zivilen Objekte" des Axel Cäsar Springer oder die Schienen einer Nahverkehrsgesellschaft, die ihre Preise wieder einmal erhöht hat, mit Gewehren gegen friedliche und unbewaffnete Demonstranten, gegen unsere Kollegen zu „schützen"; wir weigern uns zu morden und gemordet zu werden, um das Eigentum der Abs, Flick, Finck, Krupp, Neckermann und Schickedanz zu wahren.
Die Bundeswehr bedroht unser Leben. Wir können – wollen wir die Bedrohung abwehren – uns nicht mit der bloßen Verweigerung des Kriegsdienstes begnügen; wir müssen politisch handeln!
Die Herrschenden in diesem Land haben erkannt, daß auch Kriegsdienstverweigerer wissen, wo ihr Feind steht. Die Kriegsdienstverweigerer haben erkannt, daß die „Bedrohung der Freiheit" tagtäglich im eigenen Land geschieht. Gegen diese Bedrohung setzen sie sich zur Wehr.
Die Verteidigung des Grundgesetzes und die politischen Aufgaben der Kriegsdienstverweigerung können nur organisiert wahrgenommen werden. Organisation darf hier nicht Selbstzweck werden, nicht entpolitisieren. Sie darf sich nicht damit begnügen, die moralischen Grundlagen der Kriegsdienstverweigerung immer wieder mahnend darzustellen, sondern muß die politischen Forderungen der Verweigerer vertreten und durchsetzen.
Eine Kriegsdienstverweigerer-Organisation muß zwangsläufig ein Bündnis in sich sein, offen für alle Verweigerer unbeschadet der unterschiedlichen Motivation muß sie die gemeinsamen Ziele vertreten.[5] Eine Kriegsdienstverweigerer-Organisa-

5 Um ein gemeinsames Handeln zu ermöglichen schlossen sich 1968 die „Deutsche Friedensgesellschaft" und die „Internationale der Kriegsdienstgegner" zur DFG-IDK zusammen. Mit dieser Fusion entstand der größte Kriegsdienstverweigerer-Verband, den es je in der Bundesrepublik gegeben hat. Er hat ca. 12 000 Mitglieder.

tion, die sich auf gewerkschaftliche Interessenvertretung beschränkt, aber kein politisches Selbstverständnis entwickelt, hat keine Existenzberechtigung.
Wer heute den Kriegsdienst verweigert, sollte begreifen, daß seine Weigerung sinnlos gewesen ist, wenn er sich nicht organisiert. Wer heute noch glaubt, daß er durch isoliertes Handeln einen Beitrag zum Frieden leisten kann, hat noch nicht erkannt, daß nur gemeinsames, solidarisches Handeln uns zum Ziel bringen kann.

Autorenkollektiv der
Bundeszentrale der Ersatzdienstleistenden

Über die Selbstorganisation der Ersatzdienstleistenden

Kriegsdienstverweigerung und Wehrgerechtigkeit

Nicht nur die steigende Zahl der Kriegsdienstverweigerer beunruhigt Politiker aller Parteien und weite Kreise einer nichtliberalen Öffentlichkeit. Streiks, Dienst nach Vorschrift, Aktionen in Krankenhäusern und auf öffentlichen Plätzen, Tribunale, Demonstrationen auf der einen, verschärfte Disziplinierung, Strafandrohungen und Bestrafungen auf der anderen Seite signalisieren die Unruhe im zivilen Ersatzdienst. Die Situation ist bestimmt vom Bestreben der Bundesregierung, die sich mit der Opposition einig weiß, die sprunghaft steigenden Verweigererzahlen durch eine Militarisierung des Ersatzdienstes einzudämmen. Im krassen Gegensatz hierzu steht die Forderung der Kriegsdienstverweigerer nach der Ableistung eines ihrer Gewissensentscheidung entsprechenden Dienstes. Der zivile Ersatzdienst ist damit zu einem weiteren Konfliktfeld zwischen kritischer Jugend und „etablierter Gesellschaft" geworden.

Die Problematik des Ersatzdienstes ist eng verknüpft mit dem, was Politiker mit dem Wort „Wehrgerechtigkeit" umschreiben. Allein die Terminologie deutet an, daß einseitige Wertmaßstäbe zugrunde gelegt werden: Ersatz-Dienst und Wehrgerechtigkeit sind schon im Wortsinn Ideologie. Sie gehen aus von einem Primat des militärischen Denkens.
Das Grundrecht der Kriegsdienstverweigerung aus Art 4 Abs. 3 Grundgesetz ist vom Verfassungsgeber in den Katalog der Menschenrechte aufgenommen, von den Befürwortern und Vollendern der Wiederaufrüstung – und in deren Gefolge sehr bald auch von der herrschenden Rechtsprechung – als Ausnahmerecht ausgelegt und damit degradiert worden.[1] Mit der Einfügung des Art. 12a (allgemeine Wehrpflicht) in das Grundgesetz wird dem Dienst in der Bundeswehr und der Erhaltung der Funktionsfähigkeit der Truppe von Politikern und Gerichten der absolute Vorrang vor der Gewissensentscheidung des einzelnen eingeräumt. Dieser Prozeß begann mit der Remilitarisierung, war von den maßgeblichen Wehrpolitikern aller Par-

---

1 Die Beschäftigung mit der Problematik des Ersatzdienstes und der Wehrgerechtigkeit erfordert deshalb eine idiologiekritische Auseinandersetzung. Nur durch die Diskrepanz zwischen Selbstverständnis des Kriegsdienstverweigerers und den daraus notwendig erwachsenden Forderungen und der der Verteidigungspolitik zugrundeliegenden Ideologie wird der Konflikt zwischen Dienstleistenden und Ersatzdienstverwaltung virulent.

teien schon damals gewollt und fand seinen traurigen Abschluß mit der jüngst erfolgten Abweisung mehrerer Verfassungsbeschwerden durch das Bundesverfassungsgericht. Das höchste Gericht der Bundesrepublik hat damit bestätigt, daß nach seiner Meinung die Funktionsfähigkeit der Bundeswehr das übergeordnete Rechtsgut vor der Wahrnehmung des Grundrechtes der Kriegsdienstverweigerung sei.

Das Grundrecht der Kriegsdienstverweigerung ist das einzige Grundrecht, dessen Inanspruchnahme von einer Ersatzleistung abhängig gemacht wird. Sicherlich aus Opportunitätsgründen wurde die Auslegung des Grundrechtes durch den Verfassungsartikel über die allgemeine Wehrpflicht und durch das Wehrpflichtgesetz so weit gefaßt, daß bereits der Dienst im Frieden verweigert werden kann, daß sich die Entscheidung des Kriegsdienstverweigerers aber auch nicht nur gegen den Dienst mit der Waffe richtet, sondern zugleich gegen jeglichen Dienst in der Bundeswehr. Das Gesetz bestimmt deshalb, daß der Dienst des Kriegsdienstverweigerers nicht in Verbindung mit den Streitkräften stehen darf. Dies bot die Chance zur Gewinnung eines geringen Freiheitsspielraumes, der jetzt allerdings gänzlich abgebaut werden soll.

Bei der Wiedereinführung der allgemeinen Wehrpflicht rechnete man mit einer Kriegsdienstverweigerer-Quote von etwa 30 % aller Wehrpflichtigen. Das Gesetz über den zivilen Ersatzdienst wurde deshalb von Anfang an – um nicht den Eindruck aufkommen zu lassen, der Ersatzdienst könne in irgendeiner Hinsicht attraktiver sein als der Wehrdienst – auf Herstellung einer formalen Gleichheit angelegt. Unter Berufung auf das Verfassungsgebot der Gleichbehandlung hat man die Verfassung genau in diesem Punkt verletzt. Die Geschichte des zivilen Ersatzdienstes ist eine Geschichte des permanenten Verfassungsbruchs.

Werden auf Ungleiches, nicht Vergleichbares, die gleichen Vorschriften und Bestimmungen angewandt, so wird damit gegen das Gebot der Gleichbehandlung verstoßen. Nur Gleiches darf gleich behandelt werden. Das Gesetz über den zivilen Ersatzdienst aber weist militärische Strukturen auf. Es ist teilweise textidentisch mit Soldatengesetz, Wehrstrafgesetz und anderen Wehrgesetzen. Kann z. B. die harte Bestrafung der Fahnenflucht bei einer auf der mechanischen Einübung und Rezeption von Befehl und Gehorsam basierenden Armee noch in etwa begründet werden, so verliert die gleiche Strafvorschrift, angewendet auf das Verlassen des Ersatzdienstes, vollends ihren Sinn. Die Strafe steht hier in keinem sinnvoll erkennbaren Verhältnis zum verletzten Rechtsgut. Die Verschiedenheit eines militärischen und eines zivilen Dienstes wird nicht berücksichtigt.

Der Ersatzdienst soll – das beweist die Tendenz des Durchführungsgesetzes – die Kriegsdienstverweigerung nachträglich negieren. Eine Gesellschaftsordnung, die zur Sicherung der Herrschaftsverhältnisse auf starke militärische Kräfte angewiesen ist, den Beherrschten aber suggeriert, es werde eine militärische Verteidigung zu ihrem eigenen Schutz und dem ihrer Anverwandten organisiert, wird stets nur den Wehrdienstleistenden als „Normalbürger" akzeptieren können. Seine durchaus manipulierte „Verteidigungsbereitschaft" ist notwendiges Exempel zur Selbstrechtfertigung und -behauptung dieses Systems. Für diejenigen, deren Recht man wegen eines Grundgesetzartikels, der sieben Jahre später mit Sicherheit keinen Eingang mehr in die Verfassung gefunden hätte, notgedrungen akzeptieren muß, ist ein Ausgleich zu schaffen: sie haben, weil sie etwas „verneinen", Ersatz zu leisten. Ersatz wofür?

Unter Beachtung des Gleichheitsgrundsatzes hätte der Gesetzgeber tatsächlich soweit zu relativieren, daß er von der Parallelregelung für wesensverschiedene Dienste zur Analogregelung vorstoßen würde. Dies würde die Realisierung der Gleichbehandlung auf einer inhaltlichen Ebene bedeuten, anstatt auf der Formalebene. Diese Forderung ist bis heute nicht erfüllt, da auch die vieldiskutierte „Neugestaltung" des Ersatzdienstes (durch Umbenennung in „Zivildienst" gibt man einer alten Einrichtung einen neuen Namen) von den falschen Voraussetzungen ausgeht.

Der gesetzlichen Regelung des Ersatzdienstes und ihrer Ausgestaltung in der Praxis lagen also folgende Absichten zugrunde:

1. Abschreckung von der Entscheidung zur Kriegsdienstverweigerung
2. Vereitelung eines eigenständigen, die Gewissensentscheidung berücksichtigenden Dienstes und
3. Schaffung von Disziplinierungs- und Integrationsfaktoren für diejenigen, die der Beeinflussung durch die Bundeswehr entgehen.

Zur Kritik des Ersatzdienstes

Die Praxis des Ersatzdienstes mußte deshalb alles vermeiden, was diese Zielrichtung hätte gefährden können. Am deutlichsten zeigt sich das in der Auswahl der Dienstplätze, die in keinem Verhältnis zur Gewissensentscheidung und zum Selbstverständnis des Kriegsdienstverweigerers stehen.[2] Nach § 1 des Ersatzdienstgesetzes müssen die zu erfüllenden Aufgaben dem Allgemeinwohl dienen, sie sind zugleich jedoch „insbesondere" eingeschränkt auf den Bereich der Krankenhäuser, Alten- und Pflegeheime. Die Arbeit in diesem Sektor hat zwar – und das mag niemand bestreiten – einen sozialen und humanen Eigenwert, sie läßt jedoch andererseits nicht erkennen, wieso sie

2 Zum Selbstverständnis des Kriegsdienstverweigerers vgl. den Aufsatz von W. Schwamborn, Die politische Bedeutung der Kriegsdienstverweigerung.

ein konstruktiver Beitrag zur Friedenssicherung sein könnte. Genau das aber soll dem Kriegsdienstverweigerer durch eine Beschäftigung im Pflegedienst suggeriert werden. Gleichzeitig entsteht durch einseitige Propaganda ein negatives Image von der Arbeit im Ersatzdienst, vor dem potentielle Verweigerer zurückschrecken sollen.
So ist das Bild vom Ersatzdienstleistenden, der Geisteskranke pflegt und Pißpötte schwenkt, in vielfacher Hinsicht Klischee. Richtig ist, daß Kriegsdienstverweigerer nur mit ihrem Einverständnis im Pflegedienst eingesetzt werden können, wenngleich doch in diesem Bereich die Mehrzahl aller Einsatzplätze liegt. Angesichts der Möglichkeiten einer „konstruktiven" Betätigung im Ersatzdienst – von der Gärtnerei über die Malerwerkstatt bis zur Großküche, vom Kartoffelschälen, Pforten- und Telefondienst zum Laufboten – angesichts dieser Möglichkeiten, die zur Auswahl stehen, muß der Pflegedienst als Beinahe-Ideal erscheinen. So erstickt das soziale Engagement der Kriegsdienstverweigerer in den Korridoren der Krankenhäuser. Wer immer noch glaubt, einen für die Gemeinschaft sinnvollen Dienst leisten zu können, muß bald erfahren, daß seine Aktivitäten im Streit mit der Oberin aufgezehrt werden. Kriegsdienstverweigerer im zivilen Ersatzdienst sind isoliert und auf ein gesellschaftliches Abstellgleis befördert, sollen ferngehalten werden von der Einsicht in die politischen Konsequenzen ihrer Kriegsdienstverweigerung.
Ziviler Ersatzdienst – eine Strafe? Die Frage, ob eine Kriegsdienstverweigerung angesichts dieser Zustände noch sinnvoll sein kann, drängt sich unweigerlich auf. Aber niemand verweigert, um in den zivilen Ersatzdienst einzutreten; die Entscheidung für die Kriegsdienstverweigerung beinhaltet nicht das Einverständnis zu diesem Dienst. Wer den Kriegsdienst verweigert, will die Gesellschaft ändern. Er muß auch den Ersatzdienst verändern.
Wer als Ersatzdienstleistender ohne Illusionen seinen Dienst antritt, wird bald erkennen, daß er noch in weiterer Hinsicht zur Verschleierung sozialer Konflikte beiträgt: die durch Unterbezahlung und unzumutbare Arbeitsbedingungen entstehenden Personallücken können durch die billige Arbeitskraft Kriegsdienstverweigerer gefüllt werden. Ein Ersatzdienstleistender kostet 300 Mark im Monat, eine vergleichbare Arbeitskraft mindestens 900 Mark!
Kriegsdienstverweigerer im zivilen Ersatzdienst leisten jetzt Widerstand. Sie organisieren sich selbst, um nicht länger organisiert zu werden.

Erst im Zuge der Politisierung der Kriegsdienstverweigerung ist jene Unruhe im Ersatzdienst entstanden, wie sie heute die Diskussion beherrscht. Für die etwa 1968 quantitativ bestimmenden absoluten Pazifisten folgte in der Regel der Kriegsdienstverweigerung – dem moralischen Protest gegen die Ausbildung

zum Töten – die willige Einordnung in das gesellschaftliche System, das nicht als friedensfeindlich und -gefährdend erkannt wurde. Mangelnde gesellschaftliche Anerkennung, die Furcht vor der vermeintlichen Außenseiterrolle, mußten durch Wohlverhalten kompensiert werden: der Ersatzdienst bot hierzu von seiner Intention her die Gelegenheit. Durch mustergültige Erfüllung der ihm gestellten Aufgaben konnte sich der Kriegsdienstverweigerer der Norm – gemessen an den Kategorien der Leistungsgesellschaft – wieder unterordnen.
Das vorgegebene Autoritätsschema wurde von den politisierten Kriegsdienstverweigerern nicht mehr akzeptiert. Der Wandel in der Einschätzung der Dienstleistenden durch ihre Vorgesetzten kennzeichnet zugleich die Entstehung von Fronten, die etwa zu Beginn 1969 eingesetzt hat. An die Stelle der früheren Harmonie („Die Vorgesetzten waren von ihrer Disziplin begeistert. Sie bestürmten das Arbeitsministerium: Wir brauchen mehr Kriegsdienstverweigerer"[3]) tritt die „Erklärung zu der unhaltbar gewordenen Situation im zivilen Ersatzdienst", verfaßt im Dezember 1969 von der Arbeitsgemeinschaft der Ersatzdienstgruppenleiter: „Nach unserer Ansicht ist die Durchführung des Gesetzes über den zivilen Ersatzdienst in den Dienstgruppen nahezu unmöglich geworden. Der Ersatzdienst befindet sich in einer lebensgefährdenden Krise . . . Die Gruppenleiter müssen täglich ihr Gewissen vergewaltigen, indem sie aus nicht unbegründeter Furcht vor Terror in jeglicher Form die Dinge weitestgehend treiben lassen, um Revolten, Streik, Sachbeschädigungen und Körperverletzung zu vermeiden."
Das Bekanntwerden dieser Erklärung, die zur Einrichtung besonderer staatlicher Gruppen „für die verbleibenden und die woanders unmöglich gewordenen Dienstleistenden" aufforderte, und der Versuch, in Schwarmstedt bei Hannover in einem stacheldrahtverhauenen, mit Hunden bewachten ehemaligen Bundeswehr-Depot ein erstens solches Lager zu errichten, führte im Januar und Februar 1970 zum ersten großangelegten Streik in der Geschichte des Ersatzdienstes, an dem sich etwa 600 Dienstleistende beteiligten. Eine oberflächliche Harmonie konnte nur durch Konzessionen an die Kriegsdienstverweigerer wiederhergestellt werden: das Schwarmstedter Lager wurde aufgelöst, Hans Iven anstatt eines lange geforderten Parlamentsbeauftragten zum Regierungsbeauftragten für den zivilen Ersatzdienst ernannt, eine Novellierung des Ersatzdienstgesetzes wurde in Aussicht gestellt.
Die Krise schwelte aber schon länger, und auch Schwarmstedt und die damit verbundenen Aktionen waren nur Symptome. Mit der Einberufung der politisierten Kriegsdienstverweigerer sahen sich die Einrichtungen, die Ersatzdienstleistende beschäftigen, gegen alle Gewohnheit einer Welle der Kritik ge-

3 Rechte des Wehrpflichtigen, Heft 10 Schriftenreihe für Jugendarbeit des DGB, Düsseldorf o. J., S. 48

genübergestellt. Mißstände im sozialen Bereich wurden nicht länger totgeschwiegen: die Ausbildung des Pflegepersonals, besonders der meist rechtlos gestellten Schwesternschülerinnen, unzureichende oder falsche Pflege der Patienten wurden zu Kritikpunkten der Ersatzdienstleistenden. Auch das Klassensystem der Krankenhäuser wurde nicht als selbstverständlich hingenommen.
Die Krankenhäuser bangten aufgrund zahlreicher mit Vehemenz durchgeführter Aktionen um ihr Ansehen in der Öffentlichkeit, die Ersatzdienstleistenden konnten Solidarisierungen des Pflegepersonals bzw. der Patienten mit den gemeinsamen Forderungen als politischen Erfolg verbuchen. Sie hatten den engen Rahmen, den Gesetz und Verwaltung ihnen abgesteckt hatten, gesprengt. Der Vorstoß in den sozialpolitischen Bereich war gelungen.
Bald waren viele Krankenhäuser nicht mehr bereit, Ersatzdienstleistende zu beschäftigen. Das Bundesverwaltungsamt, in seiner Platzkalkulation vom Emporschnellen der Verweigererzahlen überrascht, betrieb eine Politik der Platzbeschaffung bzw. -erhaltung um jeden Preis. In allen Beschwerdefällen wurde grundsätzlich den Einrichtungen recht gegeben. Ersatzdienstleistende, die „unliebsam" aufgefallen waren, wurden auf Verlangen des Krankenhauses auf jeden Fall versetzt, gleichgültig ob ihre Kritik berechtigt war oder nicht.
Die Versuche des Bundesverwaltungsamtes, seine Vorstellungen von Ruhe und Ordnung im Ersatzdienst wieder durchzusetzen, mußten auf Widerstand stoßen. Den nervös agierenden Bürokraten waren bald allerorten Verstöße gegen ihre eigenen Vorschriften nachzuweisen. Aus einer Panik vor zentral gesteuerten Aktionen und der Furcht vor einer Zerschlagung des Ersatzdienstes eskalierte das Bundesverwaltungsamt selbst den kleinsten Konflikt. Die Einschätzung der Lage im Ersatzdienst rückte hier in direkte Nähe der Absurdität: „Diese Aktionen haben offensichtlich zum Ziel, die Atmosphäre zu vergiften, eine Zusammenarbeit zwischen Gruppenleitern und Ersatzdienstleistenden unmöglich zu machen und die Existenz des zivilen Ersatzdienstes zu untergraben und im Endeffekt zu zerschlagen . . . Kampf um sexuelle Befreiung, der darin gipfelt, unsere Unterkünfte zum Bordell und die Dienstgruppenleiter zu Kupplern zu machen. Die Zahl der aus den Betten der EDL geholten Mädchen wächst ständig. Der Verdacht, daß auch diese Aktion, die nahezu überall gleichzeitig begann, zentral gesteuert wird, liegt nahe." So die Erklärung der Arbeitsgemeinschaft der Ersatzdienstgruppenleiter.
Die einsetzenden Repressionen des Bundesverwaltungsamtes waren der Anlaß für massive Protestaktionen. Gleichzeitig begannen die Ersatzdienstleistenden, ihre eigene Lage zu analysieren und Konsequenzen aus ihren Erkenntnissen zu ziehen: der zivile Ersatzdienst in seiner gegenwärtigen Struktur wurde in Frage gestellt. Wollte man mit dem Bemühen um eine Um-

gestaltung des Ersatzdienstes vorankommen, mußte zunächst aus der Isolation ausgebrochen werden. In dieser Phase entstanden deshalb eine Vielzahl von „Infos", von analysierenden Papieren, von Aktionsvorschlägen, von Lageberichten aus den Einrichtungen. Sie wurden verschickt in dem Bemühen, durch Erfahrungsaustausch und Herstellung einer Kommunikationsbasis über den eigenen begrenzten Bereich hinweg zu einer Solidarisierung der Dienstleistenden untereinander zu kommen. Diese Politisierung im Ersatzdienst sollte vom BVA durch zwei vorschnell bekanntgewordene und in der Folge heftig befehdete Verfügungen aufgehalten werden. Zunächst verbot das Amt die Anbringung von Bildern und Parolen politischen Inhalts in den Unterkünften der Dienstleistenden, um dann in seiner zweiten Verfügung gegen die beginnende Kommunikation anzugehen: die Dienststellen sollten von anderen Gruppen herausgegebene Informationsschriften nicht den Kriegsdienstverweigerern, sondern dem Bundesverwaltungsamt aushändigen. Die Proteste zwangen den für die Dienstaufsicht zuständigen damaligen Arbeitsminister Katzer schließlich, sich persönlich von dieser Verfügung zu distanzieren. Sie wurde durch ein weiteres Rundschreiben richtiggestellt, womit das Bundesverwaltungsamt jedoch nicht verhindern konnte – und wohl auch nicht wollte –, daß heute noch in einem beträchtlichen Teil der Dienststellen die Post unterschlagen wird.
Der nach den Streiks gegen die Errichtung des Kasernierungslagers Schwarmstedt geschlossene Burgfriede konnte – da an Symptomen kuriert worden war – nicht lange anhalten. Bis Ende 1970 wurde die politische Szenerie im Ersatzdienst von einer Unzahl kleinerer Streiks und Protestaktionen beherrscht.

Ersatzdienstleistende als Streikbrecher?

Als am 5. November 1970 das Bundeskabinett die vom Regierungsbeauftragten Hans Iven wider Erwarten schnell durchgepeitschte Novelle zum Ersatzdienstgesetz verabschiedete, gewannen die Auseinandersetzungen eine neue Qualität. In dem Widerstand gegen die Novelle manifestierte sich zugleich der Wille der Ersatzdienstleistenden, einen ihren Vorstellungen entsprechenden Friedensdienst zu erkämpfen.
Man hätte von einer Novelle zum Ersatzdienstgesetz zu diesem Zeitpunkt erwarten dürfen, daß sie von dem Gedanken der Notwendigkeit einer Neustrukturierung des Ersatzdienstes ausgegangen wäre. Die Iven-Novelle jedoch perfektioniert das bisher gehandhabte Prinzip der Formalgleichbehandlung soweit, daß unter dem Deckmantel der „Wehrgerechtigkeit" Regelungen eingeführt werden sollen, die den Kriegsdienstverweigerer gegenüber dem Soldaten erheblich benachteiligen.[4] Angesichts

4 Während der Drucklegung dieses Bandes wird die Novelle von den zuständigen Bundestagsausschüssen beraten. Aufgrund der Ergeb-

dieser Tendenz verwundert es kaum, daß die Vorschläge der Kriegsdienstverweigerer und ihrer Organisationen, die seit etwa 2 Jahren vorlagen, in keiner Weise berücksichtigt worden sind. Hans Iven hat sich allen Einladungen zur Diskussion seiner Vorstellungen im größeren Kreis entzogen. Die ersatzdienstleistenden Kriegsdienstverweigerer, deren Forderungen er sein Amt verdankt, werfen ihm mit Recht Vertrauensmißbrauch vor. Im August 1970 noch stellte sich Hans Iven in der Hauspostille des Bundesverwaltungsamtes für Ersatzdienstleistende, der Zeitschrift „zivildienst" mit den Worten vor: „Über meine Aufgaben darf ich folgendes ausführen: Für den zivilen Ersatzdienst gibt es im Gegensatz zur Bundeswehr keinen parlamentarischen Beauftragten. Meine Hauptaufgabe (!) ist die Wahrnehmung der Funktionen, die im Bereich der Bundeswehr der Wehrbeauftragte ausübt. Ich bin also Beschwerdestelle für alle Eingaben der Ersatzdienstleistenden."[5] Als seine Novellierungspläne bei den Schutzbefohlenen von Ivens Gnaden keine Gegenliebe fanden, als von ihm verlangt wurde, daß er die Interessen der Kriegsdienstverweigerer wahrnehme, wollte Hans Iven nicht mehr Schirmherr sein: „Was die wollen, ist mir egal. Ich und die Regierung werden das schon machen."[6] Die politische Position des ehemaligen Gewerkschafters und immer noch SPD-Mannes Hans Iven charakterisiert der CSU-Vorsitzende des Verteidigungsausschusses, Friedrich Zimmermann, treffend: „Dabei ist für mich besonders interessant, zu beobachten, wie er (Iven, d. Verf.) in seiner geistigen Einstellung, wie er die Dinge sieht, von Tag zu Tag einen Schritt zur Mitte und nach rechts macht."[7] Die Person Hans Ivens und die von ihm vertretene Politik erhärtet ebenso wie die seines Freundes Helmut Schmidt zwingend die Annahme, daß die erste SPD-Regierung der Bundesrepublik es mit der Verpflichtung des Godesberger Programms ihrer Partei nicht allzu ernst meint: „Die Sozialdemokratische Partei Deutschlands stellt sich schützend vor jeden Bürger, der aus Gewissensgründen den Dienst mit der Waffe oder an Massenvernichtungsmitteln verweigert."[8] Schließlich blieb es dem Regierungsbeauftragten einer SPD-Regierung überlassen, den schon vorliegenden, novellierungsreifen CDU-Referentenentwurf des Arbeitsministeriums in den entscheidenden Punkten zuungunsten der Kriegsdienstverweigerer, aber im Sinne der Wehrpolitiker, vor allem Helmut Schmidts, zu verschlechtern.

---

nisse des parlamentarischen Hearings vom 1. 4. 1971 ist mit einer Änderung in der Tendenz nicht zu rechnen.

5 *der zivildienst*, 5 (1970), S. 1
6 *stern* Nr. 19/1971, S. 165
7 Protokoll der 111. Sitzung des Deutschen Bundestages, 6. Wahlperiode, 26. März 1971
8 Grundsatzprogramm der Sozialdemokratischen Partei Deutschlands, beschlossen vom Außerordentlichen Parteitag der SPD in Bad Godesberg vom 13.–15. November 1959

Im Gegensatz zum Soldaten soll vom Ersatzdienstleistenden verlangt werden, im unmittelbaren Anschluß an die Ableistung des 18monatigen Grunddienstes eine Übungszeit zu leisten, die „so zu bemessen“ ist, daß sie „der durchschnittlichen tatsächlichen Inanspruchnahme wehrdienstleistender Soldaten durch Wehrübungen entspricht“[9]. Hans Iven verbreitet dazu in der Öffentlichkeit, es handele sich hierbei um ein Fixum von drei Monaten. In Wirklichkeit würde die gegenwärtig anzuhängende Übungszeit lediglich 7–14 Tage betragen. Der Regierungsbeauftragte will jedoch eingestandenermaßen mit dieser Regelung und der Diskussion darüber bremsenden Einfluß auf das Ansteigen der Antragszahlen ausüben.
Mit der sachlich falschen Begründung[10], im sozialen Bereich seien keine Dienstplätze mehr zu schaffen, sieht die Iven-Novelle die Öffnung der Einsatzmöglichkeiten auf den „technichen Bereich“ und die „öffentliche Verwaltung“ vor. Die Begründung des Regierungsentwurfs denkt hierbei „insbesondere“ an Bundesbahn und Bundespost. Damit würden Ersatzdienstleistende auf regulären Arbeitsplätzen im öffentlichen Dienst eingesetzt. Die Neuformulierung des § 1 („soweit dort . . . ein dringender auf andere Weise nicht zu deckender Bedarf besteht“) rechtfertigt die Annahme, daß der Einsatz immer dort erfolgen soll, wo wegen geringer Bezahlung und/oder schlechter Arbeitsbedingungen andere Arbeitskräfte nicht in ausreichendem Maße zur Verfügung stehen. In der Praxis wird das bedeuten, daß ersatzdienstleistende Kriegsdienstverweigerer vom jeweiligen Arbeitgeber zu Lohndrückern mißbraucht werden können, da sie noch mehr als im Krankenhausbereich Mißstände verschleiern würden.
Zudem können Ersatzdienstleistende aufgrund der Neuformulierung des § 1 im Falle des Arbeitskampfes als Streikbrecher gegen ihre Kollegen eingesetzt werden, da ihnen aufgrund des „besonderen Gewaltverhältnisses“, in dem sie zum Staat stehen, kein Streikrecht zugebilligt wird. Mit dieser Regelung schafft der Gesetzgeber für eine größere Arbeitnehmergruppe bereits in normalen Zeiten Zustände, wie sie für Notzeiten in der Notstandsgesetzgebung vorgesehen sind. Daß der zivile Er-

9 Entwurf eines Dritten Gesetzes zur Änderung des Gesetzes über den zivilen Ersatzdienst, Bundestagsdrucksache VI/1840, S. 4

10 Die Sachverständigenanhörung des federführenden Bundestagsausschusses für Arbeit und Sozialordnung hat ergeben, daß im sozialkaritativen Bereich genügend Plätze zur Verfügung stehen. Dies wurde vom Vertreter der Deutschen Krankenhausgesellschaft und des Diakonischen Werkes, deren Einrichtungen die Mehrzahl aller Dienstleistenden beschäftigen, erklärt. Dieselben Sachverständigen haben die Begründung des Regierungsentwurfs für die Notwendigkeit der direkten Ableistung der Übungszeit im Anschluß an den Grunddienst als falsch verworfen. Im Gegensatz zur Begründung des Regierungsentwurfs haben sie dargestellt, daß ein Kurzeinsatz in einer Vielzahl von Einrichtungen möglich und sinnvoll ist, „selbst ein Einsatz von nur einem Tag Dauer“.

satzdienst hierzu mißbraucht wird, ist angesichts der politisierenden und mobilisierenden Funktion, die er haben könnte, nicht verwunderlich.
Zusätzlich macht der beabsichtigte Einsatz im „technischen Bereich" eine zwangsweise Einberufung zu Organisationen der Territorialverteidigung, die zum Teil paramilitärischen Charakter haben, möglich. Hier verwirklicht Hans Iven die Konzeption Helmut Schmidts, die durch Verwischung in der Abgrenzung des Aufgabengebietes der Kriegsdienstverweigerer und der Soldaten eine Nivellierung jeglichen inhaltlichen Unterschiedes zwischen ihnen zugunsten einer allgemeinen Dienstpflicht vorsieht.[11]
Mit dieser Novelle hat die Vorstellung, von der sich bis dahin noch viele Ersatzdienstleistende leiten ließen, der zivile Ersatzdienst sei wirksam zu reformieren, endgültig aufgehört zu bestehen. Die geschilderte Tendenz hat deutlich gemacht, daß ein der Kriegsdienstverweigerung adäquater Dienst mit allen Mitteln verhindert werden soll, weil die Institutionalisierung eines Friedensdienstes dieser Gesellschaftsordnung nicht immanent ist. Der Kampf der Ersatzdienstleistenden ist ein Kampf gegen die Militarisierung der Gesellschaft, für die Durchsetzung einer gerechteren Gesellschaftsordnung geworden.

Die Notwendigkeit der Selbstorganisation

Der Verabschiedung der Novelle durch das Bundeskabinett folgten spontane Reaktionen, die ihren ersten Höhepunkt in einem bundesweiten Streik am 1. Dezember 1970 hatten. Hier machte sich jedoch – wie bei allen Aktionen in der Vergangenheit – der Kommunikationsmangel gravierend bemerkbar. Die bundesweite Koordination konnte nur sehr mangelhaft vorgenommen werden. Ein großer Teil der Ersatzdienstleistenden wurde infolgedessen vom Streikaufruf nie erreicht.
Spätestens hier zeigte sich die Notwendigkeit zu einer eigenen, für den Ersatzdienst spezifischen Organisationsform zu gelangen. Da viele Ersatzdienstleistende eine immer noch oft vorhandene individualistische Ausgangsposition zur Kriegsdienstverweigerung noch nicht rational überwunden haben, konnte der Widerstand gegen die Pläne der Bundesregierung und die Interessenvertretung der überwiegenden Mehrzahl aller Ersatzdienstleistenden nicht von einer Kriegsdienstverweigerer-Organisation wahrgenommen werden. Schon deshalb waren in der Vergangenheit alle Versuche, zu einer Solidarität und zu einer Aktionseinheit der Ersatzdienstleistenden zu kommen in mehr

11 Vgl. zur allgemeinen Dienstpflicht Winfried Schwamborn: Die politische Bedeutung der Kriegsdienstverweigerung.

oder minder großem Umfang fehlgeschlagen.[12] Die Initiative zu Aktionen ging meist von einzelnen aktiven Gruppen aus, die nachträglich versuchten, eine breitere Mobilisation und – damit verbunden – Solidarisierung anderer Dienstleistender zu erreichen. Ein repräsentativer Überblick über eine etwa vorhandene Aktionsbereitschaft an der Basis konnte nicht gewonnen werden, ehe man eine Aktion beschloß. Das Bemühen einer Basisgruppe, eine breitere Solidarisierung herbeizuführen mußte schon an den unzulänglichen Kommunikationsbedingungen scheitern.
Nach der Veröffentlichung der Novelle bildeten die Ersatzdienstleistenden spontan – wie es zuvor schon etliche Male theoretisch durchdacht worden war, aber nie in die Praxis umgesetzt werden konnte – eine Selbstorganisation. Die durch die Novelle zugespitzte politische Situation hatte die Bedingungen für ein Einverständnis auf diese Organisationsform geschaffen. In mehreren Bundesländern bildeten sich – unabhängig voneinander – Landeszentralen, denen erstmals eine repräsentative Erfassung und Vertretung der in ihrem Bereich diensttuenden Kriegsdienstverweigerer gelang.
Der konsequente nächste Schritt war die Einrichtung einer Bundeszentrale, die Anfang 1971 von den Vertretern der Landeszentralen beschlossen wurde. Auf einem Bundestreffen wollten die Ersatzdienstleistenden ihre Vorstellungen vom organisatorischen Aufbau und vom Aufgabenbereich der Selbstorganisation diskutieren und beschließen. Bis dahin wurde eine vorläufige Bundeszentrale eingerichtet.
Dieser Zentrale gelang es, die vollständigsten Karteimittel zu beschaffen, die es je außerhalb des Bundesverwaltungsamtes gegeben hat. Die Kommunikationsstruktur konnte somit merklich verbessert werden.
Die Selbstorganisation der Ersatzdienstleistenden konnte schon vor ihrer Konsolidierung durch das Zusammenspiel zwischen Landeszentralen – deren Politik auf regelmäßig abgehaltenen Landesdelegiertenkonferenzen bestimmt wird – und vorläufiger Bundeszentrale – die die Koordination übernimmt – beträchtliche Erfolge bei der Herstellung einer Solidarität der Ersatzdienstleistenden verbuchen. Sowohl das Bundesverwaltungsamt wie auch das Amt des Regierungsbeauftragten waren gezwungen, im Hinblick auf die Durchführung des Ersatzdienstes eine Reihe von Zugeständnissen zu machen. Andererseits gelang es der Bundeszentrale zur Unterstützung zweier Ersatzdienstleistender, die probeweise im Vorgriff auf die Novelle bei der Dürener Feuerwehr eingesetzt sind und

12 Die 600 wegen der Ereignisse von Schwarmstedt Streikenden können zwar angesichts des damaligen Organisationsstandes als große Zahl gewertet werden. Allerdings muß berücksichtigt werden, daß hier nur knapp über 10 % aller Dienstleistenden gestreikt haben.

diese Einrichtung bestreikt hatten, eine bundesweite Solidaritätsaktion durchzuführen.
Die Konsolidierung der Selbstorganisation der Ersatzdienstleistenden kann mit dem Bundestreffen, zu dem 600 Delegierte nach Frankfurt kamen, im März 1971 als abgeschlossen betrachtet werden. Ein Erfolg dieses zweitägigen Arbeitstreffens dürfte aber auch in der Presseberichterstattung zu sehen sein. So wurden allein während des Treffens von Ersatzdienstleistenden mehr als 20 Rundfunkinterviews gegeben; es gab kaum eine Tageszeitung, die nicht über Verlauf und Ergebnisse des Treffens berichtet hätte. Der Beschluß des Bundestreffens, am Tag des nichtöffentlichen Bundestagshearings einen Streik durchzuführen, ging durch Rundfunk, Fernsehen und Tagespresse. Nie zuvor ist einem Ereignis im Bereich der Kriegsdienstverweigerung und des Ersatzdienstes von der veröffentlichten Meinung derartige Beachtung geschenkt worden.
Der in Frankfurt konstituierten Bundeszentrale gelang es, mit der Vorbereitungszeit von nur 10 Tagen für den Tag des nichtöffentlichen Bundestagshearings einen Streik zu organisieren, an dem sich 70 % aller Dienstleistenden bundesweit beteiligten. Allein das Bonner „Ersatzdienst-Tribunal" als zentrale Streikkundgebung von Nordrhein-Westfalen wurde von 600 Ersatzdienstleistenden besucht.[13]
Die geschilderten Aktionen der Bundeszentrale werden von anderen Ereignissen in der Aktualität überholt werden. Sie sind jedoch nicht an die Aktualität des Tagesgeschehens gebunden, sondern vermögen exemplarisch zu vermitteln, welches die Bedingungen für ein erfolgreiches politisches Handeln im Ersatzdienst sind. Auch unter anderen aktuellen Bezügen wird die Bundeszentrale bleiben und dafür sorgen, daß alle Gruppen gleich schnell über wichtige Ereignisse informiert werden können. Sie gewährleistet die Vereinheitlichung von Aktionen, gemeinsame Willensbildung und Erarbeitung einer langfristigen Strategie. Durch öffentliche Stellungnahme stellt sie die Belange der ersatzdienstleistenden Kriegsdienstverweigerer den Massenmedien wirksam dar.
Wer konsequent den Kriegsdienst verweigert, muß im Ersatzdienst die politische Aktion vorantreiben. Er kann heute auf Bestehendes zurückgreifen. Die Bundeszentrale der Ersatzdienstleistenden vermittelt ihm Informationen über Dienststellen und gewährleistet seine ständige Information, über alle Ereignisse, die den Ersatzdienst betreffen.[14]

---

13 Die Bundestagsabgeordneten waren während des Ersatzdienst-Hearings von dem Ausmaß des Streiks derart beunruhigt, daß der Ausschußvorsitzende, Prof. Schellenberg, Demonstrationen im Raum des Ausschusses befürchtete.

14 Zweckmäßig ist bei Dienstantritt eine Meldung bei der Bundeszentrale der Ersatzdienstleistenden, 4000 Düsseldorf-Nord, Metzerstraße 15. Jeder Kriegsdienstverweigerer, der sich bei der Bundes-

Die Ersatzdienstleistenden haben auf ihrem Bundestreffen ein eindeutiges Bekenntnis zur politischen Kriegsdienstverweigerung abgelegt. Dieses Bekenntnis wird von den 70 % der Dienstleistenden, die heute schon durch die Selbstorganisation repräsentiert sind, getragen. Das Bundestreffen hat Forderungen an einen Friedensdienst gestellt, die für jede zukünftige Arbeit im Ersatzdienst von Bedeutung sind.
Frieden – so haben die Ersatzdienstleistenden erkannt – ist mehr als die Abwesenheit von Krieg. Er bedingt gesellschaftliche Verhältnisse, die die gewaltfreie Austragung von Konflikten möglich machen. In einer friedfertigen Gesellschaft werden Spannungen durch die Aufdeckung und Behebung von Konflikten gelöst, nicht aber durch deren Verlagerung oder Verschleierung.
Friedensdienst muß daher einen Beitrag zur Beseitigung der Kriegsursachen leisten können, in dieser Gesellschaft also notwendig emanzipatorischen Charakter haben, da er von den Dienstleistenden eine Auseinandersetzung mit den Widersprüchen eines Systems, die einer dauerhaften Friedensregelung entgegenstehen, verlangt.
Der Friedensdienst, wie ihn die Ersatzdienstleistenden verstehen, muß fähig sein, auf Politik und öffentliche Meinung Einfluß zu nehmen, um Maßnahmen der praktischen Friedenssicherung auch gegen den Willen einflußreicher Gesellschaftsgruppen und ohne Rücksicht auf tagespolitische Manöver der jeweiligen Regierung durchzusetzen.
Die Grundlagen für den Friedensdienst und den Frieden müssen deshalb zunächst im eigenen Land geschaffen werden. Der dieser Gesellschaft immanente innere Unfriede ist zu überwinden. Gleichzeitig muß der Friedensdienst Bedingungen für ein friedliches Zusammenleben der Völker schaffen helfen.
Dienst im Inland muß daher an sozialen Brennpunkten, an den vernachlässigten Randgruppen dieser Gesellschaft geleistet werden. Der Katalog möglicher Einsatzplätze führt von den Kindergärten und Vorschulklassen über Zöglingsheime und Resozialisierungsarbeiten bis zur Betreuung von ausländischen Arbeitern und Obdachlosen. Er ist unter den gegebenen Verhältnissen in der Bundesrepublik beliebig in dieser Richtung zu erweitern. Dieser Ansatz zu einem Friedensdienst hätte eine aufklärende Funktion. Der Dienstleistende hätte den Außenseitern dieser Gesellschaft die Ursachen ihres Außenseitertums darzulegen. Der Ansatz zur Konfliktlösung gäbe dem Dienst des Kriegsdienstverweigerers eine neue Qualität.
Dienst im Ausland, der den Forderungen der Kriegsdienstverweigerer gerecht werden will, darf nur bei vom Staat unabhängigen Organisationen geleistet werden. Hier bieten sich Arbei-

---

zentrale meldet, wird in die Kartei aufgenommen und laufend mit Informationen beschickt.

ten im Rahmen der internationalen Friedens- und Versöhnungsdienste an, aber auch andere Arbeiten im Rahmen eines internationalen Jugendaustausches – vorwiegend mit Ostblockstaaten. Der Auslandsdienst könnte helfen, Vorurteile abzubauen, zu einer besseren Kommunikation zwischen Menschen verschiedener Staaten und Systeme beizutragen, um somit traditionelle Feindbilder abzubauen und die Bereitwilligkeit zu einer Entspannungspolitik zu dokumentieren. So könnte ein Gegengewicht zur Entwicklungshilfe, die verhängnisvoll mit der Rüstungsindustrie verflochten ist und einen Beitrag zur Unterdrückung der Völker der dritten Welt leistet, geschaffen werden.
Ein Parlament, das die von ihm verfochtene These von der BRD als einer pluralistischen Gesellschaft ernst nimmt, müßte von seinem eigenen Ausgangspunkt des Friedensdienstes mit und ohne Waffen die Institutionalisierung eines so skizzierten Friedensdienstes fördern.
Wir wissen, daß wir darauf weder hoffen noch warten können. Wer heute den Kriegsdienst verweigert, muß wissen, daß er morgen Ersatz zu leisten hat. Aber zumindest er sollte seine Entscheidung ernst nehmen und gut im Auge behalten, welche Möglichkeiten ihm in dieser Gesellschaft verwehrt bleiben.
Friedensdienst steht den Eigeninteressen eines Systems des Rüstungskapitalismus entgegen. Seine Verwirklichung ist nur im Zuge der Gesellschaftsveränderung möglich. Die Kriegsdienstverweigerer müssen Ersatzdienst leisten – und ihn überwinden. Der Kriegsdienstverweigerer, der den Friedensdienst will, muß ihn erkämpfen, muß die Gesellschaft verändern.

Ausgesprochen demagogische Formulierungen

Interview mit Heinrich Böll

In ihrer Ausgabe 50/1969 veröffentlichte die „Kirchenzeitung für das Erzbistum Köln" einen Auszug aus der Broschüre „Wenn Christen den Ersatzdienst verweigern – Informationen für evangelische und katholische Christen", erarbeitet von der Evangelischen Arbeitsgemeinschaft zur Betreuung der Kriegsdienstverweigerer (EAK) und der Katholischen Arbeitsgemeinschaft für Kriegsdienstverweigerung und Zivilen Ersatzdienst: „Auch wenn der Staat eine Gewissensprüfung vornimmt, bevor er einen Kriegsdienstverweigerer anerkennt, sollte sich der Christ zuvor einer Selbstprüfung unterziehen. Die kirchliche Lehre konfrontiert jeden, der sich vor die Entscheidung zur Kriegsdienstverweigerung gestellt sieht, u. a. mit folgenden Fragen:

■ Haben Sie geprüft, ob die Argumente Ihrer Ablehnung Ihre eigenen sind und Ihre innere Zustimmung haben, oder reden Sie ungeprüft nach, was andere gesagt haben? Ihr eigenes Gewissen muß sprechen!

■ Haben Sie geprüft, ob Sie Ihre Entscheidung vielleicht nur aus Abneigung gegen das Soldatsein (z. B. Prinzip von Befehl und Gehorsam) getroffen haben? Unlust ist kein Gewissensgrund, den vom Staat geforderten Grundwehrdienst zu verweigern!

■ Haben Sie geprüft, ob Sie Ihre Entscheidung nur getroffen haben, um sich vor allen weiteren schwierigen Entscheidungen zu bewahren, die Sie unter Umständen als Soldat treffen müßten? Die Kriegsdienstverweigerung ist kein Weg, um für Sie allein „saubere Hände" zu bewahren und die notwendig zu erfüllenden Aufgaben anderen zu überlassen. Der Soldat nimmt auch das Gebot der Nächstenliebe für sich in Anspruch und nimmt es auf sich, um des Nächsten willen eventuell Menschen zu töten!

■ Haben Sie geprüft, ob neben der Kriegsdienstverweigerung auch weitere Gewissensverpflichtungen für Sie bestehen? Wer sein Gewissen erst entdeckt, wenn er zum Wehrdienst einberufen wird, wirkt unglaubwürdig!

■ Haben Sie geprüft, falls Sie Ihren Antrag rein religiös begründen, ob Christi Beispiel Ihnen in allem oder nur zur Gewaltlosigkeit Wegweisung ist? Christi Wort und Beispiel ist unteilbar!

■ Haben Sie mit Andersdenkenden gesprochen, sich theoretisch mit den anstehenden Fragen nach bestem Können auseinandergesetzt? Was haben Sie über die Kriegsdienstverweigerung, Landesverteidigung, gewaltlosen Widerstand usw. gelesen? Wer sich nur einseitig informiert, ist in der Regel unsicher!

■ Ist Ihr Nein zum Kriegsdienst auch ein Ja zum Friedensdienst? Sind Sie bereit, unablässig für den Frieden zu arbeiten? Haben Sie sich schon überlegt, was Sie im Zivilen Ersatzdienst und neben ihm für die Verwirklichung des Friedens tun wollen? Wer nur Nein sagt zum Krieg, tut noch nicht genug für den Frieden!"

Für die Jugendsendung „PANOPTIKUM" des Westdeutschen Rundfunks vom 15. 1. 1970 baten wir Heinrich Böll um ein Interview zu dem christlich-kirchlichen Pamphlet.

Böll: Ich halte das Vokabularium, die ganze Art, in der hier formuliert wird und argumentiert wird, für geradezu kriminell. Ich betone das Wort kriminell, weil verantwortungslos. Es werden hier Begriffe als positiv vorausgesetzt, die einer Prüfung unterliegen, z. B. wird hier vorausgesetzt der vom Staat geforderte Grundwehrdienst. Wieso ist der fraglos anzuerkennen. Es wird vorausgesetzt, daß ein Soldat es für sich in Anspruch nimmt, um des Nächsten willen Menschen zu töten. Eine vollkommen absurde Voraussetzung. Und dann wird hier gesagt: Haben Sie geprüft, falls Sie Ihren Antrag rein religiös begründen, ob Christi Beispiel Ihnen in allem oder nur zur Gewaltlosigkeit Wegweisung ist? Christi Wort und Beispiel ist unteilbar. – Das ist eine ausgesprochen demagogische Formulierung. Seit 2 000 Jahren wird am Evangelium herumdefiniert, mit Recht, weil es sehr vieldeutig ist. Und ich frage mich, ob man nicht diese Frage, die hier an den Wehrdienstverweigerer gestellt wird, an den Soldaten stellen sollte. Wenn Christi Wort unteilbar ist und wenn Christus zur Gewaltlosigkeit ein Wegweiser war, wieso kann ein Christ überhaupt Wehrdienst leisten? Das wäre meine Gegenfrage.
Interviewer: Ja, die Frage wäre dann sicher doch auch zu richten an die Autoren dieser Broschüre?
Böll: Natürlich, ich sagte ja, ich halte das ganze für kriminell, für verantwortungslos, weil es mit einem Vokabularium operiert, in dem jedes einzelne Wort einer permanenten Diskussion unterliegen müßte, damit man zu neuen Definitionen kommt. Hier wird also das traditionelle, sagen wir bis 1945 und ab 1956 wieder traditionelle Denken vorausgesetzt: Soldatsein ist gut, es ist ordentlich und man leistet damit – als Christ, was hier betont wird, als Christ einen besonderen Dienst dem Staate.
Interviewer: Fragen an den Kriegsdienstverweigerer, der den vom Staat geforderten Grundwehrdienst verweigern will. Die Kirche unternimmt es, ihn zu fragen, und sie fragt ihn doch offensichtlich – also auf uns hat das hier den Anschein – im Interesse des Staates. Wie ist hier die Verquickung der Kirche mit dem Staat zu sehen?
Böll: Natürlich ist für die Kirchen – das ist ja hier eine Gemeinschaftsarbeit – der Staat und die Anerkennung aller Ord-

nungen und Gesetze die Voraussetzung ist. Aber wahrscheinlich, im Hintergrund, geht es darum, daß man seine eigene Ordnung, die der jeweiligen Kirche, die ja auf Gehorsam aufgebaut ist, durch den Gehorsam gegen den Staat und durch jene braven Leute, die da so ungeprüft, ohne ihr Gewissen zu prüfen, Wehrdienst leisten, stützen will. Die Strukturen Kirchen und Armee sind ja sehr ähnlich. Ich glaube sogar, daß die kirchliche Struktur der verschiedenen hierarchischen Stufen vom Bischof bis zum Kaplan militärischen Ursprungs ist. Ich nehme an, daß sie vom römischen Heer oder von der römischen Beamtenordnung übernommen ist, und nicht zufällig ist ja ein Bischof im Range eines Generals – gesellschaftlich! Und im Range eines Ministers – gleichzeitig. Die Parallelität der hierarchischen Strukturen ist so offensichtlich, daß natürlich jede Kirche – – jeder Kirche daran liegen muß, zunächst die Gehorsamsstruktur aufrechtzuerhalten. Und diese Zitate aus der Kölner Kirchenzeitung sind einfach Imperative. Hier wird kein junger Mensch zur Nachdenklichkeit angeregt. Es wird ihm Nachdenklichkeit ausgetrieben, weil jede Frage mit einem Imperativ beantwortet wird. Im übrigen wird hier noch ein Wort gebraucht: Unlust ist kein Gewissensgrund. Ich bezweifle das, z. B. zunächst müßte man Lust und Unlust definieren, und ein junger Mensch, der eine instinktive Abneigung hätte gegen die ganze militärische Zucht und Ordnung, die ja zur Folge Unordnung hat – – Die Vorstellung, daß einer beim Militär Ordnung lernt, ist die absurdeste, die es gibt. Man lernt beim Militär nur Unordnung, man lernt Scheinsauberkeit, man lernt Scheindisziplin, man tötet die Zeit, man wird also angeregt, die Zeit zu töten – das Kostbarste, was die Menschen haben usw. Da können wir lange drüber reden. Aber daß hier Unlust so diffamiert wird, halte ich auch für kriminell. Ich glaube, daß die verantwortlichen Herren da ein bißchen verantwortungslos vorgegangen sind, wenn sie diese Broschüre herausgegeben haben. Und noch verantwortungsloser ist es natürlich, sie in einer Publikationsbreite, wie eine Kirchenzeitung sie hat, abzudrucken; den Eltern und Lehrern usw. der jungen Leute, die sich nun wirklich nach der Prüfung ihres Gewissens entschlossen haben, den Wehrdienst zu verweigern, dieses Druckmittel in die Hand zu geben. (Originalton Ende)

Sven Papcke

Gewaltlos, aber revolutionär? Zur Kritik der Gewaltfreiheit

> „Wenn ein Monarch einen ungerechten Krieg anfängt und 100 000 Mann verliert, so schweigt alles vor Bewunderung. Aber wenn bei einer Revolution, durch welche sich ein niedergedrücktes Volk wieder in Freiheit zu setzen sucht, einige Despoten, Schurken oder Volksbüttel bluten, dann schreit man über Grausamkeit und Gewalttätigkeit aus vollem Halse."
> Friedrich von der Trenck, in:
> *Monatsschrift für das Jahr 1792* (Altona 1792), S. 626

Ausweg in die Sackgasse?

Eine ‚Verwissenschaftlichung' und ‚Durchgeistigung' des Kriegshandwerks ist nachgerade pervers, nimmt doch eine berechnete Abrichtung dem organisierten Töten jenen oft beschworenen ‚romantischen Hauch' menschlicher Unwillkürlichkeit. Und auch die verquollenen Mythen, derer sich das vom Verteidigungsministerium 1966 in unveränderter Auflage verteilte ‚Handbuch Innere Führung: Hilfen zur Klärung der Begriffe' bedient, machen den Unsinn des Kriegshandwerks nicht anziehender. Wahrlich eine Entscheidungshilfe für Kriegsdienstverweigerer! Hier erweist sich, warum die offiziöse Zeitschrift DIE WEHRKUNDE 1970 zugab, daß „keine Armee . . . eine totale geistige Rationalisierung ohne Schaden hinnehmen (kann)"[1]. Solcherart offenbaren sich für den Rekruten die schizophrenen Anforderungen des ‚modernen' Kriegshandwerks: „Der Soldat wird weder zum Leben noch zum Sterben, sondern zum Kämpfen erzogen (. . .) Er hat sich allemal auf den Krieg vorzubereiten (. . .) Der Soldat hat nur die Aufgabe, einen etwaigen Krieg zu gewinnen"[2]. „Der Soldat der allgemeinen Wehrpflicht ist Staatsbürger (. . .) Er soll nicht bloß stumpf gehorchen, sondern mit dem Herzen bei der Sache sein, soll wissen und fühlen, wofür er kämpft und stirbt"[3]. Weil obendrein alle Demokratisierung und Verwissenschaftlichung der Bundeswehr ihren Kampfauftrag nicht abän-

---

1 Günter Kratzmann, Zu ‚Neun Thesen junger Offiziere', In: *Wehrkunde* München 1970, S. 220

2 Heinz Karst, Das Bild des Soldaten, Boppard 1964, S. 14

3 Gerhard Ritter, Der 20. Juli 1944: Die Wehrmacht und der politische Widerstand. In: Schicksalsfragen der Gegenwart (Hg. Bundesministerium für Verteidigung), Tübingen 1957, Bd. I, S. 349 ff (351)

dern, sondern nur verhüllen soll, den Auftrag nämlich, ‚unser' Wirtschaftssystem am Frontabschnitt Europa nach außen *und* innen zu verteidigen, ist die Bundeswehr ein reaktionärer Faktor im Staat, ja ein reaktionärer Machtfaktor. Ihre ‚Marschroute', auch nach dem Einkellern der Wiedereroberungspläne verlorener Reichsteile, bleibt antikommunistisch und reformfeindlich. Die Bundeswehr soll ein autoritäres Profitgebäude sichern, das vor emanzipativen Zerreißproben steht. Folgerichtig muß jede Armee, selbst eine freiheitlich kontrollierte, als Systemschutz im globalen Klassenkampf Faschismusträger sein; das zeigen nicht nur Griechenland und Vietnam. Die Armee ist schlechthin vorweggenommener Trend, ohne daß die Eigendynamik des Militärischen verstanden werden soll, als dränge allein das Militär jede Demokratie an den Abgrund. Denn die kapitalistischen Gesellschaften selbst haben sich ja immer als ‚wehrhaft' und faschismusoffen entdeckt, wenn die Machtinhaber ihre Gewinne bedroht sehen und ökonomische Krisen schwerlich demokratiekonform behoben werden können. Angesichts der Allgegenwart des sozialistischen Weltblocks und eines damit verzahnten Widerstandes im Kapitalismus selber oder auch nur an seiner Peripherie hat auch die BRD fraglos Teil an der Entwicklung zu einem verdeckten Faschismus.

Es ist hinmit verständlich, daß die Unlust am Wehrdienst, der zugleich einer repressiven Schulung und Gehorsamsübung dient, als Mißbrauch rechtsstaatlicher Vorteile angeprangert wird, daß Altkanzler Kiesinger ebenso wie Willy Brandt von der gemeinschaftsbildenden ‚Schule der Nation' reden. Daß allerorten Vertreter von CSU, CDU, FDP und SPD eine umfassende Verflechtung des Militärischen mit dem Staat fordern und daß unsere Bevölkerung die Bundeswehr immer noch als Zuchtanstalt für Jugendliche begreift. Kriegsdienstverweigerung, wer will daran zweifeln, ist eine realrevolutionäre Handlung.

Aber trotz des Zusammentreffens von Verweigerung und Störung des Herrschaftsablaufes läßt sich feststellen, daß (wenngleich immer mehr Wehrdienstgegner politische Motive angeben) dieser ‚tätige Pazifismus' ideologisch oft unwissend auftritt. Man kolportiert Thesen, die, wenn nicht anti-sozialistischem, so doch einem unzeitgemäß liberalen Denken verhaftet bleiben. An den theoretischen Widersprüchen der KDV-Bewegung läßt sich messen, daß Franz Mehrings Zuversicht weiland übereilt war: „An den Taten der imperialistischen Politik zerschellen alle gaukelnden Seifenblasen bürgerlicher Beredsamkeit"[4].

Es sind schwergewichtig zwei politische Dogmen, die den Kriegsdienstverweigerer (sehen wir von religiösen Gründen ab) inhaltlich fehlsteuern:

4 Franz Mehring: Geschichte der Deutschen Sozialdemokratie, Bd. II (Berlin 1960), S. 699.

– ein latenter oder offener Antikommunismus und
– die Lehre von der Gewaltlosigkeit.

1. Der nachhaltigste Einfluß auf die Wehrdienstverweigerer geht dabei vom Antikommunismus aus. Was ist davon zu halten, wenn Fritz Vilmar in seinem Einleitungsreferat zum Kongreß der Verweigerer (Jugend gegen Kriegsdienst, Pfingsten 1970, Essen 1970, 13 ff) zwar Hoffnungen auf Durchbrechbarkeit des Systems der Brutalität erweckt und für die 204 Milliarden Dollar Weltrüstungsausgaben im Jahr 1970 bessere Verwendung vorschlägt, wenn er weiter die Schicksalhaftigkeit des Krieges für veraltet hält, da ja Krieg als Ausgeburt der Mangelgesellschaft im Hochkapitalismus keine sozialtypische Zwangshaftigkeit mehr haben kann, wenn er aber dann, im gleichen Atemzug, Kommunismus und Imperialismus negativ gleichsetzt? Auch im Osten sei alles im Argen, böse Militaristen hie und dort. So wird revolutionäres Bemühen sogar in diesem Kreis frustriert, weil ‚unsere' Profitgesellschaft entlastet wird, wenn das einzige Alternativsystem machtpolitisch ebenfalls erstarrt sein soll. Von Werner Hofmann wissen wir, daß dieser Konvergenzglauben zugkräftigstes Argument der hiesigen Ordnung ist. Denn, so kann man fragen, falls das sozialistische System genauso fehlerhaft und aggressiv ist, warum dann Systemwechsel? Wäre nicht aufbauende Kritik plausibler, mit der Hoffnung auf kumulative Veränderung durch Reformen? Doch gerade diese immanente Kritik, dieser ‚Realismus der kleinen Küstenschiffahrt' (K. Marx), just das Einerseits-Andererseits wird Abfeier jeder revolutionären Entscheidung. Man mündet leicht in jene ‚große Verweigerung', landet im Unwägbaren eines Dritten Weges, im goldenen Schnitt zwischen schlechten Kapitalisten und schlechten Kommunisten.

„Es ist total unmöglich, die Gesellschaft auf einer Basis rekonstruieren zu wollen, die selbst nur der verschönerte Schatten dieser Gesellschaft ist"[5]. Diese taktische Warnung vor dem Optimismus einer Systemtransformation als *additiver Revolution,* als Reformhäufung bis zum qualitativen Sprung ins Freie, soll verhüten, das ordnungstypische Drillsystem bloß für eine austauschbare Beigabe zu halten. Ausbau und Erhalt des Kapitalismus erfordern Gewalt, um innen- wie außenpolitisch der Gewinnübervorteilung gegen alle Widerstände Bahn zu brechen. Wird der grundsätzliche Gewaltcharakter vergessen und seine wirtschaftliche Triebfeder übersehen, verliert sich allerdings diese Logik imperialistischer Gewaltsamkeit, die trotz aller Illusionen der Zugehörigen abläuft. Eine derartige Fehleinschätzung der Gewaltpraxis muß die politische Analyse verdrehen. Erst so ist möglich, überhaupt von einer militärischen pressure group im Kreml zu sprechen und sie dem Pentagon gleichzusetzen. Unter Vernachlässigung der gesellschaftlichen

5 Karl Marx, Das Elend der Philosophie (1846/1847), MEW IV, S. 65 ff (105)

Strukturdifferenz wird damit das System von 1917 mit bekannten Kategorien abgesteckt, obschon der Sozialismus auch als Machtkomplex keine Nutzgemeinschaft von Gewinn und Herrschaft kennt. Solch kognitive Verzerrung verleitet aber auch antikapitalistische Kritiker dazu, die gegen-imperialistischen Schwierigkeiten des ‚Ostblocks', der weltwirtschaftlich ja eine relativ bescheidene Rolle spielt, falsch zu beurteilen. Entweder werden die revolutionär-expansiven Potenzen der UdSSR oder Chinas überspannt und man kreidet ihnen verärgert die revolutionäre Ebbe an; oder man stempelt die (durchaus diskutierbare) weltrevolutionäre Arbeit Moskaus, die eingedenk der militärisch-technischen Horrorbalance darauf verzichtete, länger Revolution und Krieg gleichzusetzen, zur ‚Konvergenz' und redet von einer Achse Washington-Moskau. Beide Vorwürfe rubrizieren die realpolitischen Absichten des ‚Ostblocks' schlicht unter dem traditionell diplomatischen Blickwinkel. In Verfolg der gewohnten Machtgeschichte übersieht man also einerseits, daß die sowjetische Einflußpolitik heute weltweite Militärdefensive (Interventionsabwehr) und revolutionärer Versuch zugleich ist, den anti-imperialistischen Kampf auf vielen, oft ungleichen Schauplätzen zu unterstützen. Und im Sinne einer puristischen Revolutionslehre wird andererseits von einer *verstaatlichten Revolution* (die eben als Staat dem brutalen Hickhack der Abschreckung unterliegt) ungeduldig mehr erwartet, als sie unter Erhalt eines fragilen Terrorfriedens durchsetzen kann. Man läuft somit in beiden Fällen Gefahr, vom Antikommunismus auszugehen und trotz aller Radikalität auf der Stelle zu treten. Wer vorwissenschaftlich Antikommunismus pflegt, hilft der Verfeindung. Er ist Mitläufer.

2. Die Bedenklichkeit der Lehre von der Gewaltfreiheit resultiert insbesondere aus dem Nicht-Sehen der Gewalt als Eigendynamik des Kapitalismus. Hier wie in der Tradition einer ethischen Behandlung des Gewaltproblems verschwimmen *kollektive Gewalt* (Krieg), *organisierte Gewalt* (Macht/Zwang), *individuelle Gewaltsamkeit* (Aggressivität), schließlich auch *emanzipative Gewalt* (Revolution), weil deren wechselnde Verursachung und Wirkung, insbesondere ihre Vermeidung einzig auf die angebliche Bionomie (Triebnatur) zurückgeführt wird. Gewalt ist Personalverhalten, ihre Bekämpfung beginnt hinmit im Individuum, mit seiner Moralisierung. Organisiert die Gewaltfreiheitsbewegung auch Widerstand gegen institutionellen Zwang, welcher die Gewaltsamkeit schürt (z. B. Rüstung), und erkennt sie folglich über-ichliche Gewaltauslöser an, so sind auch diese Institutionen wiederum Personengruppen, die man nur über die autonomen Einzelnen ansprechen kann. Alles beginnt und endet im Ich. Die oppressiv empfundene Gewalt kann nur über die Stilisierung ‚des Konfliktgegners' zum ungebundenen Partner angegriffen werden. Die Tatsache, daß seine gewaltsame Beseitigung ihn als austauschbar

entdecken könnte, wird vermieden. Solcher Widerstand aber argumentiert am Gegner vorbei. Denn realiter sind die Verteidigungsmotive des Bestehenden keineswegs autonom rational, sondern interessenhaft, sie sind also auch nicht partnerschaftlich zu klären. Das ausschließliche Miteinanderredenwollen manifestiert die gegebenen Machtpositionen. Wenn man diese einmal als klassengebunden erkannt hat, erweist sich die Autonomiethese als unangemessen. Partnerschaftlich ansetzende Gewaltlosigkeit kann nichts ändern. Das Unverletzlichkeitsdogma ist also gar nicht, wie ihr einflußreichster Befürworter in der BRD, Theodor Ebert, behauptet, revolutionäres Mittel, sondern Kulturerbe. Prinzipielle Gewaltlosigkeit, deren Humanitätsbegriff im Sinne bürgerlicher Sicherheitsgarantien gemeint ist, bleibt paradox.
Tritt zu solcher Konfliktlehre noch Antikommunismus hinzu, dann kann tatsächlich die Infragestellung der etablierten Gewalt ausschließlich als logotherapeutische Pflichtenlehre erfolgen. Vernunftsappelle allein, auch wenn sie durch Proteste sensationalisiert werden, können aber keinen Sozialfrieden schaffen, solange Unfriede (Ausbeutung) Merkmal des Kapitalismus ist.
Die *neupazifistische* Lehre von der Gewaltlosigkeit geht dabei durchaus im Gegensatz zu christlichen Friedensvisionen nicht pessimistisch von einer bösen, sondern von der sympathetischen Triebnatur aus. Solidarität und Versöhnung sind ihre zentralen Begriffe. Doch wird hier – wegen der Unschärfe dessen, was man Triebnatur nennt – fälschlich die gesellschaftliche Bedingtheit des Menschen ignoriert, seine *negative Plastizität* unter dem Realitätsdruck der Machtgesellschaft nicht in Rechnung gestellt. Die Hoffnung auf Einsicht durch Aufklärung und/oder Aktion bleibt jedoch Spekulation, solange die Machtverteilung nicht einbezogen wird. Die Machtfrage aber läßt sich – wenn überhaupt – nur noch revolutionär und damit gewaltsam stellen. Der Verzicht auf Gewalt von vornherein, schrieb Ferdinand Lassalle, ist ‚schmählich und der höchste Unverstand'. Die solche Haltung stützende anthropomorphe Formel: der Mensch ist nicht schlecht! müßte angemessen lauten: der Mensch ist weder schlecht noch gut, sondern als homo sociale primär Sozialisationserfolg. Er vermag Einblick in seine Situation zu gewinnen, kann sich aber, wie die Geschichte zeigt, individuell gegen seine Veräußerung nur unwirksam wehren. Erst wenn er die individuelle Haltung kollektiv erweitert und solchermaßen organisiert (Partei) das Subsistenzsystem umbildet, indem er den zwischen-ichlichen Kampf ums Dasein qua Revolution aufhebt, kann er auch moralpolitisch ansprechbar werden. Solcher Friede als Ende von Ausbeutung und Zwang ist erst in einem ökonomischen Umraum möglich, in welchem durch Planung die emanzipatorische Arbeit nicht mehr parasitär der Mehrheit aufgebürdet wird und ausreichend gesellschaftlicher Reichtum akkumuliert

wurde. Bei aller gebotenen Skepsis könnte erst jetzt das Individuum *kollektiv autonom* werden. Seine sorgenlose Mutstruktur erlaubt nun, auf moralische Forderungen zu reagieren.
Unter den derzeitigen Umständen kann eine Lehre von der *prinzipiellen Gewaltfreiheit* fraglos nur geradezu anti-emanzipativ, d. h. unmoralisch, wirken. Nicht allein, weil hier expressis verbis Friedensarbeit von ‚revolutionärer' Tätigkeit getrennt wird, sondern vor allem, weil die Anhänger solcher Lehre eher schöngeistig aktiviert werden und ihnen der reale Kampf entgeht. Es gibt, wie schon angeführt, keinen Begriff vom Gegner, man redet von *Konflikten,* wo es sich um *Antagonismen* handelt. Man will agieren, bleibt aber dem Verneinten verhaftet, indem man es – durch Proteste – zur Verantwortung ruft. Durchaus konsequent hat Theodor Ebert daher sein Widerstandsmuster, das er als realistisches Seinskorrektiv empfiehlt, von den ursprünglichen Realmotiven der Gewaltlosigkeit gelöst: Gandhi (Indien), Nkrumah (Ghana) oder M. L. King (USA) samt ihrer ‚friedlichen' Protestmethoden können nicht als Vorbilder oder gar als Vorläufer herhalten, weil im speziellen Fall eine Faktorenhäufung (Nationalproblem/Rassenfrage/Entkolonialisierung ff) vorlag, die auch durch Ablauf-Imitation nicht übertragbar ist. Ohne solch eher zufällig günstige Konstellation von Krisenauslösern sind bisher alle kritischen Unterfangen, die nicht auch als sozialistische Bewegung operierten, am Kapitalismus gescheitert. Dabei soll durchaus nicht unterschlagen werden, daß auch revolutionäre Gewalt nicht eo ipso Erfolge einbringt. Gewaltlose Streiter aber enden in jedem Fall als Ordnungsproblem. Indien etwa zeigt, wie der Westen (mit Hilfe des Neokolonialismus) gelungene ‚halbe Revolutionen' rückgängig zu machen versteht. Wenn im ‚gewaltlosen Aufstand' die Frage nach der *Ökonomie von Macht* tabu bleibt, und das nicht aus Schwäche (wie Ebert betont), sondern aus gesellschaftstheoretischer Enge, so muß eben, wie Marx schloß, eine halbe Revolution eine ganze Konterrevolution erzeugen.
Der Irrtum des gewaltlosen Ansatzes liegt in der Verwechslung revolutionärer Mittel und Inhalte. Mittel allein machen noch keine Revolution. Mit den Mitteln allein schafft man auch keine Veränderung, ja nicht einmal systemöffnende Reformen. Die Ent-Täuschung der Gewaltfreiheit muß also bei ihren anti-revolutionären Inhalten beginnen. An der Weiterentwicklung der Ebertschen Protestdiskussion zu einem systemneutralen Plan der ‚Zivilverteidigung' läßt sich die Ausuferung der friedfertigen Suche nach der ‚süßen Revolution' (I. Babel) ablesen. Leicht kann sein neues Konzept als Taktik-Anreicherung für die Bundeswehr gedeihen, weil Ebert, (wie vor ihm Hermann Kahn) in einem Planspiel den Überfall der DDR auf die BRD vortäuscht. Diese *Systemindifferenz* die an eine funktionierende Demokratie im Kapitalismus glaubt, deklariert die Widersacher des ‚friedlichen Völkermordes' (R. Debray) jener

‚Demokratien' zu den faßbaren Übeltätern (Mao, Guevara), weil *sie* Blut fließen lassen.
„Eine unterdrückte Klasse, die nicht danach strebt, Waffenkenntnis zu gewinnen, in Waffen geübt zu werden, Waffen zu besitzen, eine solche unterdrückte Klasse ist nur wert, unterdrückt, mißhandelt und als Sklave behandelt zu werden"[6]. Und wenn sich seit Lenin die Unterdrückungsmechanismen auch verfeinert haben und darum das ‚in Waffen geübt werden' überholt scheint, so müssen die Entfremdeten im eigenen Interesse wieder lernen, daß jede Einschränkung ihrer Emanzipation durch Teilzugeständnisse einer Selbstkolonisierung gleichkommt. Der hinhaltende Kleinkram der gewaltlosen Aktionen aber kann einer wirksamen Interessenvertretung der Benachteiligten nicht nützen – hat die Lehre von der Gewaltfreiheit amtlich deshalb so starken Anklang gefunden?
Es geht Ebert offensichtlich nicht anders als all jenen deutschen Theoretikern, die, mit grenznahen Revolutionen konfrontiert, nach Frieden riefen (Kant 1795), während die Praktizierung ihrer Freiheitstheorie das Gebot der Stunde war. Denn wer sich auch heute, vierundfünzig Jahre nach der Sowjet-Revolution immer noch in Totalverwerfungen jedes *revolutionären Gewaltrechts* ergeht, der handelt nicht anders als jene deutschen Professoren zur Zeit der Französischen Revolution, die sich, entrüstet über den ‚Blutkoller der Massen', an ihre Herren zu Hause wandten – wenn nötig mit erhobenem Zeigefinger –, sie möchten doch durch Vernunft und Mäßigung im eigenen Land das Schlimmste abwenden. Dies Lokalkolorit deutscher Politik bestaunte schon der Frühdemokrat F. M. Klinger: „Wenn etwas Sonderbares im deutschen Charakter ist . . . so ist es: daß die Gelehrten dieses Volkes noch im achten Jahr der Französischen Revolution untersuchten, ob die Franzosen ein Recht dazu hätten"[7]. Jene „im Schlafrock daher schlürfende Revolutionslehre" (K. Wolzendorff) östlich des Rheins, die konterproduktiv auch nach dem Sturz des Feudalismus den ‚Avance-Riesen Revolution' (Hegel) ausschließlich als Frage nach dem Recht auf Widerstand zu behandeln beliebte, erklärt durchaus modern, wieso P. J. A. Feuerbach noch 1797 nach ausführlicher Darlegung des Forschungsstandes schrieb: „Für einen rechtmäßigen Aufstand des Volkes habe ich aus Ursachen, die in der Ordnung der Dinge zu suchen sind, keinen besonderen Namen auffinden können"[8].

6 Lenin, Das Militärprogramm der proletarischen Revolution (September 1916). In: Über Krieg Armee und Militärwissenschaft, Bd. I, Berlin 1961, S. 599 ff (602)
7 Friedrich Maximilian Klinger, Betrachtungen und Gedanken über verschiedene Gegenstände der Welt und Literatur (1803/1805). In: Klingers Werke, Weimar 1958, Bd. I, S. 259 ff (260)
8 P. J. A. Feuerbach, Antihobbes oder über die Grenzen der höchsten Gewalt und das Zwangsrecht der Bürger gegen die Oberherren, Gießen 1797, S. 52

Nun ist leidlich bekannt, daß sich die Chronik des Bürgertums und ihrer Theorien seit 1789 als steiniger Weg widerrufener freiheitlich-egalitärer Entwürfe auffassen läßt. Die deutsche Geschichte ist sozusagen eine pausenlose Reaktion auf revolutionäre Schritte ... anderer Nationen. Aber auch landständige emanzipative Mutproben versandeten 1815, 1849, 1919 und 1949 in systemtreuer Redlichkeit. Entpuppt sich nicht die Lehre einer prinzipiellen Gewaltfreiheit, aus Theoriemangel oder Überzeugung, nur als Variante des alten Rattenfängerliedes? Bleibt sie eine ‚Meuterei auf den Knien'?

Progressive Gewalt

„Wo nur die Wahl bliebe zwischen Feigheit und Gewalt, würde ich zur Gewalt raten."
M. K. Gandhi (1920) in: *Jung Indien, Aufsätze aus den Jahren 1919 bis 1922,* Zürich 1924, S. 135

1792, drei Jahre nach Ausbruch der großen Französischen Revolution, angesichts einer im alten Europa obsiegenden Furcht vor den ‚Pariser Schreckensmännern' samt ihrer ‚Freiheitsinfluenza' fragte der Hamburger Radikalliberale H. C. Albrecht: „Predigt schon derjenige Revolution und Aufruhr, der nicht glaubt, daß die menschliche Gesellschaft sich auf einen Krieg aller gegen alle gründe?"[9]. Durchaus in Übereinstimmung mit den politischen Vorhaben des Kapitalismus, der mittlerweile das Feld behauptet hatte, erteilte wenig später ein Hautvertreter der europäischen Reaktion der subversiven Zielrichtung dieser Frage eine Abfuhr. „Armeen erhalten", führte Friedrich Gentz aus, „den Frieden mitten im Getümmel des Krieges. Sie bringen in ein Verhältnis, worin sonst blinde Gewalt unaufgehalten rasen würde, das Schattenbild einer bürgerlichen Ordnung"[10]. Politik und Krieg verfolgen die gleichen Ziele, wenn Krieg Frieden simulieren kann. Das Vorhandensein organisierter Gewalt als Vehikel des Unfriedens wird Ordnungsgarant des neuen profitorientierten Sozialsystems. Visionen einer anderen Gesellschaft, die nicht mehr auf zwischenmenschlicher Gewalt aufbaut, störten das Bild vorgetäuschter Ruhe. So lag es in der Sache der politischen Anforderungen, daß die revolutionäre Partei der Großbourgeoisie und die Liga

9 Heinrich Christoph Albrecht, Rettung der Ehre Adolphs, Freiherrn von Knigge, welchen der Herr Hofrat und Ritter von Zimmermann in Hannover als deutschen Revolutionsprediger und Demokraten hinzustellen versucht hat, Hamburg 1792, S. 32

10 Friedrich Gentz, Betrachtungen über die Französische Revolution. Nach dem Englischen des Herrn Burke mit einer Einleitung, Anmerkungen und einem kritischen Verzeichnis der in Englisch über diese Revolution erschienenen Schriften, 2 Bde., Berlin [2] 1794, Bd. II, S. 249

der feudalen Besitzschichten, obzwar sie sich anfangs erbittert bekämpft hatten, schließlich aufgrund weiterer Revolutionen (die immer extremer ‚nach links' ausschlugen) endgültig ihr gemeinsames Sozialinteresse entdeckten: beiden fehlte in einer gewaltfreien Sozietät der Nährboden. Den Interpreten des Industrialismus besonders schienen solche Utopien produktions- und damit profitlähmend zu sein, und so läßt sich folgern, daß Gewalt als Ausbeutung und politische Kontrolle im gegebenen mentalen Feld unstrittige Daseinsgröße blieb. Wohl konnten sich die antifeudalen und frühen anti-kapitalistischen Revolutionäre über diese neue Wendung so lange täuschen, wie es in der Aufstiegsphase der Revolution so schien, als ob ‚das Volk' geschlossen gegen das Ancien Régime auftrat. Aber schon bald wurde dieser Scheinfriede durchschaut: Die Klassensituation der frühkapitalistischen Gesellschaften und ihre Parteiung erzwang, daß seit den ersten Gesetzen der Revolution *gegen* die Arbeiter (1791) das Gewicht der *Gewalt als Systemschutz,* als politische Drosselung unbefriedigter Ansprüche der Verelendeten zunahm. So wuchs das Ausmaß ‚ordnungsintensiver' Gewalt parallel zur Ausbreitung des Industrialismus! H. C. Albrechts Frage nach dem Hier und Jetzt des revolutionären Glücksversprechen beruhte (so verstanden) auf einem Mißverständnis: fernab jeder revolutionären Praxis mußte einem deutschen Provinzrevolutionär, seinerseits noch heimgesucht vom Feudalismus, die soziologische Innovation in Paris schon als das non plus ultra freiheitlicher Chancen erscheinen. Man erfaßte im angrenzenden Europa – wie übrigens auch vielfach im Kreis der revolutionären Gruppen selbst – kaum die Parteibildungen in Paris; sie wurden als ‚Faktionismus' mißdeutet, als Zeichen revolutionärer Dekadenz. Wenn daher für einen Verteidiger des Systems von 1789 die ‚soziale Einhelligkeit' (im Sinne von J. J. Rousseau), die Beseitigung des feudal-statischen Gegeneinanders der Schichten, schon durch den revolutionären Bruch mit dem Ancien Régime erreicht schien, so konnte dieser Fortschritt auch dem festsitzenden Feudalismus im übrigen Europa revolutionär-expansiv vorgehalten werden. Zur sozialethischen Maxime überhöht trog die ‚soziale Einhelligkeit' freilich. Wegen der gesellschaftlichen Ungleichzeitigkeit war sie ineinem progressiv und überholt: Am Maßstab der frühsozialistischen Bemühen, schon zu diesem Zeitpunkt eine freie und gleiche Solidargesellschaft zu errichten, erwies sie sich als halber Schritt, da das Standeswesen in Frankreich nur durch ein Klassengefüge abgelöst wurde. Durch den Fortfall hemmender Feudalverpflichtungen aber konnte der ‚Krieg aller gegen alle' dynamisiert werden. Diese neue, bürgerlich-kapitalistische Gesellschaft verketzerte bald jeden Kritiker als Aufrührer, der die offene oder sublime Gewalt zwischenmenschlicher Unterdrückung, Ausbeutung und Verdummung als aufhebbar bezeichnete oder gar bekämpfte. Darin jedenfalls blieb der Kapitalismus bis heute feudal.

Richtschnur der neuen politischen Anthropologie blieb die Gewalt. Im Geschäftsvorgang interessenhafter Investitionen (z. B. Handelskriege) konnte organisierte Gewalt weiterhin als ‚höhere Form' von Gewaltsamkeit gelten, als administrierter Naturzustand sozusagen. Dies lag ganz im Sinne der überkommenen Fehldeutung, daß die Zentralisation gesellschaftlicher Gewalt bei der absolutistischen Souveränität einer ‚Hegung des Krieges' gleichkäme, daß ‚legaler' Gewalteinsatz den Frieden im Krieg sichere. Diese Inthronisierung der Gewalt zur rechtmäßigen Geißel beseitigte aber auch, wie man in den Quellen immer wieder nachliest, den Unterschied von Krieg und Frieden. Der staatliche Gewaltoktroi (und Gewaltmißbrauch) vollendete jene Entmoralisierung des öffentlichen Sektors, die bereits Machiavelli begrifflich vorbereitete und die in den Kabinettskriegen des achtzehnten Jahrhunderts ihren ersten Höhepunkt erreichte. Die Individualgewalt, der damaligen Mangelgesellschaft sicher sozialanthropologisch typisch, wurde vergesellschaftet: ‚Gesellschaft' und ‚Natürlichkeit' fielen zusammen.

Während die christliche Ethik Gewalt immer als Entgleisung eingegrenzt hatte, konnte Gewalt jetzt als Normalzustand, Frieden aber als bloßer Nichtkrieg gedeutet werden. Für die abendländische Geistesgeschichte entproblematisierte sich Gewalt damit erneut. Fénelons Verzweiflung: „Krieg ist Bürgerkrieg, immer stehen Menschen gegen Menschen"[11] fand im inner- und zwischenstaatlichen Gewaltverkehr kaum Gehör. Zwar hatte auch das Christentum die sozio-ökonomische Entstehung der Gewalt außer Acht gelassen und daher seine Gewaltkritik ausschließlich moralisch gehalten; positiv aber behielt es eine Durchbrechbarkeit aller immanenten Sachzwänge im Auge. Das vorgeblich schlechte Gewissen des Christen angesichts eines ‚Notbehelfs' in einer, wie es schien, naturhaft verfeindeten Umwelt schlug erleichtert um in selbstbewußte Affirmation von Gewalt in Straf- oder Kabinettskriegen, endlich im Kolonialismus. *Gewalt wurde eingebracht als ökonomische Produktivkraft.* Es war abzusehen, daß erst eine Gesellschaftstheorie, die innerweltlich die Logik solch produktiver Gewaltsamkeit dekouvrieren würde, die Gewalt endgültig auf ihre Mittelfunktion festlegen und damit denaturalisieren konnte. Gewaltproblematik und Revolutionstheorie korrespondierten.
Wie erwähnt: der erste Schub neuzeitlicher Revolutionarität verdeutlichte rasch, daß wohl ein Reformpaket verabschiedet werden sollte, daß es jedoch ausschließlich der wirtschaftlichen Entwicklung zu dienen hatte. So ging es also nicht um die Errichtung neuer Gerechtigkeit, sondern ausschließlich um das Niederreißen hemmender Sozialregeln und Partikularinteressen. Die bürgerliche Revolution festigte die Nutznießergesell-

---

11 Francois de Fénelon, Dialogues des morts. In: Oeuvres (Paris 1912), Bd. IV, S. 256

schaft, statt sie infragezustellen. In der Auseinandersetzung mit den feudalen Interventionsstaaten funktionalisierten die Revolutionäre jetzt Gewalt für ihre Zwecke, Krieg wurde nach außen Revolutionsersatz. Gewalt übernahm also vorübergehend die innovative Aufgabe der Gesellschaftskorrektur. Diese Instrumentalisierung der Gewalt aber bedeutete ihre Entmythisierung als ‚schicksalhaft', und damit vollzog sich ein Wandel ihrer Legitimation. In Nutzung ihrer neuen Produktivkraft wurde Gewalt – wie es die sofort ausbrechende Auseinandersetzung der bürgerlichen Revolutionäre mit agrarsozialistischen Forderungen zeigte – denn auch Vehikel der neuen kapitalistischen Sozialbeziehungen. Gewalt in dieser Form aber ließ sich, wie es die bürgerliche Friedenslehre will, allein utilitär in den Griff bekommen: nämlich als Gewaltbalance.
Sozio-ökonomische Bedürfnisse allein bestimmten das politische Konzept der erstarkten Bourgeoisie. Und weil an der Wende zur industriellen Neuzeit einzig der egoistische Mensch zur fortschrittlichen Kraft im Kampf gegen die Knappheitsgesellschaft werden konnte, war die Bourgeoisie sozialgeschichtlich notwendig, obwohl sie Brutalität verwendete, um die Wirtschaftsgesellschaft auszubauen. Unabänderlich gerieten daher schon im antifeudal-revolutionären Akt alle humanitären Solidaritätsparolen in Sicherheitsverwahrung, wo sie seitdem ruhen. Beleuchtet nicht Friedrich Schlegels Sarkasmus von 1798 ganz modern die ideologische Szene: „Ein Regiment Soldaten en parade ist nach (dieser) Denkart . . . ein System"[12]? Und wenn ein aufrechter liberaler Nachzügler wie Moses Hess 1845 die Auswirkung dieser Mentalität festhält: „Unsere Gesellschaft ist freilich nicht bloß ein Schafstall: sie ist zugleich ein Schlachthaus"[13], so erhellt er exemplarisch die Spätfolgen eines erfolgreichen social change bei gleichzeitiger verpaßter Emanzipation. Herders verblaßter Überschwang, daß ‚der Mensch der erste Freigelassene der Schöpfung' sei, konnte und kann jedenfalls erst ernst genommen werden nach Überwindung jener seit 1789 abgesicherten sozial-darwinistischen Erwerbsgesellschaft.
Diesen Zusammenhang haben schon die oppositionellen Frühsozialisten geahnt: Gewalt und Gesellschaftssystem bedingen einander! Individuelle Gewaltsamkeit (Aggressivität) als Folge der Konkurrenz im „industriellen Krieg der Kapitalisten"[14], die Gustav Schmoller „nichts anderes als Kampf

---

12 Friedrich Schlegel, Fragmente. In: *Athenaeum*, Jahrgang 1798, Bd. I/2 (Hg. in 2 Bden von C. Grützmacher) Reinbek b. Hamburg 1969, hier Bd. I, S. 100 ff (107)

13 Moses Hess, Deutsches Bürgerbuch für 1845. In: M. Hess, Philosophische und sozialistische Schriften (1837–1850) hg. v. A. Cornu und W. Mönke, Berlin 1961, S. 311 ff (326)

14 Karl Marx, Lohnarbeit und Kapital (1849), MEW VI, S. 397 ff (421)

ums Dasein" nennt[15], wird ebenso endemisch wie kollektive Gewalt als Folge profitgebundener organisierter Friedlosigkeit. Hören wir Klinger: „Wenn nach Hobbes das Grundgesetz des Naturrechts offener Krieg aller gegen alle ist, so ist der heimliche Krieg es nicht weniger in den ausgebildeten bürgerlichen Gesellschaften. Vermutlich macht eben dieser Krieg und die Beute, die man durch ihn macht ... die Menschen fähig und geschickt zu dieser Gesellschaft, und hier ist wenigstens kein ewiger Frieden zu erwarten"[16]. Die Klage des romantischen Sozialisten William Morris, daß „the condition of competition between man and man is bestial"[17] hatte Moses Hess jedoch schon 1843 revolutionär überholt, wenn er den frühsozialistischen Forschungsstand auf den Begriff brachte: „Der internationale Krieg kann nur aufhören, wenn der individuelle Krieg, die Concurrenz, aufhört"[18]. Die negative Dialektik der Konkurrenz als Klassensystem, mit der Folge eines „zwanghaften Anzündens der Welt" (Louis Blanc) durch Aggressivität und Gewaltstaatlichkeit, faßte Marx 1871 unter dem Stichwort ‚Imperialismus' zusammen: „Der Imperialismus ist die prostituierteste und zugleich die schließliche Form jener Staatsmacht, die von der entstehenden bürgerlichen Gesellschaft ins Leben gerufen war als das Werkzeug ihrer eignen Befreiung vom Feudalismus und die die vollendete Bourgeoisiegesellschaft in ein Werkzeug zur Knechtung der Arbeit durch das Kapital verwandelt (hat)"[19].
Die marxistische Analyse erbrachte, daß diese Verquickung von Gewaltmilieu, Aggressivität und Drohsystem auf dem Boden des sozialdarwinistischen Wirtschaftssyndroms nicht in den Griff bekommen werden konnte und kann, denn jede praktische und theoretische Entschleierung wurde verfolgt. „Wo der Pöbel vernünftelt, ist es um Ruhe und Sicherheit nur allzubald geschehen"[20]! Während der Organisierung einer Systemopposition identifizierten die Sozialisten deshalb gerade die Friedensfrage mit der Behebung des kapitalistischen Gewaltmilieus. Frieden, also die gesellschaftliche Beseitigung der sozialen Ursachen von Gewalt (Aggressivität *und* Krieg), war schon den Frühsozialisten nurmehr erfahrbar jenseits einer profitorientierten Gesellschaft. Was erbrachte diese Einsicht? Die Frage nach Frieden ließ sich nur noch revolutionär, und das bedeutete, sie ließ sich nur gewaltsam stellen. Wie kam es dazu?

15 Gustav Schmoller, Grundriß der allgemeinen Volkswirtschaftslehre, Leipzig 1904, Bd. II, S. 43
16 Klinger (Anm. 7), S. 279
17 William Morris, Works (24 Bde), London 1910 ff. Bd. XXIII, S. 172
18 Hess, Preisfrage in Betreff des Nationalhasses. In: *Kölnische Zeitung* vom 14. Oktober 1843, (in: Anm. 13, S. 251)
19 Marx, Der Bürgerkrieg in Frankreich (1871), MEW XVII, S. 319 ff (338)
20 Gentz (Anm. 10), Bd. II, S. 172

H. C. Albrechts Annahme, revolutionär sei bereits, wer die ‚Gewaltnatur' des Menschen bezweifele, mußte im Verlauf der Ausbreitung des Kapitalsystems immer differenzierter werden. Mit Marx: „Im Fortgang der kapitalistischen Produktion entwickelt sich eine Arbeiterklasse, die aus Erziehung, Tradition, Gewohnheit die Anforderungen jener Produktionsweise als selbstverständliche Naturgesetze anerkennt. Die Organisation des ausgebildeten kapitalistischen Produktionsprozesses bricht jeden Widerstand . . ., der stumme Zwang der ökonomischen Verhältnisse besiegelt die Herrschaft des Kapitalisten über den Arbeiter. Außerökonomische, unmittelbare Gewalt wird zwar immer noch angewandt, aber nur ausnahmsweise"[21]. So erlebt die Gewalt, nun in Lebensverhältnisse und Arbeitsprozesse verschmolzen, eine Renaturalisierung. Dem ‚stummen Zwang' im Inneren läuft ein ‚äußerer Faschismus' (M. Duverger) parallel, und diese externe Kolonisierung wiederum wirkt schulend im Sinne einer integrierenden ‚Selbstunterwerfung' auf die Arbeitermassen zurück. Im Kontext einer von Anna Freud beschriebenen ‚Identifizierung mit dem Angreifer' führt sie zu einer nahezu intuitiven Niedergeschlagenheit der Werktätigen. Nun machte allerdings die kapitalistische Entwicklung selbst als sichtbare Entknappung und als technische Arbeitserleichterung mit wachsendem gesellschaftlichen Reichtum anschaulich, daß die bestehende Gewaltlogik immer noch Gebrauchswert, nicht länger aber eine soziale Rechtfertigung besaß. Das frührevolutionäre Suchen nach dem ‚Wesen der Gewaltsamkeit' konnte mit Überschreiten der Selbstentwicklungsschwelle des Industrialismus und der Organisierung einer Opposition gegen seine ausschließlich erwerbsbedachte Ausnützung präzisiert werden: als proletarische Kampfpraxis. Auch in dieser Epoche war es nach wie vor revolutionär, den Menschen als ‚Freigelassenen der Schöpfung' zu bezeichnen, denn noch war er unfrei und mißbraucht. Die selbstzuleistende Freisetzung jedoch war in diesem Stadium des Kapitalismus nicht länger utopisch. Schon Mitte des Neunzehnten Jahrhunderts hatte man wissenschaftlich die verdeckte sozialistische Tendenz im Evolutionsprozeß des Kapitalismus selbst aufgespürt und im sozialistischen Gesellschaftsbild terminologisch ausgedeutet. Die Entwicklung des Kapitalismus war unwillentlich revolutionierend, der Sozialismus als basisverhaftete Gesellschaftsform aber materielles Ziel der Entwicklung.
Wurde somit Utopie praktisch, stand jetzt jede entwicklungskongruente Systemopposition vor der Frage, welche realen Möglichkeiten es angesichts der imperialistischen Beharrungsgewalt gab, die antizipatorischen Einsichten in eine gewaltfreie Zwischenmenschlichkeit umzusetzen. Durfte man weiter abwarten, ob der Kapitalismus sich selbst organisieren (R. Hilfer-

---

21 Marx, Das Kapital (Hg. Karl Kautsky), Bd. I, Stuttgart 1914, S. 667

ding), milder werden (K. Kautsky), sich egalisieren (E. Bernstein) oder friedfertiger auftreten (G. Noske) würde? Etwa getreu der Maxime Edmund Burkes: „Geduld wird mehr erreichen als Gewalt“[22]? Die Gewaltfrage, ursprünglich eher ein ernsthaftes anthropologisches Dilemma, solange der Sozialzustand nur ihre spekulative Behandlung zuließ, mußte jetzt endlich taktisches Problem werden. Erst nun – nachdem der Marxismus nachgewiesen hatte, was auch die bürgerliche *Kratologie** demonstriert: um zu überleben, muß eine Politkultur eine dominante Moral der Gewaltlosigkeit, d. h. der Massenwehrlosigkeit aufrechterhalten – konnte diskutiert werden: Wie kann die dem Drohsystem innewohnende Ichschwäche der Geduckten beseitigt, die Einschüchterung aufgebrochen, die widerstandslose Hinnahme der eigenen Depravierung beendet werden? Wie läßt sich die Magie des kollektiven Leidgefüges nicht nur ertragen, sondern auch angreifen? Spätestens seit den anti-emanzipativen Erfolgen manipulierender Gewalt war die Lehre vom automatischen Übergang des Kapitalismus in den Sozialismus dahin abgewandelt worden, daß „die heute herrschenden Klassen mit Hilfe der Gewalt ihr Dasein ... noch lange fortsetzen können, auch nachdem ihre ökonomische Notwendigkeit schon aufgehört hat“[23]. Was blieb in dieser Situation anderes übrig, als das Gewaltproblem konkret, d. h. revolutionär aufzuarbeiten? Gewalt durfte nicht länger Handhabe allein der Repression bleiben. Und somit wurde Gewalt in ihrer geschichtlichen Rolle nicht länger undifferenziert und wertfrei hingenommen, sondern wurde nach einer

– unbegriffenen biologischen Phase des verwendbar, aber unaufhebbar Vorhandenen (Feudalismus), einer
– teilweisen Operationalisierung als soziale Stütze profitabler Aggressivität (Kapitalismus) eingesetzt als
– Korrektiv ihrer eigenen gesellschaftlichen Ursachen, d. h. als temporäres Instrument zur Abschaffung des kapitalistischen Gewaltmilieus (Sozialismus).

Gewalt als Negation der Gewalt: somit sind Gewalt und Gewalt nicht identisch? Keineswegs, denn im einen Fall dient Gewalt als Mittel der Revolution, die hinwiederum das Interim von sich ablösenden Gesellschaftsformationen darstellt. Im anderen Fall aber ist sie maßgebende Freiheitssperre, auch wenn der Kapitalismus mit Hilfe einer gesteuerten Verdummung und partiellen Sozialisation (A. Mitscherlich) die Sichtbarkeit der kontrollierenden Gewalt herabmindert (zumindest innenpolitisch und solange keine Wirtschaftskrisen eintreten). Daß Massenapathie eigentlich Zeichen für die ‚Vergewaltigung‘ dieser Massen ist, konnte vergessen werden, da es gelang, den Unterklassen ihren Anspruch auf umfassende Bedürfnisbefrie-

---

22 Edmund Burke, Reflections on the Revolution in France (1790), London/New York 1960, S. 165

23 Karl Kautsky, Die soziale Revolution, Berlin ³ 1906, S. 24

digung auszureden und ihre organisierte progressive Gewaltsamkeit zu kriminalisieren. Wenn daher Friedrich Engels 1848 schon erkennt, daß „nicht nur der Staat, auch die Staatsbürger revolutioniert werden müssen, da der Untertan nur in einem blutigen Befreiungskampfe abgestreift werden kann“[24], so nimmt er schon diesen neuen sozialpsychologischen Verbund vorweg, der sich xzwischen Sozialismus, Revolution, Gewalt und Ichstärke hergestellt hat.
Zusammengefaßt: War Gewalt seit 1789 insoweit instrumentalisiert, als sie mangels andersgearteter Durchsetzkraft der anti-feudalen Revolution zum militanten Freisetzungsersatz wurde, so konnte der Traum Gracchus Babeufs oder Auguste Blanquis, therapeutische Gewalt zur Umschichtung der Sozialordnung einzusetzen, erst zu diesem Zeitpunkt realisierbar werden, nachdem mit der Kritik an der Gewalt als Stützwerk des kapitalistischen Systems Gewalt nur noch selbstaufhebende Aufbaufunktionen im – allerdings revolutionär durchzusetzenden – Sozialismus übernehmen sollte. Wenn es ansonsten, wie August Bebel 1886 kommentierte, „kein Heilmittel für die sozialen Gebrechen der bürgerlichen Welt (gibt), ohne daß diese Welt selbst in Frage gestellt würde“[25], dann wird Gewalt keinesweg erschöpfte Rationalität oder gar ‚Vernunft die verzweifelt‘ (J. Ortega y Gasset), sondern strategisches Rezept.
Wie wirkte sich dieser Zusammenhang aus? Im Gegensatz zum Übergang Feudalismus/Kapitalismus verstand sich der Brückenschlag Kapitalismus/Sozialismus

– nicht länger als unvorhersehbar
– nicht als Nachvollzug vorheriger Machtverschiebungen, sondern
– als subversiv revolutionäre Aktion.

Die Kongruenz von Sozialismus und Revolution mußte notwendigerweise unter internationaler Überwachung durch die kapitalistischen Staaten glücken. Daraus ergab sich der neue Zusammenhang: unter der Voraussetzung, daß die Umschichtung nur revolutionär gelingen kann, operierte sie grundsätzlich nur angefeindet und darum defensiv gewaltsam. So mußte die gültige Revolutionsformel lautet: Sozialismus = Revolution = instrumentale Gewalt! Der Umfang dieser Gewalt wurde im Vergleich zu der traditionell revolutionären Praxis später insoweit eingeschränkt, als sie nicht mehr aggressiver Revolutionsexport sein konnte (1920). Nicht als Verkriegung der Revolution, sondern allein als lokale subversive Massenarbeit läßt die sozialistische Revolution sich realisieren.
Unter diesen Umständen muß auch heute jedes prinzipielle Gewaltverbot der revolutionären Friedensarbeit schaden. Wer kann das angesichts Indochinas, Lateinamerikas oder auch der

---

24 Engels, Die Berliner Debatte über die Revolution (1848), MEW V, S. 64
25 August Bebel, Deutschland, Rußland und die orientalische Frage. In: *Die Neue Zeit* 1886, S. 502 ff (514)

bundesdeutschen Notstandsgesetze abstreiten? „Unsere Hoffnung auf Erfolg", bekannte der stellvertretende US–Außenminister G. W. Ball, „besteht darin, so viel Blutvergießen zu verursachen, daß wir den Willen der anderen Seite brechen"[26]. Rufen wir uns in Erinnerung: stand am Beginn der frührevoltionären Methodendiskussion die Sensibilisierung und Differenzierung der Gewalt als Frage nach der humanen Menschennatur, so steht ganz im Sinne G. W. Balls oder des Pentagonismus am Anfang der konterrevolutionären Chronik eine, wenn man so will, grandiose Prophetie der kapitalistischen Wolfspolitik. Für Joseph de Maistre wurde der Henker zum Leitsymbol der bürgerlichen Epoche. „Jegliche Größe, alle Macht und aller Gehorsam", so äußerte de Maistre, „basieren auf dem Henker: er allein ist Abschreckung und Bindung in der menschlichen Gesellschaft ... Nehmt der Welt diesen Agenten: sofort weicht Ordnung dem Chaos, Throne stürzen, und was wir Gesellschaft nennen, verschwindet"[27]. Henker sind allemal austauschbar. Sagen wir Ludendorff oder Himmler, McNamara oder Nixon, Papadopoulos oder Ky. Methoden, Quantitäten und Rechtfertigungen wechseln, das Symbol des Scharfrichters trifft auf alle zu. „Die Zivilisation und Gerechtigkeit der Bourgeoisieordnung tritt hervor in ihrem wahren, gewitterschwangeren Licht, sobald die Sklaven in dieser Ordnung sich gegen ihre Herren empören. Dann stellt sich diese Zivilisation und Gerechtigkeit dar als unverhüllte Wildheit und gesetzlose Rache"[28]. Sollen die Opfer maßhalten?

Aktive Apathie

> „Am Erlebnis der Revolution hört die Wissenschaft auf."
> Theodor Geiger: *Die Masse und ihre Aktion,* Stuttgart 1926, S. VIII.

Gewalt ist umstritten. Gerade das zwingt zur wissenschaftlichen Klärung des Gewaltbegriffs. So müssen *Macht* (Zwang/Ausbeutung), *Krieg* (kollektive Gewaltanwendung), *Revolten* (auflehnende Gewalt als objektive Systemkritik) oder *Revolutionen* (kollektive Gewalt zur Systemänderung) unterschieden werden, um nur eine grobe Unterteilung zu referieren. In einem schlechthin gewaltfreien Schema, in dem solche Differenzen unbeachtet bleiben, sind die Gewaltvermittler beliebig, und Macht oder Revolution sind wertfrei-schrecklich. So paßt

---

26 G. W. Ball, Disziplin der Macht. Voraussetzung für eine neue Weltordnung, Frankfurt/M. 1968, S. 346

27 J. de Maistre, Les soierées de Saint-Pétersbourg, ou entretiens sur le gouvernement temporel de la providence, zit. nach: Du Pape et extraits d'autres oeuvres (Hg. E. M. Cioran), Monaco 1957, S. 66

28 Marx (Anm. 19), S. 355

hier die Analyse K. M. Michels: „Wer Gewaltlosigkeit predigt, predigt in Wahrheit Gewalt: er hilft mit, die bestehende Gewalt zu verewigen“[29]. Erich Fromms später Verruf: „Haß und Gewalt, auch im Dienste des Friedens, dienen nur dem Haß und der Gewalt“[30], sitzt wohl immer noch Herbert Marcuses ominöser ‚Gegengewalt‘ auf. In Marcuses Plan wird zugegebenermaßen Gewalt darum tautologisch, weil sie nicht sozialistisch vertreten werden kann, da dem etablierten Sozialismus toto caelo abgesprochen wird, die ‚alte Gesellschaft‘ durchquert zu haben. Gegen-Gewalt allein aber bleibt ‚das Sträuben des Kalbes gegen seinen Schlächter‘, wie Marx sich drastisch ausdrückte, bleibt passivisierter Widerstand, weil die Aussicht auf die organisierte Gegenwirklichkeit einer ‚Zukunftsgesellschaft‘ als Movens für revolutionäre Gewalt fehlt. ‚Passiver Widerstand‘ hingegen ist der formalisierte Protest ohne innovative Theorie. Unterstellt man, daß „bekanntlich in der wirklichen Geschichte Eroberung, Unterjochung, Raubmord, kurz Gewalt die große Rolle spielen“[31], dann erscheint diese ‚wirkliche Geschichte‘ durch legalistisches oder friedvolles Dagegen kaum dämmbar. Sofern Theodor Ebert unterstreicht: „Es ist sinnlos, gegen brutale Gewalt mit ohnmächtigen Mitteln sich zu verteidigen“[32], legt er die Aporien seiner ‚Theorie‘ bündig bloß. Gröber: ist nach Adorno „das Lämmchenhafte selber wahrscheinlich nur eine Form des Barbarischen“[33], dann hat die prinzipielle Gewaltlosigkeit sadistische Züge, da sie

– weder die Bandbreite der imperialistischen Drohung ausforscht
– noch ihre zwanghafte Stringenz in Rechnung stellt.

So liefert sie die Opfer aus.

Solche Spekulation auf eine soziodramatische Aufklärung durch Leiden, die ganz neutestamentarisch auf das ‚Denn sie wissen nicht was sie tun‘ baut, vernachlässigt schlicht alle manipulativen Möglichkeiten des Systems. Im Kapitalismus hat der Leidtragende sich das Leid immer selbst zuzuschreiben. „Wenn wir Prügel einstecken“, doziert Ebert, „entlarven wir die Angreifer am deutlichsten“[34]. Geht es wirklich nur so und geht es noch um eine Entlarvung? Hannah Arendt hat herausgearbeitet, daß ein Gewaltsystem nicht nur Mittel und

---

29 K. M. Michel, Ein Wort für die Gewalt, In: *Ruhr-Reflexe* (Bochum) Nr. 6 (1967), S. 9

30 Erich Fromm, Zur Theorie und Strategie des Friedens. In: O. Schatz (Hg.), Der Friede im nuklearen Zeitalter, München 1970, 19 ff (33)

31 Marx (Anm. 21), S. 645

32 Theodor Ebert, Probleme der gewaltfreien, direkten Aktion in einer Formaldemokratie. In: *Neue Sammlung* (Göttingen) 1968/3, S. 233 ff (238)

33 T. W. Adorno, Erziehung zur Mündigkeit, Frankfurt/M. 1970, S. 135

34 Ebert (Anm. 32), S. 236

Wege findet, passive Aufständler samt ihrer Aufklärungsarbeit einer umfassenden damnatio memoriae anheim fallen zu lassen; sie verweist zugleich auf jene ‚Banalität des Bösen', der man beileibe nicht durch masochistische Opfer, sondern aussichtsreich nur durch die Rechnung beikommen kann: Unterdrückung muß für die Unterdrücker zu teuer werden! Negative Beispiele für widerstandsloses Abwarten, wie die Haltung des europäischen Judentums, können gleichermaßen als politische Mitschuld gewertet werden. Und jenes friedfertige Hingeben von SPD und KPD 1933, bedeutet es nicht geradezu Hilfeleistung für den Nationalsozialismus? Gleichwohl: solange Widerstand nicht als revolutionäre Rolle studiert wird, d. h. als Kampf um den Sozialismus, solange bleibt unabänderlich die Klage Montesquieus zutreffend: „Unsere Geschichtsbücher sind voll innerer Kriege – ohne Revolutionen"[35]. Gewalt, auch als Gegen-Gewalt, bliebe Verhängnis. Also: Sozialismus oder Barbarei (Rosa Luxemburg).

Warum Gewaltlosigkeit keine passende Antwort auf die Barbarei geben kann, soll an Eberts Modell dargestellt werden, das auf drei Ebenen argumentiert:

1. Gewaltfreier Aufstand
2. Friedensforschung
3. ‚Zivilverteidigung'.

1) Nicht unbescheiden meint der Autor: „Ich vermute, daß wir bei der Suche nach einer Methodik gewaltfreier Aufstände einer Entdeckung auf der Spur sind, welche der Spaltung des Atomkerns an epochaler Bedeutung gleichkommt"[36]. Das erinnert eher ungeschickt an eine These Lin Piaos, daß die Guerilla die ‚Atomwaffe kleiner Nationen' sei, durch die alle klassischen Gesetze der Gewaltphysik hinfällig würden. Wenn aber die Guerilla-Aktion bereits mehrfache revolutionäre Erfolge eingebracht hat, so kann Ebert seinerseits auf keinen einzigen gewaltfreien Durchbruch verweisen, der mehr bot als nationale Unabhängigkeit. Einen Umschwung gab es weder in Indien noch in Ghana[37]. Allerdings sind eben für Ebert China oder Cuba keine ‚Erfolge', denn die Revolution schuf dort zwar die Voraussetzung für einen sozialistischen Staat, mußte die materiellen Bedingungen jedoch noch schaffen weil sie sich in diesen Ländern nicht auf kapitalistische Vorarbeit stützen konnte. *Planende Gewalt* war unentbehrlich. Da Ebert im Prinzip aber Emanzipation und Gewaltlosigkeit verknüpft, wird in seiner Deutung die Geschichte der nachrevolutionären Revolution eine Chronik des permanenten Scheiterns, ein ‚ewiger Thermidor' (C. Brinton). Vergessen wird, daß ja gerade die Sozialrevolution als instrumentale Produktivgröße die An-

---

35 Montesquieu, De l'esprit des lois (1748), Buch V, Kapitel 10 (Oeuvres complètes, Paris 1964, S. 550)

36 Ebert, Gewaltfreier Aufstand, Frankfurt/M. [2] 1970, S. 10

37 Vgl. hierzu H. Biamino und M. Pfüller, Die Fragwürdigkeit der gewaltfreien Aktion. In: *Der Politologe* (Berlin) 1968/2, S. 16 ff

lässe der Revolution abzutragen hat. Der revolutionäre Alltag aber ist nun einmal verpönt. Wenn Ebert Phasen und Ziele der Gewalt nicht auseinanderhält, muß er schlußfolgern, daß „in den angeblich sozialistischen Staaten“[38] alle Zukunftskonzeptionen durch „die gewaltsamen und unwahrhaftigen Mittel ... diskreditiert und zu Ideologien mumifiziert wurden“[39]. Wie hatte Max Horkheimer aller Kritik am Sozialismus geraten? Wer den Sozialismus kritisiert, darf vom Kapitalismus nicht schweigen! Ebert aber hat diese Dialektik schon aus methodischen Gründen übersehen, da er einseitig geistesgeschichtlich vorgeht: sein Modell ist scholastische Summe anthropologisch vager und historisch fehlgedeuteter Positionen[40]. Überaus problematisch wird solch autistisches Vorgehen allerdings dort, wo es – voll unschuldiger Abstraktheit – ganz konkret verunglimpft. Ebert analysiert beispielsweise sozialistische Einwände gegen die Entwicklung in Indien, indem er quer durch die Zusammenhänge generalisiert. Etwa: „Die gewaltlosen Kampfmethoden des indischen Unabhängigkeitskampfes ... werden heute mit dem Argument verworfen: in Indien verhungern die Menschen; in China haben sie genug zu essen. Da mit solchen ‚Kurzschlüssen‘ in Deutschland vor 1939 auch hätte argumentiert werden können, daß die faschistische Diktatur der formaldemokratischen Republik überlegen sei, weil sie die Arbeitslosigkeit beseitigt und die Autobahnen gebaut habe ...“[41] – derartige Oberflächlichkeit läßt eigentlich nur auf ein im Grunde unpolitisches Bewußtsein schließen, auf eine seiner Generation eingeimpfte Totalitarismusfurcht, die alle Zutaten einer kognitiven Chaotik bietet: lieber liberal verhungern als aufgezwungenes Brot! Für Ebert sind ‚rot‘ und ‚braun‘ noch immer gleichwertig. Die realsoziologischen Sorgen von Unterentwicklung und Antiimperialismus treten hinter Sturm und Drang-Visionen eines reinen Gewissens zurück. Überleben als Befreiung ist untersagt, wenn es Kampf heißt und planende nachrevolutionäre Gewalt.

Ebert verrät in seiner Theorie ein privates wissenssoziologisches Dilemma. Als traditionsreicher, saturierter Mitteleuropäer verlangt es ihn nach menschenwürdiger, d. h. durch das abendländische Kulturgut legitimierter Existenz, nicht bloß

---

38 Ebert (Anm. 36), S. 7

39 Ebert, Gewaltfreier Aufstand, Freiburg 1968, S. 401

40 Vgl. Bruno Frei, „In dem scholastischen, von jedweder Praxis unberührten Tonfall der Katheder-Soziologen präsentiert der Verfasser ein Bündel Schemate von ‚gewaltlosen‘ Kampftechniken, die in eine ‚gewaltfreie Fundamentaldemokratie der Freien und Gleichen‘ einmünden soll. Mangels einer wissenschaftlichen Definition der Gesellschaftsform, bleibt alles in einem Nebel von Tautologien und Abstraktionen stecken. Anstatt zu sagen, gegen welche ‚Herrschenden‘ welche ‚Aufständischen‘ welchen ‚Kampf‘ führen, werden wir mit einem Vokabular neutönender Formalien gefüttert, ...“. In: *Das Argument* Nr. 49 (1968), S. 521

nach Sicherung des nackten Lebens. Sein Bild der ‚Menschenwürde' versperrt die Herstellung der Grundbedingungen des Überlebens, ja verbietet dies im Prinzip, falls es mitsichbringt, vorab den sozialen Parasitismus zu brechen. Leben, auch menschenwürdiges Leben, meint nach Marx auch die Lebensmittel! Existieren als Vegetieren ist nicht ‚menschenwürdig', doch selbst diese Form steht für den Großteil der Erdbevölkerung auf dem Spiel. So wird das ‚menschenwürdige' Tötungsverbot für die Armen der Welt leicht zum Todesurteil! Gewalt, überdies Terror, ist doch die plebejische Manier, mit den Feinden der Menschenwürde fertig zu werden (F. Engels). Ebert aber, dem diese ungeübte Form der Existenzbehauptung fremd ist, wehrt solch böses Tun schon im Vorfeld jeder für ihn akzeptablen Diskussion ab. Er will ja „nicht nach der Legitimität, sondern der Effektivität der revolutionären Gewaltanwendung fragen"[42]. Nun, im Hinblick auf ein Überleben hat sich die Frage revolutionärer Aktion bisher effektiv ausschließlich gewaltsam stellen lassen. Gleich zweifach tritt Ebert hier also anti-emanzipatorisch auf: indem für ihn die Gewalt sogar im Selbstverständnis illegitim ist und indem er wider jede historische Komplexität die Gewaltproblematik an ihrer Wirksamkeit falsifizieren will. Tatsächlich handelt es sich aber im Dialog Revolution/Gewalt niemals um eine prinzipielle Frage, sondern um jeweilig taktische Erörterungen, die nur konkret, keinesfalls aber dogmatisch zu untersuchen sind. „Die Kampfformen kann", so begründete Erich Fried, „nie die herrschende Klasse allein bestimmen, und wir wissen, daß unter Umständen die Gewalt, wenn sie von organisierter Gewaltlosigkeit konfrontiert wird, hilfloser sein kann, als die Gewaltlosigkeit es der brutalen Gewalt gegenüber ist. Dies gilt natürlich nur, solange Gewaltlosigkeit nicht zu einem absoluten, mystischen Prinzip erhoben wird . . ., sondern revolutionäre Taktik bleibt, abhängig von der jeweils konkreten Situation"[43]. Das Gewaltproblem doktrinär angehen heißt es mißverstehen. Konkret haben die Revolutionäre der dritten Welt deswegen auch Gewalt nicht etwa als allgemeine Methode entlastet, sondern vielmehr als notwendiges umstürzendes Instrumentarium erprobt. Denn sie haben erlitten, daß die ordentliche Gewalt des herrschenden Systems, daß also *legale Gewalt* (welche Gewalt als Delikt abblockt, sie als Sanktion aber einsetzt), daß diese Gewalt via experimenteller Brutalität (counter-insurgency) für die Ohnmachtsschulung der Benachteiligten bereitsteht. Amtliches Wehtun, Gewalt als offizielle Realität, soll zur Befriedigung des sozialen Unfriedens führen, indem Gewaltduldung

41 Ebert, Einleitung und Zwischentexte zu ‚Ziviler Widerstand' (Hg. Th. Ebert), Düsseldorf 1970, S. 126
42 Ebert, (Anm. 36), S. 9
43 E. Fried in: Der Kampf des vietnamesischen Volkes und die Globalstrategie des Imperialismus. Tagungsprotokoll des Internationalen Vietnam-Kongresses in Westberlin, Berlin 1968, S. 93

zum Sich-Gewalt-antun wird. „Wenn Gewalt überwältigend ist, braucht sie schließlich gar nicht mehr als solche in Erscheinung zu treten (. . .) Daher schaut alles von außen her ungeheuer friedlich aus. Zugleich ist aber das Bewußtsein der Hilflosigkeit wieder eine Bedingung der Manipulation"[44]. In diesem Kontext faßt Che Guevara die Logik eines progressiven Gewaltbegriffs zusammen: „Angesichts der Tatsache, daß die Imperialisten durch Drohung mit dem Kampf die Menschheit zu erpressen suchen, ist die richtige Antwort: den Kampf nicht zu fürchten"[45].

Theodor Eberts Bedenken, daß ‚bewaffnete Gewaltanwendung' einer Industriegesellschaft möglicherweise nicht länger angemessen sei[46], kann bei seinen Kategorien nicht als ernsthafter Einwand betrachtet werden. Das mitanklingende Bild der ‚blutrünstigen Gewalt' (eine proletarische Bartholomäusnacht) hat schließlich immer herhalten müssen, wenn verdunkelt werden sollte, daß MP's oder Flammenwerfer nicht erster Zugriff der progressiven Gewalt waren, sondern zumeist hinter Stacheldraht erlernte Zuflucht. Stets hat sich der Gewalttyp der Revolutionen reagierend nach dem Aufgebot gerichtet, das die Machteliten den Massen entgegensetzten. Das unblutige 1917 mag das belegen! Wird aber die eigentlich treibende *Angst vor den Massen* (die Ebert mit Gandhi teilt, wenn er dessen zynischen Begriff einer ‚Mobokratie' aufgreift) zur *Angst vor der Revolution*, vor dem „tragischen Sprung und Überfall des Unten auf das Oben"[47], verbirgt sich dieser uralte Zusammenhang gern unter einem Wust von moralischen Einwänden gegen die Begleiterscheinungen jeder Revolution. Das läßt sich bei Ebert an seinen innerwissenschaftlichen Definitionen besonders gut ablesen. Vorerst trennt er „agitatorischen Terror mit dem Ziel des revolutionären Guerrillakrieges" fein säuberlich von der bei ihm befürworteten „gewaltfreien Aktion mit dem Ziel des gewaltfreien Aufstands"[48]. Das Nebulosum ‚gewaltfreier Aufstand' heißt „eine kämpferische Methode, Konflikte auszutragen" (hier zeigt sich unter anderem, daß Ebert seine Sozialanalyse auf das vorab integrierte Konfliktmodell Ralf Dahrendorfs, nicht auf einen Klassenbegriff stützt). „Angewandt wird sie in Situationen", fährt Ebert fort, „in denen es nicht möglich zu sein scheint, auf dem Wege der Verhandlungen, der Wahlen und Abstimmungen

---

44 Friedrich Hacker, Gesetze sind aggressiv. In: *Der Spiegel* Nr. 44 (1970), S. 220 ff, (226)

45 Guevara, Schaffen wir zwei, drei, viele Vietnams. In: Lateinamerika. Ein zweites Vietnam? (Hg. G. Feltrinelli), Reinbek b. Hamburg 1968, S. 99 ff (102)

46 Ebert (Anm. 36), S. 15

47 Carl Brinkmann, Soziologische Theorie der Revolution, Göttingen 1948, S. 36

48 Ebert, Gewaltfreier Aufstand oder revolutionärer Befreiungskrieg? In: *Werkhefte* (München) 1968/11, S. 309 ff (309)

einen Konsensus (!) über die soziale Gerechtigkeit und die dafür erforderlichen sozialen Wandlungen herzustellen". Diese gewaltfreie Arbeit hat laut Ebert zum Ziel, „gesellschaftliche Bedingungen zu schaffen, die auf dem Wege der partizipierenden Demokratie gesellschaftliche Verhältnisse regeln kann"[49]. Zugegeben, ein sympathisch klingendes Anliegen und schade, daß es so hausbacken die vorliegenden Machtverhältnisse unterschätzt. Eberts Vorstellungen nützen den Ostpakistanis, den Gegnern Francos, den Verfolgten der Apartheid-Politik aus diesem Grund wenig. Aber auch für die, wie er schreibt, ‚hochgradig arbeitsteiligen modernen Industriegesellschaften', kann der Verfasser kein politisches Versöhnungsmodell mehr in ‚revolutionärer Absicht' einbringen. Wieso nicht? Sonderlich die Kritik an Entdemokratisierungstendenzen, an der Polizeistaatlichkeit, an der noch immer ungehemmten Ausbeutung der fehlentwickelten Welt durch diese ‚demokratischen' Industrienationen, an der Manipulation der hiesigen Arbeiterschaft, der Fehlsozialisation der Massen, an der geschulten Brutalisierung in den Armeen . . . war Ausgangspunkt der kritischen Soziologie und auch der Studentenrevolte, deren Ablauf und Zielen sich Ebert verpflichtet gefühlt hatte. Auf welche Weise aber lassen sich sein Verständigungsplan und das reale Dilemma vereinen?

Das theoretische Schema Eberts wird durch realitätsbezogene Zweifel kaum tangiert. Es genügen ihm ‚stimmige Begriffe' (Hegel). Was folgt daraus? Wie angedeutet wurde, kennt Ebert keinen systematischen Begriff eines Auflehnungsadressaten. Daher kann er nur ein Knäuel von Ablehnungsgesten, „mit denen den Herrschenden die Machtmittel entzogen werden" anbieten: legale Nichtzusammenarbeit, ziviler Ungehorsam und die zivile Usurpation mit Hilfe von teach-ins, sit-ins, go-ins und Soziodramen[50]. Gewaltmethoden werden hierbei verneint, „weil man in den Gegnern nicht beati possidentes, sondern unfreie, sich selbst entfremdete Menschen sieht". Daß sich gerade deswegen revolutionäre Gewalt auch im gezielten Terror nie gegen Menschen persönlich, sondern notwendig gegen die Systemträger als Gewaltokkupanten richtet, übersieht Ebert, ebenso wie er aus der Logik des Systemzwanges auch für die Machthaber unrichtige Schlüsse zieht: unleugbar drängt das Wirtschaftssystem samt seinen mentalen Diktaten auch ihnen ein entfremdetes Verhalten auf. Das ‚Sei im Besitz und du bist im Recht' (F. Schiller) bringt Härten mit sich, weil sich bei der Restabilisierung von Systemerschütterungen nicht immer ein heiles Weltbild retten läßt, weil die Hände schmutzig werden. Aber die Art der Entfremdung ist eine andere – die Entfremdung der Besitzenden ist angenehm, die der Armen erniedrigend –, so daß nicht eintreten kann, was Ebert

49 Ebert (Anm. 41), S. 16
50 Ebert (Anm. 39), S. 82

vom ‚Gegner' erwartet: „Das gewaltfreie Verhalten soll die übergreifende Solidarität mit dem Gegner als Menschen zum Ausdruck bringen"[51]. Versöhnung als Kampfmotiv? Der Klassengegner kann doch erst als revolutionär Bekehrter menschlich auftreten. Nur die Entfremdung der Systembindung im Systemsturz, nur die Aufhebung aller Systemmanipulation, das Niederreißen der *okkulten Systemmagie als Legalität* ermöglicht die verlangte Versöhnung. Versöhnung muß sicher Folge jeder revolutionären Arbeit sein, mit einem neuen Menschenbild aber gelingt sie nicht ohne Revolution, und auch nicht über die Klassenfronten hinweg, nicht jenseits solcher Fronten.

Wenn der Autor weiter postuliert, daß die Überzeugungskraft der Gewaltfreiheit nicht nur von ihrer Opferbereitschaft, sondern hauptsächlich von der „angebotenen Alternative" (a. a. O.) ausgeht, wird die ganze Standortverwirrung spürbar. Denn auf welcher Seite steht Ebert? Hält er zur Unterschicht, zu den Leidenden am System, mit dem Implikat, auch theoretisch die Bekämpfung dieses Systems vorzubereiten? Oder zur Elite, zur kritischen Elite, der er nörgelnd alternativ den Nichtkampf verspricht und ihr dafür anstelle ihrer bisher geübten Hemmungslosigkeit doch etwas mehr Wohlverhalten anempfiehlt? ‚Gewaltfreier Aufstand' wird Informationsware für die Machtelite, wird ungefährliches Signal für Mißstände, wird Vorschlag zur Reform als Modernisierung des Systems. Das aber ist keine revolutionäre Theorie mit Massenkontakt, sondern nur das beschädigte liberale Modell kritischer Opposition, wie es im Vormärz zeitgemäß war. Hält Ebert den „frühen Romantikern der Gewaltfreiheit", wie H. D. Thoreau, L. Tolstoi u. a. vor, ihnen habe das Gespür dafür gemangelt, daß „Widerstandsgesinnung erst mit Hilfe der Organisation zur politischen Macht" wird[52], kann man dieses Urteil, nur wenig umgebildet, gleich weiterreichen: Eberts eigene ‚Widerstandsorganisierung' bleibt, so sie ‚menschlich' auftreten will, ohne Resonanz bei den Massen, weil sie *unwirklich* ist: Dieser Ansatz definiert ja Kampf als ‚Macht' des legalen und einschmelzbaren Widerspruchs.

Und sogar für die Unbillen der Machteliten hält Ebert Trost parat. Sie sollen sich bei Reformen nicht schwer tun. „Das erste Bestreben der Aufständischen muß es sein, die Herrschenden von irrealen Befürchtungen zu befreien"[53]. Mehr noch: „Die Garantie der persönlichen Sicherheit ist allein noch nicht ausreichend, auch ein gewisses Maß an Komfort, an den sich die Herrschenden in ihren bisherigen Stellungen gewöhnt haben, muß . . . in Aussicht gestellt werden"[54]. Eine Rente gefällig? Es möge nicht versäumt werden, „die Herr-

51 Ebert (Anm. 41), S. 22 f
52 Ebert (Anm. 39), S. 91
53 a. a. O., S. 63
54 a. a. O., S. 65

schenden ehrenvoll aus den Positionen zu verabschieden"[55]. Fair play, wahrhaftig eine Revolution unter Gentlemen, die alle Prestigeprätentionen des Opponenten wahrt. Diese ‚Methodik der gewaltfreien Aktionen' bietet wirklich nach Gepflogenheiten lateinamerikanischer Palastwechsel „einen neuen Ansatz zur Auseinandersetzung mit dem Sozialismus", gar eine „neue Möglichkeit der Verwirklichung sozialistischer Ziele"[56]. Wer soll eigentlich versöhnt werden, die Haute bolée oder die Systemletzten?

Eberts Nichtgewalt oszilliert je nach ihrem Wann, Wie und Wo. Gutgläubigkeit und Vertrauen aber sind in ihrer abgekapselten Begriffswelt unbewegliche politische Kriterien. Wie kann er sonst die eindimensionale These aufstellen, daß „Psychologie die Politische Wissenschaft in der Kritik der revolutionären Gewaltanwendung ergänzen kann, indem sie Haß, Furcht, Mißtrauen gegen andere und Verabsolutierung des eigenen Standpunktes als Konsequenzen gewaltsamer Methoden" erkannt haben will[57]. Hilft es, Gewaltmethoden zu negieren (*wie* sollen sie aus der Welt geschafft werden?), damit auch Haß, Furcht, Mißtrauen verschwinden? Werden hier nicht Ursache und Wirkung verwürfelt? Ließe sich nicht vielleicht eingeschüchtert erwidern, daß ‚Standpunkte' nicht notwendig Glaubenssätze sind, sondern sich durch wissenschaftliche Analyse erhärten lassen; daß solchermaßen die praktische Umsetzung analytischer Erkenntnisse hier nicht Herrschlust, sondern ‚Einblick in die Notwendigkeit' bezeugt? Ein letztes Beispiel mag belegen, daß die Vagheit der Ebertschen Standpunkte strikte Urteile meiden sollte. Bei gewaltfreien Aktionen, so heißt es[58], sei „die Ablehnung von Sachbeschädigungen weniger streng als die Ablehnung der Verletzung von Personen". Begründet der Autor anschließend, daß Sachbeschädigungen „nicht immer schwer revidierbare Feindbilder" aufbauen, enthüllt sich ein Trugschluß: Ebert übersieht, daß man sich über zerschnittene Autoreifen mehr erregt als über Megatote allerorten.

„(Zum Studium von Aufständen) gehört allerdings einige wissenschaftliche Einsicht und einige Menschenliebe", forderte Marx, „während zu der (Belehrung der Aufständischen) eine fertige Phraseologie, eingetunkt in eine hohle Selbstliebe, vollständig hinreicht"[59].

2) Friedensforschung ist Mode geworden. Das hat benennbare Gründe, fraglos solche, die nur noch entfernt mit der frühsozialistischen und marxistischen Analyse zu tun haben. Der gegenwärtige Neopazifismus (und Ebert repräsentiert ihn,

55 a. a. O., S. 80
56 a. a. O., S. 401
57 Ebert (Anm. 48), S. 311
58 Ebert (Anm. 41), S. 16 f
59 Marx, Kritische Randglossen zu dem Artikel eines Preußen (1844), MEW I, S. 406

obschon er nicht quietistisch verfährt) ist wie eh und je auch *Sozialpazifismus.* Aber nicht einmal mehr Lenins Wertung pazifistischer Denkart: „ein Seufzen nach Beseitigung des Kapitalismus ohne verzweifelten Bürgerkrieg"[60] trifft die Situation heute, wenn das militante Wirtschaftssystem undiskutiert bleibt. Solche *friedfertige Friedensforschung* (eigentlich conflict resolution) ist für kapitalistische Interessen aber existenznotwendig geworden, weil

- die neue technische Blockade von zwischenstaatlichen Kriegen institutionalisiert werden muß,
- der internationale Klassenkampf sich heute auf die Ebene einer Beschwichtigungsstrategie (counter-insurgency/civic action) verlagert hat:
- die Militantisierung des westlichen Sozialsystems ein wesentlicher Reproduktionsfaktor des Vergeudungskapitalismus wurde (war is peace).

Friedensforschung heute heißt mit Marx: es wird „nach einer Verminderung der Armee geschrien, gleichzeitig aber die Armee für den Bürgerkrieg, nämlich die Polizei, vergrößert"[61]. Die Modewissenschaft entpuppt sich so als Pazifizierungs- und Entspannungspolitik *im* Bestehenden. Die Analyse der Komplexität von sublimer oder offener Gewalt unterbleibt geflissentlich, indem diese einmal mehr hauptsächlich unter anthropologischen Aspekten befragt wird. Hierzu hat neuerdings Bernard Semmel nachgewiesen[62], daß es bislang in der kapitalistischen Ära trotz gegenteiliger Ausführungen *nie* eine genuine Friedenspolitik als wirkliche Systemunterbrechung gegeben hat. Gerade die liberalen handelspolitischen Kriegsgegner, die sich in den frühen Friedensorganisationen sammelten, lassen sich als ‚imperialists of free trade' klassifizieren, und das ist angesichts der Rolle der Gewalt im Profitsystem ziemlich aufschlußreich Wünschenswert ist hier ein utilitärer Friede als Abwesenheit von deletärer Gewalt, sein höchster Inbegriff heißt ‚balance of power'. Dieses Ziel läßt sich beispielhaft an den beiden prominentesten bundesrepublikanischen ‚Friedensdenkern' zeigen: Sowohl C. F. von Weizsäcker als auch Georg Picht propagieren einen, wie soll man sagen, ultraimperialistischen Frieden als Sicherheitsverwahrung der explosiven Weltlage, eben nicht als Befriedung durch isonome Gerechtigkeit. Anders ist ein hiesiger Friedensbegriff wohl auch nicht denkbar. Haben nicht Rosa Luxemburg und Lenin 1907 in Stuttgart das ‚Friedensproblem' im Kapitalismus bündig umrissen? „Kriege liegen im Wesen des Kapitalismus; sie werden erst aufhören, wenn die kapitalistische Wirtschaftsordnung beseitigt ist oder wenn die Größe der durch die militärisch-technische

60 Lenin, Werke Bd. XVIII (Berlin 1962), S. 19
61 Marx, Krieg – Streiks – Teuerung (1853), MEW IX, S. 449 f
62 Bernhard Semmel, The Rise of Free Trade Imperialism. Classical Political Economy, the Empire of Free Trade and Imperialism 1750–1850, Cambrigde 1970

Entwicklung erforderlichen Opfer an Menschen und Geld und die durch die Rüstung hervorgerufene Empörung der Völker zur Beseitigung dieses Systems treibt"[63].
Allerdings: heute noch auf eine Giganthanasie zu warten, wie G. F. Nicolai die Selbstentleibung des Drohsystems aus Überentwicklung naturgeschichtlich kennzeichnete, oder auf spontane Empörung gegen die Rüstung, die sich mit Vollbeschäftigung legitimiert, mutet nachgerade naiv an. Folglich bleibt Frieden als Gewaltlosigkeit *und* Gerechtigkeit nur jenseits des Kapitalismus erreichbar, und Friedensforschung und Revolutionstheorie müssen demgemäß ineinanderübergehen. Es heißt bei Ekkehart Krippendorff: „Die Friedensforschung wird es sich zur notwendigen Aufgabe machen müssen, legitime, d. h. nicht total zerstörerische Formen von gesellschaftlich-politischer Gewaltanwendung zur Durchsetzung sozialen Wandels – sozialer Revolutionen – . . . auch zu legitimieren"[64]. Theodor Ebert erhebt gleichwohl seine Stimme gegen die Verknüpfung von Revolution, Sozialismus und Friedensarbeit. Während ein aktiver Pazifist wie Kurt Hiller gezwungenermaßen einsah: „Erst die Herren einer sozialistischen Erde werden imstande sein, die Quellen der Kriegsgefahr zu verstopfen"[65], besteht Ebert noch heuer auf der Scheidung von Friedensforschung (Friedhoffriedens-Forschung?) und Revolutionstheorie. „Wollte sich die Friedensforschung", so argwöhnt er, „nun aber schwergewichtig oder ausschließlich auf die Überwindung struktureller Gewalt festlegen, liefe sie Gefahr, zu einer Revolutionsforschung zu werden, welche die Anwendung persönlicher Gewalt zur Beseitigung struktureller Gewalt für zulässig hält". Und er begründet seine Ablehnung: „Es kann nicht die Aufgabe der Friedensforschung sein, die Lehre vom gerechten Krieg durch die Lehre von der gerechten Revolution zu ersetzen"[66]. Eberts schiefer Bezug zur ‚Lehre vom gerechten Krieg' läßt freilich den Schluß zu, daß für ihn Revolutionen – wie einst pseudolegitime Kriege – allein Folge vom Zaun gebrochener Beutezüge sind, mit Rechtfertigungen je nach Gusto. Was aber hat Eberts Friedensforschung im Sinn? Ihre wichtigste „innovative innenpolitische Aufgabe" sei, sich und ihre Gesellschaft aus dem „Dilemma der Alternative gewaltsamer Revolution oder reformistischer Anpassung an das Bestehende" zu lösen[67]. Von diesem Entweder-Oder befreit, balanciert sie auf dem goldenen Mittelweg des Wunschdenkens. Affirmativ!
3) Neuralgische Zone der theoretischen Biografie Eberts ist

63 Luxemburg/Lenin, Internationaler Sozialistenkongress 1907 in Stuttgart, Berlin 1907, 85 f
64 E. Krippendorff (Hg.), Friedensforschung, Köln/Berlin 1968, S. 22 (Einleitung
65 K. Hiller in: *Die Weltbühne* 1931/2, S. 253
66 Ebert (Anm. 41), S. 15
67 Ebert a. a. O., S. 28

seine Formulierung einer ‚Zivilverteidigung' als „Einsatz gewaltloser Kampftechniken zur Aufrechterhaltung sozialer und rechtsstaatlicher Verhältnisse gegen Versuche illegaler Machtergreifung von innen und außen"[68]. Wir wollen Ebert nicht anlasten, daß durch die Maschen solcher Definition jeder geschickte Staatsstreich von Rechts legal durchschlüpft. Wir wollen ihm nicht vorwerfen, daß sein Legalitätsbegriff zu wertfrei ansetzt. Gültiges Recht erwies sich immer als Klassenrecht, als biegsames Recht mithin. Von diesem Vorverständnis gehen heute immerhin auch schon konservative Abhandlungen aus. Wir wollen nicht fragen, ob Ebert seine ‚sozialen und rechtsstaatlichen Verhältnisse' bereits als verteidigungswertes Optimum anbietet und ob er damit bewußt von seiner früheren Auflehnungsdiskussion abrückt. Uns will scheinen, daß Ebert diese Widersprüche nicht sieht. Er verkennt offenbar auch, daß nach Erfahrung einer inhärenten Faschismusdrift der sogenannten Mittelparteien (CDU/CSU saugen die NPD auf) die Verhütung einer ‚illegalen Machtergreifung von innen' einzig auf radikallinke Absichten reflektiert. Somit agiert dies Modell im Sinne der ‚Bundesberichte über extreme Tätigkeiten' innenpolitisch anti-sozialistisch. Ebert entgeht ferner, daß in den Wechselbeziehungen des imperialistischen Drohsystems keine deutliche Linie mehr zwischen Angriff und Verteidigung zu ziehen ist. Diesem Irrglauben saß schon die SPD vor 1914 auf. Jede Verteidigungspsychose rechtfertigt sich auf diese Weise und so auch die zum Friedenserhalt erklärte Kriegsübung in der Bundeswehr. Unter den heutigen Bedingungen des Kalten Krieges gegen das System von 1917 vermischen sich Verteidigung und Angriff zur sogenannten ‚Vorwärtsverteidigung'. Will zudem die ‚Zivilverteidigung' zwar organisiert aber untermilitärisch auftreten, bleibt diese Absicht entweder unrealistisch oder sie endet schließlich als ‚Territorialverteidigungsersatz'. Eine ‚Zivilverteidigung', die nach Eberts Wunsch wirklich staatsfrei die Aktion: ‚Was tue ich gegen die Roten, wenn sie kommen' üben möchte und ihre Richtlinien den Familienvätern ins Haus schickt, ist SPRINGER-Latein. Die institutionsfreie Zivilverteidigung kann konkret erst im Besetzungsfall durchgeprobt werden, aber wer sollte uns morgen überfallen? Die sozialistische Revolution kann per Definitionen keinen militärischen Export ihrer Gesellschaftsform betreiben – die Angst davor ist eine Fiktion des Kalten Krieges. Dementsprechend liegt auch der ‚Zivilverteidigung' ‚nach außen' eine antikommunistische Verteidigungspsychose zugrunde. ‚Krieg im Frieden üben', ganz im Sinne der Bundeswehr. Und endlich: ‚Zivilverteidigung', die analog zum Zeitraum 1939/1945 gegen eine faschistische Oberherrschaft anzutreten hätte, hat nur zwischen Unterwerfung und Gewaltaufwand (Auflehnung als

68 Ebert, Die Entwicklung der sozialen Verteidigung. Subsidiaritäts- und Umrüstungskonzeptionen. In: Civilian Defense. Ein neuer Weg zur Abrüstung und Sicherheit? Bielefeld 1968, S. 33 ff (33)

Verschleiß der Oppression) zu wählen, das dürften die Partisanenbewegungen in Europa oder die Befreiungsversuche in den Spätkolonien schlüssig beweisen. Prinzipielle Gewaltlosigkeit wäre Verrat. Eine appellative ‚Strategie kalkulierten Leidens' (Ebert) kann ausschließlich – und auch dort nicht immer – in einer intakten Öffentlichkeit fungieren, die im Faschismus und Kolonialismus überhaupt nicht existiert, im Neofeudalismus der westlichen Industriestaaten nur rudimentär überlebte, weil ‚Öffentlichkeit' schon lange nicht mehr Aufklärung, sondern Manipulation erstrebt. Konfrontiert mit Gesellschaften, „die sich Staaten lügen und doch nur übertünchte Kerker sind"[69], deucht es leichtsinnig, eher noch unmenschlich, das Seinsleid sinnlos steigern zu wollen als Demonstrativleid, obgleich die existierende Leidsumme ohne Eindruck auf die parasitären Eliten bleibt.
Grundlage seiner Argumentation ist für Ebert eine anthropologische Richtung, an der sich die verborgene Untiefe seiner Vorschläge vielleicht zentral vermitteln läßt. Lessings Anzüglichkeit: Nicht jeder ist frei, der seiner Ketten spottet!, muß auch Ebert treffen. In seinen Texten bedient sich Ebert bei Gelegenheit der Ausführungen Arthur Schopenhauers über das Mitleid, wo dieser schreibt: „Mitleid ganz allein ist die wirkliche Basis aller freien Gerechtigkeit und aller echten Menschenliebe (. . .) Sobald dieses Mitleid rege wird, liegt mir das Wohl und Wehe des Anderen unmittelbar am Herzen, ganz in der selben Art . . ., wie sonst allein das meinige: also ist jetzt der Unterschied zwischen ihm und mir kein absoluter mehr"[70]. Dieses Mitleid, die aristotelische Sympathie, bestimmt ganz im Sinne von J. J. Rousseau, daß „nichts auf Erden es wert ist, mit Blut bezahlt zu werden"[71]. Solch anthropologisches Versöhntsein hält aber leider dem Realitätstest nicht Stand. Ein Blick auf die Tradition der bürgerlichen Ethik läßt einsehen, daß oberhalb derartiger Altruismen, in der harten Welt des Egoismus, ausschließlich der menschliche Gebrauchswert zählt. Gerade die philanthropischen Anläufe der bürgerlichen Sozialphilosophie demaskieren sich als anti-humanistisch, weil sie über die realen Sozialantagonismen – Ebert variiert nur die bürgerliche Sitte – Ethik gießen und sich so karitativ entschuldigen für die mitleidslose Tat. Samuel Johnson dünkte der Zwiespalt noch unerklärlich, daß die seriösesten Verteidiger der Menschenrechte und Bürgerfreiheiten in der Amerikanischen Unabhängigkeitsbewegung 1776 zur gleichen Zeit und ohne merkliche Skrupel auch Sklaventreiber waren. Die unabwendbare Ambivalenz des bürgerlichen Humanismus' liegt in der Rollentrennung von persönlicher Haus-

69 Feuerbach (Anm. 8), S. 37
70 Arthur Schopenhauer, Die beiden Grundprobleme der Ethik (1841), Berlin o. J. (Hg. C. Hermann), S. 277 f
71 J. J. Rousseau an A. M. D'Ivernois (29. Januar 1768). In: Oeuvres Complètes de J. J. Rousseau, Bd. IV/2 (Paris 1864) S. 707

ethik und der sozialen Praxis als unmenschliche Verdringlichung. Eine Sozialtheorie, die die Wirtschaftsstruktur als Gewaltanlaß aufdeckt, muß darum im bürgerlichen Sinne anti-humanistisch vorgehen *(progressive Gewalt)*, um die Tür aufzustoßen für den endlichen Einklang von Ethik und Praxis im Sozialismus. „Der Anhänger des sozialistischen Humanismus versteht, daß die Erfüllung seiner Forderungen Kampf bedeutet, daß die Sache, der er dient, gesellschaftlich bedingt ist und bestimmte Veränderungen der gesellschaftlichen Beziehungen erfordert." Adam Schaff fügt seiner Erklärung hinzu: „Im Namen der Nächstenliebe und des allgemeinen Wohlwollens verkündet er den Klassenkampf, verkündet er – obwohl dies wie ein Widerspruch klingt – Haß gegen die Unterdrücker im Namen der Liebe zum Menschen"[72]
Im Namen der Menschenliebe läuft Eberts Theorie hingegen, wie wir sahen, auf eine Passivisierung der Aufmüpfigen hinaus. Ähnlich wie bei Schopenhauer: „Denn grenzenloses Mitleid mit allen lebenden Wesen ist der festeste und sicherste Bürge für das sittliche Wohlverhalten und bedarf keiner Kasuistik. Wer davon erfüllt ist, wird zuverlässig keinen verletzen. Keinen beeinträchtigen. Keinem wehe thun, vielmehr mit Jedem Nachsicht haben, Jedem verzeihen ..."[73]. Daß ein absolutes ‚neminem laede', wie schon Max Scheler sah, „in jeder seiner möglichen Formen prinzipiell wertblind"[74] ist und so immer konservativ wirkt, bezeugt nicht allein die bei Ebert spürbare soziale Indifferenz, ja sein Anti-Sozialismus, sondern läßt sich exakt an Schopenhauers eigener Haltung zur Revolution von 1848 ablesen, in der es um die Verwirklichung all der ergreifenden Worte ging. In einem Brief beschreibt der Philosoph die Vorfälle vom September 1848 in Berlin: „Denken Sie ..., eine Barrikade auf der Brücke und die Schurken bis dicht vor meinem Hause ...: plötzlich Stimmen und Geboller an meiner verschlossenen Stubenthür: ich, denkend, es sei die souveräne Kanaille, verrammle die Thüre mit der Stange". Zum Glück, schildert Schopenhauer weiter, waren es aber nur Truppen der Regierung, die ein besseres Schußfeld auf die Barrikaden der Freiheitskämpfer suchten. „Aus dem ersten Stock rekogniscirt der Officier das Pack hinter den Barrikaden: sogleich schicke ich ihm den großen doppelten Opernkucker"[75]. Nun ja: „Die That ist der harte Probierstein aller unserer Überzeugungen" (A. Schopenhauer).
Auf welcher Seite der Barrikaden werden die Vertreter der Gewaltfreiheit stehen?

72 Adam Schaff, Marx oder Sartre?, Wien/Köln/Stuttgart/Zürich 1964. S. 74
73 Schopenhauer (Anm. 70), S. 308
74 Max Scheler, Zur Phänomenologie und Theorie der Sympathiegefühle, Halle 1913, S. 2; auch S. 81 ff
75 Schopenhauer am 2. März 1849 an J. Frauenstädt. In: Der Vorkampf deutscher Einheit und Freiheit (Hg. T. Klein), Ebenhausen b. München o. J. (1925), S. 309

Martin Klein

Juristischer Ratgeber

Der Kriegsdienstverweigerer vor Gericht

Die Anerkennung eines Kriegsdienstverweigerers durch ein staatliches Prüfungsgremium (Prüfungsausschuß, Prüfungskammer, Verwaltungsgericht, Bundesverwaltungsgericht)[1] setzt voraus, daß sich dieses Gremium vorher davon überzeugt, der Kriegsdienstverweigerer habe eine Gewissensentscheidung gegen den Kriegsdienst mit der Waffe getroffen. Diese Überzeugung bildet sich das Gremium in der Regel durch eine Beweisaufnahme: es befragt den Verweigerer über seine Einstellung zum Krieg und zu anderen Problemen, aber auch über seinen Lebenslauf und seinen Lebenswandel. Der Umkreis der möglichen Fragen an den Kriegsdienstverweigerer ist weit gesteckt. § 26 Abs. 4 des Wehrpflichtgesetzes (WehrPflG) formuliert dies so: „Die Ausschüsse haben bei ihrer Entscheidung die gesamte Persönlichkeit des Antragstellers und sein sittliches Verhalten zu berücksichtigen."

Die Befragung des Verweigerers ist das wichtigste Beweismittel dieses Verfahrens.[2] Daneben kommt noch eine Befragung von Zeugen,[3] selten auch von psychologischen Sachverständigen,

---

1 Die maßgebenden Vorschriften, also ihre Zusammensetzung, das von ihnen anzuwendende Verfahren und die Rechtsmittel der Betroffenen sind in der Verwaltungsgerichtsordnung (VwGO) (Textausgaben im Buchhandel, z. B. Beck'sche Textausgabe) und im Wehrpflichtgesetz (WehrPflG) (Textausgaben ebenfalls im Buchhandel, z. B. Beck-Text „Wehrpflicht und Soldatenrecht", eine Sammlung der wichtigsten einschlägigen Gesetze für Soldaten und Kriegsdienstverweigerer) enthalten. Beide Gesetze, VwGO und WehrPflG, sind neueren Datums und deshalb klar gegliedert und ohne allzu große Schwierigkeiten lesbar. Man kann sich das Lesen von Gesetzen sehr erleichtern, wenn man zunächst einmal gründlich die Inhaltsübersicht studiert. Die Lektüre ist sehr empfehlenswert, vor allem, wenn man vor dem Verwaltungsgericht klagt.
Der Kommentar von Günther Hahnenfeld, München 1969, erläutert die Vorschriften des Wehrpflichtgesetzes gründlich und so verständlich, daß auch ein Nichtjurist damit umgehen kann.

2 So die ständige Rechtsprechung des Bundesverwaltungsgerichts (BVerwG). In anderen Prozeßarten ist die Parteivernehmung, d. h. die Befragung von Klägern oder Beklagten nur ein sekundäres Beweismittel, weil man allgemein annimmt, das Interesse der Partei am Ausgang des Verfahrens behindere ihre Wahrheitsliebe. Der zu vernehmenden Partei, also auch dem Verweigerer, steht ein Aussageverweigerungsrecht zu. Macht die Partei davon aber keinen Gebrauch, steht sie unter strenger Wahrheitspflicht, kann auf ihre Aussage beeidigt und bei falscher eidlicher oder uneidlicher Aussage bestraft werden.

3 Nach der Rechtsprechung des BVerwG kommt in erster Linie eine

in Betracht. Diese Personen werden danach gefragt, was sie aus ihrer Bekanntschaft mit dem Verweigerer über dessen Einstellungen und Verhalten in Erfahrung gebracht haben.
Nach Abschluß der Beweisaufnahme, die den „Sachverhalt“ Gewissen so gründlich wie möglich aufklären soll,[4] bildet sich das Prüfungsgremium eine endgültige Überzeugung davon, ob der Antrag des Verweigerers auf Gewissensgründen beruht. Lehnt es den Antrag ab, kann der Verweigerer ein Rechtsmittel (Widerspruch, Klage, Revision)[5] einlegen und eine erneute Verhandlung vor der höheren Instanz verlangen. Gewinnt der Verweigerer dagegen, kann die Wehrverwaltung ein Rechtsmittel einlegen und damit ebenso wie sonst der Verweigerer eine erneute Verhandlung vor der höheren Instanz erzwingen.
Zusammenfassend läßt sich feststellen, daß die Gewissensentscheidung in einem Verfahren geprüft wird, welches sich nach außen nur unwesentlich von anderen Prozeßarten unterscheidet. Diese äußere Ordnung und Unauffälligkeit ist wohl auch die Ursache dafür, daß das Anerkennungsverfahren nach 14 Jahren seiner Anwendung nur noch von den Betroffenen als das empfunden wird, was es in Wahrheit ist: ein Paradox. Staat und Kirchen haben gegen dieses Verfahren offenbar nichts einzuwenden.[6] Auch das rechtstheoretische Schrifttum schweigt bis auf wenige Ausnahmen – und bringt durch sein Schweigen Zustimmung zum Ausdruck.

Vernehmung solcher Personen als Zeugen in Betracht, die wegen naher Verwandtschaft oder sonstiger enger persönlicher Beziehungen zu dem Kriegsdienstverweigerer über seine Einstellung zu der Frage des Kriegsdienstes mit der Waffe mutmaßlich Kenntnis haben; die Vernehmung dieser Zeugen wird nach Auffassung des BVerwG vor allem dann notwendig sein, wenn der Kriegsdienstverweigerer sie im Laufe des gerichtlichen Verfahrens unter Hinweis auf ihre Sachkunde benannt hat (Urteil vom 28. 3. 1968 – BVerwG VIII C 39.67).

4 Nach § 86 Abs. 1 VwGO erforscht das Gericht den Sachverhalt von Amts wegen. Dies verpflichtet im Anerkennungsverfahren das Gericht, alle sich ihm bietenden Erkenntnisquellen sorgfältig auszuschöpfen und insbesondere diejenigen Beweise zu erheben, die sich nach den Umständen des Falls anbieten oder als sachdienlich erweisen könnten (Urteil vom 28. 3. 1968 – VIII C 39.67).

5 Vgl. §§ 68 ff., 132 ff. VwGO und §§ 32 ff. WehrPflG.

6 Ein Ausschuß, der „im Einvernehmen zwischen den beiden Herren Militärbischöfen und dem Herrn Verteidigungsminister“ gebildet wurde, äußerte in einer zunächst geheim gehaltenen Studie vom 1. 4. 1969 zwar heftigen Unmut über das Anerkennungsverfahren. So wurde als „Unzuträglichkeiten“ beanstandet, es würden zu viele Verweigerer anerkannt und es gebe, bedingt durch die Zulassung politischer Motive, zu viele Kriegsdienstverweigerungsanträge. Es handelt sich bei dieser Studie um jene Stufe des Bewußtseins, auf der sich solche feinen Unterschiede wie der zwischen Kritik und Unbehagen leicht verwischen. Das Unbehagen am Versagen einer Rechtsprechung, die den mit dem Verfahren verfolgten instrumentalen Zweck verfehlt habe, ist keine grundsätzliche Kritik am Verfahren, sondern nur dumpfe Urteilsschelte.

Der folgende Beitrag geht davon aus, daß am besten für die bevorstehende „Prüfung“ „präpariert“ ist, wer die inneren Widersprüche des Verfahrens durchschaut. Statt viele mögliche Fragen der Prüfungsgremien und ihre „richtigen“[7] Antworten aufzuzählen, soll der Rahmen beschrieben werden, innerhalb dessen das Gespräch zwischen Richter und Verweigerer stattfindet. Wer einen Stadtplan lesen kann, braucht Straßennamen nicht mehr auswendig zu lernen.
Mit diesem Prinzip der Information soll kein elitärer Anspruch verbunden sein. Es wäre zu wünschen, daß auch der Verweigerer anerkannt würde, dessen Denk- und Sprachvermögen auf alle Fragen nur die eine, ständig wiederholte Antwort zuläßt: „Ich kann aber nicht töten.“ Leider ging dieser Wunsch bisher sehr selten in Erfüllung. Das Anerkennungsverfahren ist eine Art zweites Abitur geworden, welches viele abschreckt, denen das erste verweigert wurde. Alle ernst gemeinten Ermahnungen des Bundesverwaltungsgerichts, man solle junge Kriegsdienstverweigerer mit geringem Sprachvermögen nicht überfordern, haben daran nichts geändert.

Immanente Kritik des Verfahrens

Vor der Erörterung der Selbstwidersprüche des Anerkennungsverfahrens ist noch eine kurze Bemerkung zur Methode der Kritik nötig. Selbstwidersprüche werden nur sichtbar, wenn man die Praxis des Verfahrens an dessen eigener Intention mißt. Welches ist nun die Intention des Anerkennungsverfahrens? Hier sind zwei verschiedene Antworten möglich. Einmal mißt man den Sinn eines solchen Verfahrens nach dessen gesamtgesellschaftlichem Zusammenhang. Auf diese Weise könnte man es als den Sinn des Verfahrens ansehen, den Minderheitscharakter einer bestimmten Gruppe zu garantieren. Dem Verfahren käme hiernach der Charakter einer Schwelle zu, die jeder überschreiten muß, der nicht Kriegs-, sondern Friedensdienst leisten will. Mit der Kontrolle über die Höhe der Schwelle besäße dann der Staat auch eine Kontrolle über die Zahl derer, welche diese Schwelle überschreiten dürfen.[8] Ob eine solche Charakterisierung des Verfahrens angebracht

---

7 Die inzwischen routinierten Prüfungsgremien durchschauen eine kasuistische Präparation längst und nehmen sie übel. Der Verweigerer soll nichts auswendig hersagen, sondern spontan und „inwendig“ sprechen. Viele Fragen sind übrigens auch so gestellt, daß es „richtige“ Antworten nicht geben kann (z. B. Fragen nach der individuellen Notwehr). Gefordert wird hier nur ein Problembewußtsein, das dann eine ernsthafte Gewissensentscheidung vermuten läßt.

8 Vgl. oben Fußnote 6. Die Motivation für eine solche Kontrolle ist formuliert bei Helmut Thielicke, Theologische Ethik, II. Band. 1958, §§ 3744 ff.

sei oder nicht, braucht hier nicht entschieden zu werden. Worum es in diesem Zusammenhang geht, ist allein der Hinweis, daß aus einer solchen Betrachtungsweise das Verfahren kaum als selbstwidersprüchlich, sondern im Gegenteil als ein konsequentes und wirksames Instrument der Minderheitenkontrolle dargestellt werden müßte.
Die Selbstwidersprüche kommen erst in den Blick, wenn man die Frage nach dem Sinn des Verfahrens immanent, d. h. aus dem verfassungsrechtlich erklärten Zusammenhang beantwortet. Die folgende Kritik des Anerkennungsverfahrens argumentiert von diesem streng immanenten Standpunkt aus. Sie wird nicht ohne ein Minimum von Verfassungsinterpretation auskommen, weswegen dieser etwas abstrakte Stoff zunächst an einem – konstruierten – Beispiel veranschaulicht werden soll.

Die Notwendigkeit des Anerkennungsverfahrens

Denken wir uns einen Staat X, in dessen Verfassung die Glaubensfreiheit verbürgt ist. Dieser Staat X erlaubt eines Tages den Kirchenbesuch nur noch solchen Bürgern, die vor einem staatlichen Gericht zuvor nachgewiesen haben, daß sie an Gott glauben. Als Motivation für ein solches Verfahren gibt der Staat X an, er verlange generell von allen Bürgern ein nichtreligiöses Verhalten, dulde aber Ausnahmen in begründeten Einzelfällen.
Im Interesse der Praktikabilität eines solchen Verfahrens wären folgende Schritte nötig: Zunächst müßte der oberste Gerichtshof des Staates X definieren, wer Gott überhaupt ist. Eine solche Definition brauchten alle Gerichte, um unterscheiden zu können, ob der Antragsteller wirklich an Gott glaube oder nur an eine andere religiöse Größe. Sodann würden die Gerichte Grundsätze ausarbeiten, nach denen erkannt werden kann, ob der Antragsteller wirklich glaubt, wie er behauptet, oder doch den Glauben nur vorspiegelt oder gar halluziniert. Schließlich würden die Gerichte dem Gedanken Rechnung tragen, daß die Verfassung des Staates X nur den Glauben schützt, der sich ausschließlich im Kirchenbesuch konkretisiert. Sie würden unter denen, die bereits ihren Gottglauben bewiesen haben, solchen Personen die Anerkennung verweigern, die etwa als Christen nicht nur in die Kirche gehen, sondern im Namen Gottes das nicht-religiöse Selbstverständnis des Staates X ändern möchten. Soweit das Beispiel.
Das Grundgesetz von 1949 garantiert neben der allgemeinen Glaubens- und Gewissensfreiheit (Art. 4 Abs. 1) speziell die Kriegsdienstverweigerung aus Gewissensgründen: „Niemand darf gegen sein Gewissen zum Kriegsdienst mit der Waffe gezwungen werden. Das Nähere regelt ein Bundesgesetz.“ (Art. 4 Abs. 3). Dieses Bundesgesetz, das WehrPflG aus dem Jahre

1956, führte die allgemeine Wehrpflicht ein und machte gleichzeitig die Freiheit zur Kriegsdienstverweigerung von einer staatlichen Anerkennung der Gewissensentscheidung abhängig. Für den Gesetzgeber und auch für die Gerichte schien es klar zu sein, daß zwischen der allgemeinen Wehrpflicht und dem Anerkennungsverfahren ein notwendiger Zusammenhang bestehe. Wer Befreiung von einer allgemein auferlegten Verpflichtung beanspruche und nach der Verfassung auch beanspruchen dürfe, müsse jedenfalls den Nachweis dafür erbringen, daß der Grund der Befreiung – eben die Gewissensentscheidung – bei ihm wirklich vorliege.[9]
Das Problematische dieses Arguments liegt darin, daß die Verpflichtung zum Nachweis von Gewissensgründen doch nur auferlegt werden darf, wenn dieser Nachweis prinzipiell auch erbracht werden kann. Ob der Nachweis wirklich erbracht werden kann, haben die Gerichte niemals theoretisch untersucht. Sie waren und sind damit zufrieden, daß das vom Gesetzgeber geforderte Anerkennungsverfahren praktisch funktioniert.[10]
Gerade das praktische Funktionieren beweist aber nicht die Richtigkeit der hinter der Praxis stehenden Theorie, was der Staat und vor allem die Kirchen eigentlich sehr genau wissen müßten.[11]
Die in einer bestimmten Phase der Strafrechtsgeschichte häufig gestellte Frage, ob die als Hexe angeklagte Frau leibhafti-

---

9 Vgl. Entscheidungssammlung des Bundesverwaltungsgerichts (BVerwGE), Band 9, S. 97 ff. (99 f.); Band 14, S. 146 ff. (149). Die Freiheitsrechte aus Art. 4 Grundgesetz (GG) seien „nicht als Schutz für ein bloßes Lippenbekenntnis geschaffen." Staatliche Prüfungsgremien suchten die materielle Wahrheit. Ihnen gegenüber müsse sich der Kriegsdienstverweigerer offenbaren. Der Simulant habe keinen Anspruch auf Gewissensschutz. „Es liegt auch nicht im Wesen unserer staatlichen Grundordnung, daß sich der einzelne einer allgemeinen gesetzlichen Verpflichtung ohne den Nachweis eines ihr vorgehenden Rechtes entziehen kann."

10 In der grundlegenden Entscheidung des Bundesverfassungsgerichts (BVerfG) vom 20. 12. 1960 (BVerfGE, 12, S. 45 ff.) findet sich nur folgender Satz über das gesamte Problem: „Praktische Schwierigkeiten bei der Beurteilung solcher Sachverhalte müssen in Kauf genommen werden; sie liegen in der Natur der Sache, sind übrigens – wie die bisherigen Erfahrungen zeigen – nicht unüberwindlich" (S. 55/56).

11 Bei den Kirchen gilt es, das offizielle Schweigen von der privat und z. T. auch öffentlich geäußerten Kritik einiger ihrer Mitglieder zu unterscheiden. Aber auch unter denen, die das Anerkennungsverfahren im Grunde als moderne Inquisition ablehnen, hat sich der Pragmatismus durchgesetzt, man solle eher Kriegsdienstverweigerern beistehen, als einen doch erfolglosen Generalangriff gegen das Verfahren führen. Sehr informativ ist die Aufsatzsammlung „Kriegsdienstverweigerung als christliche Entscheidung" (Band 120 der Schriftenreihe „Theologische Existenz heute", herausgegeben von Martin Schröter, München 1966).

gen Umgang mit dem Satan unterhalte,[12] scheiterte auch nicht daran, daß sie praktisch unbeantwortbar war. Im Gegenteil, die Gerichte damals wurden mit der Beantwortung recht gut fertig. Erst die Theorie, damals die Theorie der Aufklärung, wies die Unmöglichkeit dieser Frage nach und es dauerte lange genug, bis die Praxis der Theorie folgte.[13] Die heute zu leistende Aufklärung muß sich gegen das Anerkennungsverfahren für Kriegsdienstverweigerer richten. Wann die Aufklärungsarbeit die nötigen praktischen Erfolge erzielen wird, ist für die unmittelbare Zukunft nicht abzusehen. Bis dahin jedenfalls ist es für den Verweigerer vor einem staatlichen Anerkennungsgremium wichtig zu wissen, daß diese Gremien praktisch aber nicht theoriegeleitet arbeiten. Wer dieses Wissen besitzt, muß sich entscheiden, ob er im Gerichtssaal theoretische Aufklärungsarbeit leisten oder sich der bestehenden Praxis anpassen will. Wer sich für die Anpassung entschieden hat, erhöht seine Anerkennungschance drastisch.

Der Gewissensbegriff und die Überprüfbarkeit der Gewissensentscheidung

Die mit der Anerkennung von Kriegsdienstverweigerern praktisch befaßten Gerichte müssen vor allem drei Fragen stellen: Was ist ein Gewissen? Wie äußert sich eine Gewissensentscheidung in den Augen des Richters? Welche Arten von Gewissensentscheidungen gegen den Kriegsdienst berechtigen zur Verweigerung?

Die erste Frage, was das Gewissen sei, ist durch das Bundesverfassungsgericht beantwortet worden:

„ ‚Gewissen‘ . . . ist als ein (wie immer begründbares, jedenfalls aber) real erfahrbares seelisches Phänomen zu verstehen, dessen Forderungen, Mahnungen und Warnungen für den Menschen unmittelbar evidente Gebote unbedingten Sollens sind . . . Eine Gewissensentscheidung wird – das folgt aus ihrem Wesen – stets angesichts einer bestimmten Lage getroffen, in der es innerlich unabweisbar wird, sich zu entscheiden; der Ruf des Gewissens wird dem Einzelnen vernehmbar als eine sittliche und unbedingt verbindliche Entscheidung über das ihm gebotene Verhalten . . . Als eine Gewissensentscheidung ist somit jede ernste sittliche, d. h. an den Kategorien von ‚Gut‘ und ‚Böse‘ orientierte Entscheidung anzusehen, die der Einzelne in einer bestimmten Lage als für sich bindend und unbedingt verpflichtend innerlich erfährt, so daß er gegen sie nicht ohne ernste Gewissensnot handeln könnte.“ Die Gewissensentscheidung trägt „den Charakter eines unabweisba-

12 Vgl. Eberhard Schmidt, Einführung in die Geschichte der deutschen Strafrechtspflege, 3. Aufl., Göttingen 1965, S. 209 ff.

13 Die letzte Hexenhinrichtung fand noch 1782 in der Schweiz statt (Schmidt, a. a. O., S. 211).

ren den Ernst eines die ganze Persönlichkeit ergreifenden sittlichen Gebots, einer inneren Warnung vor dem Bösen und eines unmittelbaren Anrufs zum Guten."[14]

Diese Definition des Gewissens lehnt sich an theologische und idealistische Gewissenslehren[15] an und hat mit ihnen gemein, ausschließlich von der metaphysischen und seelischen Qualität des Gewissens zu handeln. Damit ist den Richtern noch nicht unmittelbar geholfen, denn sie können das Gewissenserlebnis der fremden Seele nicht beobachten. Es bedarf also noch der zweiten Frage, wie sich ein Gewissenserlebnis des Menschen für den anderen Menschen sichtbar darstelle. Ein unbeobachtbarer Vorgang der inneren Welt muß in einen beobachtbaren Vorgang der äußeren Welt – also sprachliches Verhalten oder Handlungen – übersetzt werden.[16]

Man fragt sich, warum das Bundesverfassungsgericht dann nicht gleich beobachtbare Definitionsmerkmale benutzt habe, die eine weitere Übersetzung überflüssig gemacht hätten. Die Antwort wird jeder von selbst finden, der weiß, wie stark wertphilosophische Gedanken in die amtliche Sprache der Verfassungsinterpretation Eingang gefunden haben.[17] In unserem Zusammenhang kommt es auf die Kritik einer wertphilosophisch orientierten Verfassunginterpretation nicht an, denn auch, wenn man den Standpunkt des Bundesverfassungsgerichts zugrunde legt, ist nachzuweisen, daß eine derartige Übersetzung unmöglich bleibt.

Wie soll sich der unabweisbare innere Zwang gegen Gewaltanwendung gegenüber dem Richter äußern? Man könnte mei-

---

14 Alle Zitate sind der oben Fußnote[10] genannten Entscheidung des BVerfG entnommen. Diese Entscheidung bietet für alle, die sich gründlicher über das Gewissensproblem informieren wollen, einen ersten Einstieg. Sie ist vollständig oder in Auszügen in fast allen Informationsschriften über Kriegsdienstverweigerung abgedruckt. Vgl. auch die ähnlichen Ausführungen in: BVerwGE 7, 242 ff. (246). Zur Vertiefung: Gustav Heinemann, Anmerkung zum Beschluß des BVerfG vom 20. 12. 1960, NJW 1961, S. 335 ff.; Ulrich Scheuner, Der Schutz der Gewissensfreiheit im Recht der Kriegsdienstverweigerer, DöV 1961, S. 201; Ernst-Wolfgang Böckenförde, Das Grundrecht der Gewissensfreiheit, in: Veröffentlichungen der Vereinigung der Deutschen Staatsrechtslehrer, Heft 28, 1970, S. 33 ff.. Das Referat von Böckenförde enthält weitere Literaturhinweise.

15 Einen ausgezeichneten Überblick über die Geschichte der Gewissenslehren gibt Ernst Wolf in „Religion in Geschichte und Gegenwart", 3. Aufl., Band II, Tübingen 1958, Spalte 1550 ff.. Dort finden sich auch weitere Literaturhinweise.

16 Wer sich für dieses Problem interessiert, sei auf die einseitige aber äußerst scharfsinnige Schrift von Rudolf Carnap, Scheinprobleme in der Philosophie, Das Fremdpsychische und der Realismusstreit, Frankfurt 1966, hingewiesen.

17 Vgl. z. B. G. Dürig, Der Grundrechtssatz von der Menschenwürde, AöR 81, 117, und die Einleitungen zur Art. 1 GG in allen großen Grundgesetzkommentaren.

nen, die Psychologie müsse eine Antwort ermöglichen, denn sie sei doch dauernd mit dem Schluß aus äußeren Vorgängen auf psychische Vorgänge befaßt. In der Tat erforscht die Psychologie Einstellungen von Menschen, auch solche zu moralischen Fragen. Sie kann genau angeben, wie sich etwa eine moralische Einstellung nach außen kundtut. Sie kennt auch moralische Einstellungen, die so zwanghaft sind, daß der Mensch ohne schwere innere Konflikte gegen sie nicht verstoßen kann.[18] Aber die aus der Psychologie bekannte moralische Einstellung des Menschen hat mit der vom Bundesverfassungsgericht beschriebenen Gewissensentscheidung nichts zu schaffen. Das Bundesverfassungsgericht rechnet mit der erlebbaren Objektivität ethischer Maßstäbe. Diese Objektivität macht das Spezifische der Gewissensentscheidung aus, während die Psychologie als streng empirische Wissenschaft ihren Begriff vom Gewissen unabhängig von ethischen Kategorien definiert. Den ethischen Gehalt der Gewissensentscheidung kann und will die Psychologie nicht erforschen.[19] Das Bundesverfassungsgericht fängt mit seiner Definition genau dort an, wo die Psychologie aufgehört hat.[20]

---

18 Eine solche zum Konflikt führende Einstellung könnte psychologisch auch „Gewissen" genannt werden.

19 Die einzige psychologische Möglichkeit, einen wie auch immer beschaffenen Gewissensbegriff im Gerichtssaal zu handhaben, wäre die eines streng experimentellen Verfahrens. Alle anderen psychologischen Disziplinen müßten eine Mitwirkung im Gerichtssaal ablehnen, weil sie methodisch nicht auf den validen und reliablen Test, bzw. auf experimentell gesicherte Verfahren, angelegt sind, um die es dem Richter aber gerade gehen muß. Auch die Psychoanalyse könnte erst dann auf den Plan treten und ein zuverlässiges Urteil abgeben, wenn die Entscheidung gegen den Kriegsdienst schon mindestens neurotische Züge trägt.
Die experimentell verfahrende Psychologie unterscheidet sich schon methodisch von dem Vorgehen des Bundesverfassungsgerichts radikal. Keiner der psychologisch gebräuchlichen Begriffe wie Gewissen, Angst, Schuld, Altruismus, Selbstkritik usw. behauptet eine dahinterstehende Realität, wie dies die vom Bundesverfassungsgericht herangezogene Umgangssprache nahelegt. Die psychologische Verwendbarkeit solcher Begriffe hängt von ihrer experimentellen Darstellbarkeit ab. Die vom BVerfG übernommene idealistische Dialektik von Gehorsam und Freiheit entzieht sich der experimentellen Darstellung.
Wie z. B. der Begriff des Gewissens in der experimentell verfahrenden Psychologie gehandhabt wird, zeigt z. B. Justin Aronfreed, Conduct and Conscience, New York, London 1968.

20 Scheuner interpretiert die Definition des BVerfG mit Recht so, daß damit alle „psychologisch-soziologischen Deutungen abgewiesen (seien), die das Gewissen nicht aus einer echten sittlichen Autonomie heraus verstehen." A. a. O., S. 203, Anm. 13. Es scheint niemanden, auch Scheuner nicht, zu beunruhigen, daß damit die Beweiswürdigung, die doch selbst im Idealfall nichts anderes sein kann als empirische Forschung, im Verfahren des Kriegsdienstverweigerers zur metaphysischen Disziplin wird.

Zur Veranschaulichung dieser Behauptung soll wieder ein Beispiel dienen: Die Psychologie würde aus dem regelmäßigen Kirchenbesuch einer Person und aus einer Reihe anderer Handlungen im Sinne der Kirche auf eine bestimmte moralische Einstellung schließen, während der evangelische Christ es gerade ablehnt, aus der Gerechtigkeit der äußeren Werke des Menschen auf sein Gewissen zu schließen.
Mehr als die Psychologen können aber auch die Richter nicht leisten, die den Verweigerer im besten Fall unter Zuhilfenahme der Psychologie auf einen Sachverhalt hin untersuchen, den es in der Psychologie nicht gibt. Dieser beste Fall tritt zudem niemals ein, weil die Richter nicht mit den exakten Maßstäben der wissenschaftlichen Psychologie arbeiten, sondern mit den Maßstäben der vorwissenschaftlichen Alltagsanschauung.[21] Vor dieser Anschauung darf sich allerdings schon der, aber auch nur der, einen Christen nennen, der die Kirche regelmäßig besucht oder wenigstens seine Innerlichkeit auf andere Weise nach außen darstellt (Teilnahme an einem Erstehilfekurs, Zensur im Religionsunterricht, sichtbare innere Konflikte nach Verkehrsunfällen, auffälliges Außerachtlassen des eigenen Vorteils im Geschäftsleben, das Ringen nach Worten bei der Beschreibung der eigenen Gesinnung, Beschäftigung mit dem Schuldproblem in der Literatur, milde Stimme).
Der Verweigerer muß dem Prüfungsgremium genügend abfragbares und durch Zeugen zu bestätigendes Material anbieten, welches nach der Alltagsanschauung den Gewissensmenschen auszeichnet.
Nun hält der Alltag keine in sich geschlossene Konzeption vom Gewissensmenschen bereit. Die Alltagsanschauungen setzen sich aus den verschiedensten Quellen zusammen, ohne an deren gegenseitiger Unvereinbarkeit Anstoß zu nehmen.[22] Man ist auf Vermutungen angewiesen, wenn man diesen Typ näher beschreiben will.
Es scheint, als unterhalte der Gewissensmensch ein gebrochenes Verhältnis zu Vernunft und Politik. Einerseits reflektiert er den rationalen und politischen Gehalt seiner Gewissensentscheidung, andererseits trifft er seine Gewissenentscheidung dann doch unabhängig von rationalen und politischen Erwägungen und hält an ihr notfalls gegen alle rationalen Gründe fest. Die Rechtsprechung verlangt vom Verweigerer eine dem jeweiligen Bildungsstand entsprechende sorgfältige Abwägung des Für und Wider der Kriegsdienstverweigerung, lehnt aber gleichzeitig eine rein rationale Entscheidung zur

21 Wem diese Behauptung zu kühn vorkommt, lese Paul Bockelmann, Strafrichter und psychologischer Sachverständiger, in: Goldammer's Archiv für Strafrecht, Jahrgang 1955, S. 321 ff., oder Erich Döhring, Die Erforschung des Sachverhalts im Prozeß, Berlin 1964.
22 So ist in der alltäglichen Anschauung vom Gewissensmenschen schon Freuds Über-Ich-Lehre ansatzweise vulgärrezipiert, aber gleichzeitig sind es noch die katholischen Gewissenslehren.

Kriegsdienstverweigerung ab. Zu den rationalen Gründen, die niemals mehr als den Charakter eines Motivs tragen dürfen, muß noch die Gewissenentscheidung hinzutreten. Das gleiche gilt von den anderen anerkannten Motiven wie Gefühl, Religiosität und Weltanschauung, die zwar als Umgebung der Gewissensentscheidung benötigt werden, aber allein zur Begründung des Antrags nicht ausreichen.[23]

Ebenso unklar ist das Verhältnis von Gewissen und Sozialisation bei dem Gewissensmenschen. Einerseits wird es akzeptiert, daß ein plötzliches Gewissenserlebnis den Saulus zum Paulus macht, – so z. B., wenn der in wehrwilliger Umgebung erzogene Soldat beim Übungsschießen auf sogenannte Pappkameraden entdeckt, daß er Menschen nicht töten kann –, andererseits wird auch sorgfältig nach der Kindheit des Verweigerers und nach der Einstellung von Eltern und Lehrern zum Krieg gefragt.[24]

Schließlich soll es eine Eigenart des Gewissensmenschen sein, daß er sich mit seiner eigenen Entscheidung schwer tut und meistens seine Urteile nur für sich selbst abgibt. Anderen Personen – auch seinen Gegnern – billigt er umso bereitwilliger Gewissensgründe zu. Viele militante Pazifisten platzen in der Verhandlung mit der Bemerkung heraus, alle Soldaten seien Mörder, und haben dann wegen dieser Bemerkung viele Schwierigkeiten.

Selbstverständlich ist der Gewissensmensch stets höflich, lügt niemals und verwickelt sich beim Argumentieren nicht in Widersprüche.

Es sei noch erwähnt, daß das Bild vom Gewissensmenschen unterschiedlich ausfällt, je nachdem, ob der Gewissensmensch den Kriegsdienst verweigert oder etwa als Abgeordneter nur seinem Gewissen unterworfen ist (Art. 38 Grundgesetz). Mit der Gruppe wechselt auch der Phänotyp.

Diese Beispiele sollten die Qualität der Schlußfolgerungen beleuchten, zu denen die Prüfungsgremien im Interesse der justitiellen Handhabung von Gewissensentscheidungen von ihren eigenen Voraussetzungen her gezwungen sind. Sie sollen nicht

---

23 s. dazu unten den Abschnitt „Politische Verweigerung".

24 Dies beruht wieder auf der Gewissenslehre der Gerichte: „Danach kann es nicht zweifelhaft sein, daß das innere Bewußtsein im einzelnen Menschen von Natur aus ursprünglich vorhanden sein muß, wobei es dahingestellt bleiben kann, ob nach der Einstellung des einzelnen dieses Vorhandensein auf die Einwirkung einer höheren Macht als ‚unmittelbare Stimme Gottes' oder auf die dem Menschen innewohnenden naturrechtlichen Normen zurückgeführt wird. Dieses ‚Gewissen' genannte Bewußtsein kann erwachen, aus sich allein heraus tätig werden und den Gewissensträger zu einem seiner Meinung nach richtigen Handeln anleiten. Häufig wird das Gewissen aber auch von außen Anregungen erhalten. Es wird durch äußere Einflüsse geweckt und veranlaßt werden, zu einem bestimmten Ereignis Stellung zu beziehen und nach innerer Prüfung eine Entscheidung zu treffen" (BVerwGE, 7, 242/246/).

beweisen, daß Richter Vorurteile haben, sondern vielmehr, daß ohne solche Vorurteile das Anerkennungsverfahren abgeschafft werden müßte. Schließlich sollen diese Beispiele keine Präparation für den Verweigerer bedeuten. Der Verweigerer kann sich die nötige Kenntnis solcher Alltagsanschauungen besser verschaffen, wenn er viel mit wehrwilligen Personen seiner Umgebung über seine Kriegsdienstverweigerung diskutiert. Wahrscheinlich wird er diese Personen nicht vom Prinzip der Gewaltlosigkeit überzeugen können. Dies muß er auch nicht vor den Prüfungsgremien.[25] Aber er sollte diese Personen so weit bringen, daß sie ihm die vorgetragenen Gewissensgründe als glaubhaft abnehmen. Gelingt es ihm dort nicht, wird es ihm wahrscheinlich auch vor Gericht nicht gelingen.

Die situationsbedingte Kriegsdienstverweigerung

Viele Kriegsdienstverweigerer werden nicht anerkannt, obwohl ihnen die Prüfungsgremien bescheinigen, daß ihre Verweigerung auf Gewissensgründen beruhe. Es sind dies die Fälle, welche in der Rechtsprechung als „situationsbedingte" oder „partielle" Kriegsdienstverweigerung bezeichnet werden. Anerkannt wird nur, wer eine „generelle" oder „absolute" Gewissensentscheidung getroffen hat. Die Unterscheidung zwischen der partiellen und der generellen Verweigerung ist nicht leicht zu verstehen. Sie muß aber dem Verweigerer geläufig sein, weil viele Fragen der Prüfungsgremien nur deshalb gestellt werden, um die Klassifikation des Antrags als partielle oder generelle Verweigerung zu ermöglichen.
Vielleicht versteht man das Problem am leichtesten, wenn man Art. 4 Abs. 3 Grundgesetz noch einmal liest, diesmal aber mit einer besonderen Betonung: „Niemand darf gegen sein Gewissen zum Kriegsdienst *mit der Waffe* gezwungen werden." Wer auf die Wörter „mit der Waffe" eine besondere Betonung legt, ist vielleicht bereit, einzusehen, daß eine nur gegen den Kriegsdienst gerichtete Gewissensentscheidung durch das Grundgesetz nicht geschützt werden soll, sondern, daß die Gewissensentscheidung gerade gegen den Waffendienst und zwar gegen den „Waffendienst schlechthin" gerichtet sein muß. Das Bundesverfassungsgericht sagt hierzu: „Die Entscheidung muß sich ihrem Inhalt nach gegen den Waffendienst schlechthin richten; sie ist insoweit eine generelle, ‚absolute' Entscheidung. Gemeint ist das Gewissensverbot, Waffen, gleichviel welcher Art, zu führen; das Gewissen verbietet ein Tun, das unmittelbar darauf gerichtet ist, mit – den jeweils zur Verwendung kom-

25 BVerfG, a. a. O., S. 56: „Die richterliche Prüfungsbefugnis geht jedenfalls nicht so weit, daß die – einmal als solche erkannte – Gewissensentscheidung in irgendeinem Sinn, etwa als ‚irrig', ‚falsch', ‚richtig', bewertet werden dürfte."

menden – Waffen Menschen im Kriege zu töten." Es könne nicht anerkannt werden, wer „geltend macht, sein Gewissen verbiete ihm nicht den Kriegsdienst mit der Waffe schlechthin, sondern lediglich die Teilnahme an bestimmten Kriegen, etwa am Kriege gegen bestimmte Gegner, unter bestimmten Bedingungen, in bestimmten historischen Situationen, mit bestimmten Waffen."[26]

Wer diese Sätze des Bundesverfassungsgerichts als richtige Auslegung des Grundgesetzes anerkennt, wird dann auch einsehen können, daß § 25 des WehrPflG inhaltlich dasselbe sagt: „Wer sich aus Gewissensgründen der Beteiligung an jeder Waffenanwendung zwischen den Staaten widersetzt und deshalb den Kriegsdienst mit der Waffe verweigert . . .". Das Bundesverfassungsgericht meinte, § 25 des WehrPflG sei mit Art. 4 Abs. 3 Grundgesetz inhaltlich vereinbar und deshalb nicht verfassungswidrig. Allerdings hat es immer Juristen gegeben und es gibt sie noch heute,[27] die eine solche Interpretation der Verfassung durch das WehrPflG und das Bundesverfassungsgericht für falsch halten. Sie sehen in § 25 des WehrPflG eine echte Einschränkung der grundrechtlich geschützten Freiheit und halten diese Vorschrift für verfassungswidrig. Ob der Gesetzgeber oder das Bundesverfassungsgericht eines Tages von ihnen überzeugt werden können, ist aber aus vielen Gründen sehr unwahrscheinlich.

Die Unterscheidung zwischen genereller und partieller Kriegsdienstverweigerung hat weitreichende praktische Konsequenzen. Wer „nur" deshalb den Kriegsdienst verweigert, weil er nicht an bewaffneter Aggression teilnehmen will, aber durchaus die Abwehr solcher Aggression oder die revolutionäre Befreiungsaktion mit seinem Gewissen vereinbaren kann, ist zur Kriegsdienstverweigerung nicht berechtigt. Ebenso wird abgelehnt, wer nicht darauf vertrauen mag, daß unser Staat das Verbot des Angriffskrieges (Art. 26 Grundgesetz) unter allen Umständen beachten werde.[28] Allen diesen Verweigerern erkennen die Prüfungsgremien eine Gewissenentscheidung zu, aber sie erkennen sie nicht als Kriegsdienstverweigerer aus Gewissensgründen an.[29]

---

26 BVerfG, a. a. O., S. 56 f.
27 Zuletzt Ernst-Wolfgang Böckenförde, a. a. O., S. 73 ff.
28 Vgl. hierzu kritisch: Gustav Heinemann, a. a. O.
29 Das BVerfG unterscheidet von den situationsbedingten Gewissensentscheidungen, die durch das Grundgesetz nicht geschützt seien, die Fälle der situationsbedingten Motive, die den Schutz nicht ausschließen: „Wer den Kriegsdienst mit der Waffe schlechthin verweigert, kann dies tun, weil er grundsätzlicher (‚dogmatischer') Pazifist ist, dem sein Gewissen notwendig die Teilnahme an jedem Krieg verbietet, da er eben den Krieg selbst unbedingt und in jeder historischen Situation verwirft; er kann es aber auch heute und hier allgemein ablehnen, Kriegsdienst mit der Waffe zu leisten, weil ihn Erlebnisse oder Überlegungen dazu bestimmen, die nur für die augenblickliche historisch-politische Situation Gültigkeit besitzen,

Wenn der Vorsitzende des Prüfungsausschusses fragt, ob der Verweigerer an der polnischen Verteidigung gegen den deutschen Einmarsch 1939 teilgenommen hätte und der Verweigerer diese Frage bejaht, muß der Prüfungsausschuß diesen Verweigerer ablehnen. Neben allen juristischen Bedenken gegen eine solche Ablehnung wird man sich fragen, ob nicht wenigstens die deutsche Geschichte eine andere Beurteilung nahegelegt hätte. Denken wir an den tatsächlich eingetretenen Fall, daß der Vorsitzende des Prüfungsausschusses offen zugibt, er habe selbst an dem Einmarsch in Polen teilgenommen. Er darf jetzt einige Jahrzehnte danach einen Kriegsdienstverweigerer schriftlich belehren, die Ablehnung beruhe auf dessen Einstellung zum Polenfeldzug.
Wer „nur" deshalb den Kriegsdienst verweigert, weil er einen in der DDR lebenden Bruder besitzt und unter keinen Umständen an einem Krieg gegen die DDR teilnehmen will, wird abgelehnt. Wer „nur" auf seinen Bruder nicht schießen will, darf dazu gezwungen werden, auf ihn zu schießen.

Politische Verweigerung

Niemand wird bestreiten, daß jede individuelle Entscheidung für die Gewaltlosigkeit zwischen den Staaten eine politische Entscheidung ist. Deswegen wird aber noch nicht jeder als Kriegsdienstverweigerer anerkannt, der in der Verhandlung mit vielen Argumenten und Beispielen aus der Innen- und Außenpolitik die politische Notwendigkeit einer solchen Entscheidung darzustellen vermag. Politische Überlegungen reichen zur Anerkennung noch nicht aus, selbst wenn das Prüfungsgremium den Eindruck gewinnt, der Verweigerer habe bei seinem Vortrag nicht nur ein intellektuelles Feuerwerk abgebrannt, sondern auch seine feste politische Überzeugung geäußert. Viele Verweigerer, die ihre Entscheidung politisch verstehen, sind dann sehr erstaunt, wenn ihr Anerkennungsantrag später abgelehnt wird.
Sie haben den durch Art. 4 Abs. 3 Grundgesetz gewährten Minderheitenschutz überschätzt oder genauer: Sie haben den nach der amtlichen Interpretation durch Art. 4 Abs. 3 Grundgesetz gewährten Minderheitenschutz überschätzt. Nach dieser Interpretation ist – vereinfachend gesagt – nicht geschützt,

ohne daß sie notwendig zu jeder Zeit und für jeden Krieg gelten müßten. Nicht der Inhalt, das unmittelbare Ziel seiner Weigerung, sondern seine Motive sind ‚situationsbedingt'." Diese Stelle (a. a. O., S. 60) ist jedenfalls insofern klar, als sie nicht von dem Erfordernis abrückt, daß die Gewissensentscheidung generell sein muß. Wer wie der Verfasser zwischen der Gewissensentscheidung und ihren Motiven schon intellektuell nicht scharf zu unterscheiden vermag, gewinnt kein rechtes Verständnis für den übrigen Sinn dieser Passage.

wer nicht töten *will*, geschützt ist nur, wer nicht töten *kann*. Das Zentrum dieser Interpretation ist wiederum der Begriff des Gewissens in Art. 4 Abs. 3 Grundgesetz. Die Gewissensentscheidung oder Gewissensüberzeugung ist danach nicht ein bloßer Sonderfall unter den Überzeugungen des Menschen, sondern ihnen gegenüber etwas qualitativ anderes. Gegenüber der Gewissensentscheidung besitzt die politische Überlegung und Überzeugung nur den Charakter eines Motivs. Die Rechtsprechung erkennt zwar an, man könne auf Grund von politischen Überlegungen zu einer Gewissensentscheidung gegen den Kriegsdienst mit der Waffe gelangen, aber sie meint damit nur, die Gewissensentscheidung könne durch viele Einflüsse ausgelöst werden, darunter auch durch politische Überlegungen. Der entscheidende Akt, auf den es vor Gericht allein ankommt, ist aber nach wie vor die Gewissensentscheidung. Dies wird in einem Urteil des Bundesverwaltungsgerichts[30] besonders deutlich. Über den Verweigerer (hier Kläger genannt) war in diesem Fall festgestellt worden, daß er „von früher Jugend an durch den Einfluß und die Erziehung in seinem Elternhause, durch den Verkehr, den er mit gleichgesinnten Freunden während seiner Lehrzeit gehabt hat, und schließlich durch die Umgebung in seinem Berufsleben zu einer fest geformten und im einzelnen genau umrissenen politischen Auffassung gelangt ist, die ihn zu einem ausgesprochenen und bedingungslosen Kriegsgegner hat werden lassen; auch ist er . . . von der Richtigkeit seiner politischen Ansichten fest überzeugt, insbesondere davon, daß der Krieg ein Unglück für die Menschheit oder sogar ein Verbrechen gegen die Menschheit sei.“ Das Bundesverwaltungsgericht erkannte den Verweigerer auf Grund dieser Feststellungen an und hob ein ablehnendes Urteil der unteren Instanz (Verwaltungsgericht) auf. Nachdem es auf den Gewissensbegriff hingewiesen hatte, führte es folgendes aus: „Wer, wie der Kläger, als grundsätzlicher und bedingungsloser Kriegsgegner nach seiner ehrlichen Überzeugung den Krieg dem Bereiche des Bösen zuordnet und ihn als ein Verbrechen an der Menschheit im Sinne eines in sittlicher Hinsicht besonders verwerflichen Verhaltens einstuft, für den ergibt sich aus der Natur der Sache ein seelischer Zwang zur Verweigerung des Kriegsdienstes mit der Waffe. Damit aber sind die rechtlichen Voraussetzungen einer Gewissensentscheidung erfüllt.

Wenn dennoch das Verwaltungsgericht das Vorliegen einer Gewissensentscheidung beim Kläger verneint hat mit der Begründung, es handele sich lediglich um politische Anschauungen des Klägers, so trifft dieser Gesichtspunkt nicht den Kern der Sache. Kommt ein Wehrpflichtiger auf Grund von Erwägung politischer oder sonstiger verstandesmäßiger oder vernunftsmäßiger Natur zu der ihn innerlich verpflichtenden Überzeu-

---

30 Vom 20. Juni 1968 – VIII C 9.67 –.

gung, der Krieg als Gewaltanwendung zwischen den Menschen sei an sich und als solcher sittlich verwerflich, so kann er als grundsätzlicher Gegner des Krieges an einem solchen nicht ohne ernste Gewissensnot teilnehmen. Daher liegt auch in einem solchen Falle eine echte Gewissensentscheidung vor, die einen Anspruch auf Anerkennung des Kriegsdienstverweigerers begründet." Der Anerkennungsgrund dieses Urteils ist nicht die politische Überzeugung, sondern der durch die ethische Entscheidung ausgeübte seelische Zwang zur Verweigerung. Oben sagte ich vereinfachend, es werde nicht anerkannt, wer nicht töten wolle, sondern nur, wer nicht töten könne. Diese vereinfachende Formel wird insofern dem Gewissensbegriff der Gerichte nicht gerecht, als die Gerichte in dem durch das Gewissen ausgeübten unabweisbaren Zwang gleichzeitig, die höchste Freiheit des Menschen erblicken.[31] Mit dem Nicht-Können soll gleichzeitig das Nicht-Wollen in seiner höchsten Form geschützt werden. Bedauerlich bleibt, daß dies nur verstehen kann, wer schon Theologie oder idealistische Philosophie getrieben hat.
Diese Rechtsprechung stößt auf folgendes Bedenken: Der theologisch und idealistisch beeinflußte Gewissensbegriff ist in letzter Konsequenz doch nur ein Instrument, um die Kriegsdienstverweigerung zu entpolitisieren. Gut und Böse sind im Regelfall keine – oder jedenfalls nicht sehr sinnvolle – politische Kategorien. Man braucht sich nur das gebrochene Verhältnis von Theologie und Politik, oder genauer: das politische Selbstverständnis der Kirchen zu vergegenwärtigen, um zu verstehen, wie sehr dieser Gewissensbegriff einem politisch orientierten wirksamen Friedensdienst im Wege steht.
Nun würden die Gerichte entgegnen, nicht sie seien für diesen Gewissensbegriff verantwortlich zu machen, sondern das Wertsystem des Grundgesetzes schreibe eine solche Interpretation zwingend vor. Diese Entgegnung muß unter allen Umständen ernst genommen werden. Es wäre gleichwohl zu fragen, ob die Gerichte bei der Definition des Gewissensbegriffs aus dem Grundsatz doch nur das herausgelesen haben, was sie vorher stillschweigend oder unbewußt hineinlegten. Diese Gretchenfrage jeder Verfassungsinterpretation soll hier aber weder gestellt noch beantwortet werden. Sollte aber der Gewissensbegriff unter der Herrschaft des Grundgesetzes in der Tat nur so zu definieren sein, wie es die Gerichte getan haben, dann müssen sich die Gerichte auch beim Wort nehmen lassen und das Anerkennungsverfahren eben aus Gründen des theologischen und idealistischen Denkens für verfassungswidrig erklären.

---

31 Vgl. die einleitenden Sätze des BVerfG zu seiner Gewissensdefinition, a. a. O., S. 53 f.

Kriegsdienstverweigerung des Soldaten

Wer erst als Soldat eine Gewissensentscheidung gegen den Kriegsdienst trifft, muß im Anerkennungsverfahren die Frage beantworten, warum er sich erst so spät entscheide, obwohl er doch schon bei seiner Musterung genau gewußt habe, was ihn bei der Bundeswehr erwarte. Zudem muß er damit rechnen, daß das Vertrauen in die Gewissensmäßigkeit der Soldatenanträge proportional zu ihrer sprunghaft gestiegenen Zahl gesunken ist. Man befürchtet leicht einen als Gewissensentscheidung getarnten politischen Protest oder auch nur den Unmut über das Gehorsamsprinzip. Jeder verweigernde Soldat muß eher als andere Verweigerer mit einer Ablehnung vor allem in den unteren Instanzen rechnen.

Haben es Soldaten vor den Prüfungsgremien schon schwer, so gibt es weitere Probleme, die ihr Verhalten in der Truppe vor ihrer Anerkennung (und der darauf folgenden Einberufung zum Ersatzdienst) betreffen.

Während eine frühere Regelung vorsah, den verweigernden Soldaten vom Waffendienst zu befreien, gibt es heute eine solche Erleichterung nicht mehr. Viele verweigernde Soldaten sehen sich gleichwohl aus Gewissensgründen veranlaßt, den Waffendienst schon vor ihrer Anerkennung zu verweigern. Jede Waffendienstverweigerung ist nach § 20 Wehrstrafgesetz strafbar, ebenso jede eigenmächtige Abwesenheit oder Fahnenflucht (§§ 15 und 16), selbst wenn sie aus – nachträglich anerkannten – Gewissensgründen begangen wurde.

Ob die Gehorsamsverweigerung des Soldaten, begangen in der Zeit zwischen Antragsstellung und Anerkennung, bestraft werden dürfe, war vom Oberlandesgericht Frankfurt[32] bezweifelt worden. Der Bundesgerichtshof[33] und zuletzt auch das Bundesverfassungsgericht[34] halten dagegen eine solche Bestrafung für zulässig. Das Problem liegt darin, daß Art. 4 Abs. 3 Grundgesetz die Gewissensentscheidung selbst schützt und nicht erst die durch eine staatliche Anerkennung bestätigte Gewissensentscheidung. Auf der anderen Seite fordert nach Auffassung des Bundesverfassungsgerichts die jederzeitige volle Einsatzbereitschaft der Streifkräfte ein gewisses Nachgeben vom Kriegsdienstverweigerer, der durch den Waffendienst in Friedenszeit ja noch nicht zum Töten gezwungen werde. Der mit dem Recht auf Kriegsdienstverweigerung geübten staatlichen Toleranz müsse auch das Verhalten des Berechtigten entsprechen.

Obwohl die Frage jetzt höchstrichterlich und damit endgültig beantwortet ist, bleibt doch eine erheblich Unsicherheit für den Strafrichter bestehen. Diese Unsicherheit hat wiederum ihre Ursache im Gewissensbegriff. Wenn es für den Soldaten innerlich unabweisbar wird, den Waffendienst zu verweigern,

---

32 Beschluß vom 19. 4. 1967 – 3 Ss 38/67.
33 Beschluß vom 21. 5. 1968 – 1 StR 354/67 –.
34 Beschluß vom 26. Mai 1970, BVerfGE 26, 243.

wenn also seine Gewissensentscheidung auf ihn einen Zwang ohne Alternative ausübt, wie soll er dann bestraft werden, wenn doch jede Bestrafung dem Verurteilten vorwirft, eine vorhandene Verhaltensalternative nicht befolgt zu haben? Die Folge dieser Unsicherheit ist, daß manche Richter drakonische Strafen verhängen, während andere Richter (mit Zustimmung der Staatsanwaltschaft) das Verfahren wegen Geringfügigkeit einstellen.[35] Für manche Richter steht die Schlagkraft der Truppe im Vordergrund, für andere eher das Gewissen des Angeklagten.

Diese Unsicherheit wirkt sich übrigens auch im Anerkennungsverfahren aus. Einige Prüfungsgremien – besonders manche der dort tätigen Laienbeisitzer – bewerten es als Beweis des Gewissenszwanges, wenn der verweigernde Soldat eine Bestrafung in Kauf nimmt; während andere Gremien in der Auflehnung gegen die Ordnung eher einen gewissensfremden Protest erblicken. Der verweigernde Soldat sitzt hier gewissermaßen in einer Zwickmühle. Alle Beteuerungen der Gerichte, man leite wegen des Dilemmas nur sehr vorsichtig Schlußfolgerungen aus dem Verhalten her, können das Dilemma und seine Konsequenzen doch nicht aus der Welt schaffen.

Jede Gehorsamsverweigerung wird zusätzlich mit einer Disziplinarstrafe (bis zu 21 Tagen Arrest) geahndet.[36] Diese Disziplinarstrafe kann mehrfach verhängt werden, wenn der Soldat auch nach seiner Entlassung aus dem Arrest an der Waffendienstverweigerung festhält.[37]

In allen Fällen von Waffendienstverweigerung sollte man so früh wie irgend möglich einen Anwalt zu Hilfe ziehen.

Zeitpunkt der Antragstellung

Grundsätzlich kann der Antrag zu jedem Zeitpunkt gestellt werden, also vor der Musterung, zwischen Musterung und Einberufung, während der Ableistung des Wehrdienstes und noch nach der Entlassung aus der Bundeswehr.[38] Nach § 26 Abs. 7

35 Diese Möglichkeit hatte der Bundesgerichtshof (a. a. O.) nahegelegt: „Infolge des Spannungsverhältnisses zwischen materialer Gerechtigkeit und Rechtssicherheit können bei dieser Rechtslage im Einzelfall Unbilligkeiten auftreten. So kann es mißlich sein, die Strafverfolgung gegen den anerkannten und bereits aus dem Wehrdienst entlassenen Kriegsdienstverweigerer einzuleiten oder fortzusetzen, wenn es sich ... um bloße Befehlsverweigerung ohne Folgen handelt. Es wird dann Sache der Gnadeninstanz sein, Härten zu mildern, sofern nicht eine Einstellung des Verfahrens (§ 153 StPO) in Betracht kommt."

36 Vgl. §§ 10–15 der Wehrdisziplinarordnung.

37 Vgl. dazu den Beschluß des BVerfG vom 26. Mai 1970, BVerfGE 28, 264.

38 Sogar nach der rechtskräftigen, d. h. mit Rechtsmitteln nicht mehr

WehrPflG bedarf es einer Entscheidung über den Antrag nicht, wenn und solange eine Einberufung aus anderen Gründen nicht in Betracht kommt.
Wer für den Kriegsdienst untauglich ist, besitzt danach nicht das nötige Rechtsschutzinteresse für eine Bearbeitung seines Antrages. Wer aber nur zurückgestellt ist, sollte den Antrag wie jeder andere auch sofort stellen, nachdem er seine Gewissensentscheidung getroffen hat. Die Zurückstellung hindert nicht die Entscheidung über den Antrag.[39]
Kein Antrag, der sofort nach der Gewissensentscheidung gestellt wird, ist also im Rechtssinne verspätet. Gleichwohl muß jeder, der seinen Antrag nicht schon bei der Musterung stellt, die Frage beantworten, warum er seinen Antrag erst jetzt gestellt habe. Man geht davon aus, daß in der widerspruchslosen Hinnahme der Musterung und auch noch in jedem Zurückstellungsantrag eine stillschweigende Erklärung der grundsätzlichen Verteidigungsbereitschaft enthalten sei. Erst recht erklärte eine solche Bereitschaft, wer bei der Musterung besondere Waffengattungen auswählt, zu denen er einberufen werden möchte, oder wer als Soldat an dem (freiwilligen) feierlichen Gelöbnis oder an einem Offizierslehrgang teilnimmt.
Wer danach den Kriegsdienst verweigert, wird gefragt, welches konkrete Ereignis den plötzlichen Gesinnungswandel bewirkt habe. Unglaubwürdig wirkt hier derjenige, der dann antwortet, er sei schon immer ein Kriegsgegner aus Gewissensgründen gewesen. Man hält ihm entgegen, dann sei seine Entscheidung keine Gewissensentscheidung, denn wer sich nach dem Gewissen entschieden habe, werde vom Gewissen zur sofortigen Bekanntgabe der Entscheidung gedrängt.
Der Zeitpunkt der Antragstellung hat noch eine andere Bedeutung. Wer bis zur Musterung den Antrag stellt, kann darauf vertrauen, jedenfalls vor der Entscheidung von Prüfungsausschuß und Prüfungskammer nicht einberufen zu werden. Wer später verweigert, kann ohne Rücksicht auf seinen Antrag einberufen werden.[40]

---

anfechtbaren, Ablehnung eines Antrags kann ein sogenannter Zweitantrag gestellt werden, wenn nach der letzten mündlichen Verhandlung eine neue Entscheidung, diesmal eine Gewissensentscheidung, getroffen wurde. Hier ist die Abgrenzung des alten Vorbringens vom neuen Vorbringen sowohl für den Verweigerer als auch für die Gerichte sehr schwierig. Man sollte unbedingt einen Beistand um Rat fragen, ehe man einen solchen Zweitantrag stellt. Eine ungeschickte Formulierung, die nicht genau die neue Entscheidung trifft, kann den gesamten Antrag unglaubhaft machen.

39 Zum Rechtsschutzinteresse in anderen Fällen vgl. § 20 Abs. 3 und 4 der Musterungsverordnung.

40 Vgl. § 20 Abs. 6 der Musterungsverordnung.

Beweislast

Nach der Beweisaufnahme bildet sich das Prüfungsgremium eine abschließende Überzeugung über das Vorliegen von Gewissensgründen. Hierbei kann es zu drei verschiedenen Ergebnissen gelangen: 1. Es liegen mit hinreichender Wahrscheinlichkeit Gewissensgründe vor; 2. es liegen mit hinreichender Wahrscheinlichkeit keine Gewissensgründe vor; 3. es konnte nicht aufgeklärt werden, ob Gewissensgründe vorliegen oder nicht.
Nur im ersten Fall wird der Kriegsdienstverweigerer anerkannt, während im zweiten und driten Fall sein Antrag abgelehnt bzw. seine Klage abgewiesen wird. Von besonderem Interesse ist der drite Fall. Hier wird im Zweifel, d. h. bei Unaufklärbarkeit des „Sachverhalts" Gewissen, gegen den Verweigerer entschieden. Man sagt, der Verweigerer trage die Beweislast im Anerkennungsverfahren. Die Beweislast wird hier also anders gehandhabt als im Strafprozeß, wo im Zweifel für die Freiheit des Bürgers entschieden wird. Die Beweislastverteilung im Anerkennungsverfahren ist übrigens im juristischen Schrifttum umstritten,[41] während die Rechtsprechung nach einem Grundsatzurteil des Bundesverwaltungsgerichts einhellig an der Beweislast des Verweigerers festhält.[42]

Formen und Fristen

Es empfiehlt sich, für alle Korrespondenz mit Behörden, Gerichten und Anwälten die Form des eingeschriebenen Briefes zu wählen. Man sollte den Schriftverkehr, einschließlich der Durchschriften eigener Briefe, sammeln und chronologisch ordnen. Die Behörden und Gerichte weisen regelmäßig sehr sorgfältig darauf hin, wann, wo und in welcher Form Erklärungen abgegeben werden müssen. Diese Hinweise sollte man peinlich genau beachten. Auch ein Anwalt kann nur in seltenen Fällen helfen, wenn der Verweigerer eine Frist versäumt hat.
Der Antrag braucht nur die Erklärung zu enthalten, man verweigere den Kriegsdienst aus Gewissensgründen. Er ist an das Kreiswehrersatzamt, in Soldatenfällen an die Truppe zu richten. Spätestens nach Aufforderung durch die Behörde sollte man den Antrag sorgfältig schriftlich begründen.
Der liederlich geführte Schriftverkehr mit der Behörde spricht in deren Augen nicht für den gewissensmäßigen Protest gegen die Wehrverwaltung, sondern im Gegenteil für die geringe Seriosität des Antrags.

---

41 Übersicht bei Hahnenfeld, Kommentar zum Wehrpflichtgesetz, § 26, Randnote 80.

42 BVerwGE 14, 146 (149).

Anwälte und Beistände

Ob es sinnvoll ist, einen kirchlichen Beistand[43] oder einen Anwalt hinzuzuziehen, kann nur von Fall zu Fall entschieden werden. Man sollte den kirchlichen Beistand oder den Anwalt fragen, ob er seine Beteiligung für sinnvoll hält und aus welchen Gründen. Überzeugen die Gründe nicht, sollte man zumindest das Verfahren vor Prüfungsausschuß und Prüfungskammer allein durchführen. Vor dem Verwaltungsgericht ist die Vertretung durch einen Anwalt meistens sinnvoll; vor dem Bundesverwaltungsgericht, also in den Fällen der versuchten Revision eines verwaltungsgerichtlichen Urteils, ist die Vertretung durch einen Anwalt oder Hochschullehrer gesetzlich vorgeschrieben. Die Revisionsbegründung verlangt selbst von einem guten Anwalt besondere Spezialkenntnisse. Man sollte ihn vorher kritisch fragen, ob er sich diesem Verfahren gewachsen fühlt. Die Fälle erfolgreicher Revision sind selten.

Kosten

Das Verfahren vor Prüfungsausschuß und Prüfungskammer ist kostenfrei. Das Verfahren vor den Gerichten ist kostenpflichtig. Die Kosten trägt, wer den Prozeß verliert, also der Verweigerer, wenn er abgelehnt wird; der Staat, wenn der Verweigerer anerkannt wird. Auch der Anwalt verlangt Gebühren, die der Verlierer ebenso wie Reisekosten und Verdienstausfall der Zeugen zu tragen hat. Wegen der Einzelheiten, auch wegen der eventuellen Möglichkeit, das sogenannte Armenrecht zu erhalten, befrage man einen Anwalt.

---

43 Vgl. § 26 Abs. 8 WehrPflG.

Anhang: Dokumente

Die Schule der Nation
(Kanzlerworte: Kiesinger und Brandt)

Auszüge aus einer Rede Bundeskanzler Kiesingers in der Godesberger Hauptversammlung des Bundeswehrverbandes am 18. Juni 1969

„Ich war vor vierzehn Tagen Gast eines Unternehmers in meiner Heimat, der über allerlei Dinge klagte und mir plötzlich sagte: Die jungen Arbeiter, die aus der Bundeswehr zurückkehren, sind in Ordnung. Das sind prächtige Kerle, und viele von ihnen haben sich in dieser Zeit völlig verwandelt. Nun, wir wollen vorsichtig sein, aber immerhin, ich habe meinen eigenen Sohn in der Bundeswehr gehabt und habe gefunden, daß sie ihm und seinen Freunden gutgetan hat.
Hier ist in der Tat eine große Aufgabe. Ich will Ihnen da nicht mit alten Klischees wie „Bürger in Uniform" und „Innere Führung" kommen. Damit sei nichts gegen diese Formeln, die in schweren Jahren gefunden und geprägt worden sind, gesagt. Sie sind der Ausdruck eines großen Ringens um diese neue Bundeswehr und ihre Integration in unsere demokratische Gesellschaft. Aber manchmal werden eben gewisse Formeln auch abgeschliffen, und sie verlieren etwas von dem Leben, das sie einmal besessen haben.
Darum will ich es ganz einfach sagen: Ich weiß, was ein einziger guter und was ein einziger schlechter Vorgesetzter in der Bundeswehr anrichten kann. Wenn man das weiß, ist es doch für jeden von Ihnen, der an verantwortlicher Stelle steht, eine hohe Verpflichtung, die große Chance wahrzunehmen, durch das eigene existentielle Vorbild sich so darzustellen, daß der Soldat sagt: Donnerwetter, das ist ein Kerl.
Es ist eine hohe Verpflichtung, durch dieses Vorbild beizutragen, daß die Bundeswehr eine große Schule der Nation für unsere jungen Leute wird. Bitte denken Sie daran, daß auch der Bundeskanzler darauf zählt. Ich kann nur all denen, die ich kennengelernt habe, danken, von denen ich selbst persönlich den Eindruck hatte: Donnerwetter, das ist ein Mann! So kann ich nur hoffen, das wir gemeinsam erreichen die Erhaltung des äußeren und des inneren Friedens in unserem Volk und das Glück der Freiheit und den Segen des Friedens für viele Generationen."

Auszüge aus einem Brief Bundeskanzler Brandts an die Ministerpräsidentenkonferenz der Länder vom 19. November 1970

„Das zweite Problem . . . ist die Tatsache, daß Fragen der Verteidigung im Rahmen der Friedenssicherung im Sozialkundeunterricht und in den Lehrbüchern in den einzelnen Ländern unterschiedlich, teilweise auch unzureichend behandelt werden. Das gilt auch für den Auftrag und die Stellung der Bundeswehr in unserer Demokratie. Ebenso wie meines Erachtens die Notwendigkeit einer auf Erhaltung von Frieden und Freiheit gerichteten Politik im Sozialkundeunterricht verständlich gemacht werden sollte, muß beim jungen Menschen Verständnis geweckt werden für die Notwendigkeit einer ausreichenden Verteidigung als Voraussetzung jeder Entspannungspolitik. Verantwortliches kritisches Denken, zu dem die Schulen die jungen Menschen befähigen sollen, darf aber nicht übersehen, daß der Verzicht auf ein Mindestmaß an Verteidigungsvorkehrungen Frieden und Freiheit gefährdet. Die wichtigsten Zusammenhänge könnten zum Beispiel anhand der Aussagen im „Weißbuch" der Bundesregierung erarbeitet werden. Das „Weißbuch" kann in der erforderlichen Anzahl für den Sozialkunde- und Gemeinschaftskundeunterricht vom Bundespresseamt angefordert werden.
Darüber hinaus stehen die Jugendoffiziere und die Jugendunteroffiziere der Bundeswehr zur Verfügung, um den Auftrag der Bundeswehr und ihre Rolle im Rahmen der Sicherheitspolitik in den Schulen sachkundig darzustellen. Einige Länder haben auf dem Erlaßwege die Arbeit der Jugendoffiziere und Jugendunteroffiziere ermöglicht und erleichtert. Ich würde es begrüßen, wenn auch die anderen Länder diesen Beispielen folgen würden. In jahrelanger Praxis hat sich gezeigt, daß diese Jugendoffiziere informieren und nicht werben.
Für den Lehrer, der es vorzieht, sich selbst und seiner Klasse ein Urteil durch Augenschein zu ermöglichen, stehen die Kasernen der Bundeswehr offen. Die Dienststellen des Territorialheeres, Verteidigungs-, Kreis- und Bezirkskommandos vermitteln derartige Besuche gern.
Ich wäre dankbar, wenn die Ministerpräsidentenkonferenz darauf hinwirken könnte, daß die Notwendigkeit und Probleme der Landesverteidigung in den Schulen allgemein mehr Beachtung finden."

Leitsätze für die Erziehung des Soldaten

A. Sinn der Erziehung

1. Die Bundeswehr schützt Frieden und Freiheit des deutschen Volkes. Sie sichert gemeinschaftlich mit den Soldaten der freien Welt die auf dem Recht begründeten Lebensordnungen, die der europäische Geist seit Jahrhunderten formt. In diesem Auftrag soll der deutsche Soldat dienen, um seine Familie, sein Volk und seine Heimat vor Unfreiheit und Unrecht zu bewahren. Ihn dafür zu wappnen, ist Sinn der soldatischen Erziehung.

B. Ziele der Erziehung

2. Sittliche, geistige und seelische Kräfte bestimmen, mehr noch als fachliches Können, den Wert des Soldaten in Frieden und Krieg. Diese Kräfte zu entwickeln, ist Aufgabe der soldatischen Erziehung. Sie wird in jedem militärischen Dienst wirksam, vornehmlich in der Ausbildung, die von Erziehung nicht zu trennen ist.
3. Richtige Erziehung weckt und wahrt rechtliches Denken und Achtung vor der Ehre und Würde des Menschen. Sie fordert Wahrhaftigkeit und stärkt das Gewissen. Sie wurzelt in der Ehrfurcht vor Leistungen und Leiden der Vergangenheit und in der Liebe zu Heimat und Vaterland.
4. Der Soldat ist ist Staatsbürger. So soll die soldatische Erziehung auch seine staatsbürgerliche Bildung fortführen. Das schließt vor allem die Erziehung zum Bewußtsein politischer Mitverantwortung und zur Wahrung der persönlichen Würde ein. Entscheidend für den Erfolg der staatsbürgerlichen Bildung ist die menschliche Haltung aller Soldaten, aus der sich der Stil des militärischen Lebens formt.
5. Entschlossenheit zur Verteidigung, Gehorsam und Pflichtbewußtsein, Tapferkeit und Ritterlichkeit sind die besonderen Ziele der soldatischen Erziehung. Sie lassen sich nicht erreichen ohne Manneszucht und gegenseitiges Vertrauen zwischen Führern und Geführten. Ihre stärkste Bewährung findet die soldatische Erziehung im Kampf.
6. Der Kampf verlangt Kühnheit und Willenskraft, Besonnenheit und Beharrlichkeit, auch in höchster Gefahr und bis zur Hingabe des Lebens. Darum ist Tapferkeit die auszeichnende Tugend des Soldaten. In ihr vereint sich natürlicher Mut, der durch Erfahrung verläßlich wird, mit wachem Geist und wachem Gewissen.

7. Die Bereitschaft zur soldatischen Leistung wächst mit der Einsicht. Nur der Soldat, der die Bedeutung seiner Aufgabe erkannt hat und der von ihrer Notwendigkeit überzeugt ist, wird seine Pflicht treu erfüllen. Jeder Soldat muß wissen, daß es zum Gelingen auf ihn ankommt und daß er mitverantwortlich ist.
8. Vom jüngsten Soldaten aufwärts muß überall die Hingabe der ganzen geistigen und körperlichen Kraft gefordert werden. Kein einzelner kann alle Forderungen erfüllen. Es kommt nur darauf an, daß jeder von seinem Eigenen in das Ganze hineingibt, was er zu geben vermag. So allein läßt sich die Leistungsfähigkeit der Truppe in übereinstimmendem Handeln zur Geltung bringen.
9. Der Soldat muß widerstandsfähig und spannkräftig, entbehrungsbereit und hart gegen sich selbst sein. Er soll im Sinne des Ganzen selbständig denken und verantwortungsbewußt gehorchen. Entschlossenes Handeln ist das erste Erfordernis im Kriege.
10. Die Gemeinsamkeit der Aufgabe verlangt von jedem Soldaten, sich in die soldatische Gemeinschaft einzuordnen. Innere Freiheit gewinnt der Soldat aus der Überzeugung, daß Selbstzucht, Gehorsam und bescheidenes Zurückstehen seiner Person hinter der Sache sittliches Gebot sind.
   Alle Soldaten – von der kleinen Gruppe bis zum großen Verband – müssen erfüllt sein von den sittlichen Grundsätzen des freien Gemeinwesens, zu dessen Schutz sie berufen sind. Nur eine so zur Gemeinschaft gewachsene Truppe hält schweren Belastungen stand.
11. Kameradschaft erweist sich im Handeln und im rechten Einstehen füreinander. Sie ist das Band, das die Truppe in allen Lagen fest zusammenschließen soll. Im Alltag wie in der Stunde der Gefahr gibt sie Zuversicht und Halt. Wer mehr zu leisten vermag, muß dem weniger Erfahrenen und Schwächeren helfen. Falscher Ehrgeiz, Selbstsucht und Unaufrichtigkeit zerstören die Kameradschaft.
12. Führereigenschaften sind zu entwickeln, wo immer Ansätze in Gesinnung und Können bemerkbar werden. Sittlicher Ernst, Verantwortungsfreude und Entschlußkraft bleiben die vornehmsten Führereigenschaften. Doch darf Selbständigkeit nicht zur Willkür werden, Besserwissen den Gehorsam nicht gefährden.

C. Der Vorgesetzte als Erzieher

13. Verantwortliche Leiter der Erziehung sind die Kommandeure und die Chefs der Einheiten. Der Offizier ist Führer, Ausbilder und Erzieher seiner Soldaten. Unteroffiziere und bewährte Mannschaften unterstützen ihn.

14. Die erzieherische Wirkung ist nicht nur von den Vorgesetzten abhängig; starke Einflüsse gehen auch von den Kameraden aus und vom Geist der Gemeinschaft, für den jeder an seiner Stelle mitverantwortlich ist.
15. Erzieherische Autorität ruht in menschlichen Werten. Sie steigert sich durch fachliches Können, sichere Kenntnisse, klares Denken und selbständiges Urteil.
Verantwortlich erziehen kann nur, wer selbst erzogen ist und an sich zu arbeiten bemüht bleibt. Dazu gehört Bildung, welche die Achtung vor den anvertrauten Menschen und das Wissen um die eigenen Grenzen in sich einschließt. Selbstbesinnung hilft dem Erzieher, seine Autorität immer neu zu gewinnen und die Reife zu erlangen, die seine Aufgabe erfordert.
16. Jeder Vorgesetzte soll Sinn und Würde des soldatischen Auftrags verstehen, er soll aber auch von der Gefährdung wissen, die aus der Machtbefugnis seiner Stellung erwächst. Von den Kommandeuren und den Chefs der Einheiten ist zu verlangen, daß sie den Auftrag des Soldaten aus Geschichte und Gegenwart überzeugend deuten können.
17. Nur wer seine Soldaten kennt, ihnen offen entgegentritt und ihnen Vertrauen schenkt, wird ihr Vertrauen gewinnen. Vertrauen erhält, wer beherrscht und maßvoll bleibt, Gerechtigkeit und Geduld übt und in rechter Weise für seine Truppe sorgt.
18. Der Vorgesetzte soll durch seine Haltung den Soldaten ein Beispiel geben. Er muß von sich selbst mehr verlangen als von seinen Soldaten. Für seine Überzeugung soll er aufrecht einstehen.
19. Wer erziehen will, muß mit seiner Truppe leben, mit ihr Gefahr und Entbehrung, Freud und Leid teilen. Er muß den Weg zum Herzen seiner Soldaten finden. Wer sich anbiedert, wahllos mitmacht und Disziplinlosigkeit übersieht, zerstört jede Möglichkeit der Erziehung.
20. Der Vorgesetzte muß seine Worte wägen. Seine Sprache soll schlicht und treffend, aber nicht ohne Wärme sein. Phrasen machen unglaubwürdig, Ironie verletzt, Humor weckt Widerhall, Herzlichkeit verbindet.
21. Hingabe an die soldatische Aufgabe und Freude an seinem Beruf verhelfen dem Vorgesetzten zum erzieherischen Erfolg.

D. Wege der Erziehung

22. Die Wege der Erziehung müssen sinnvoll, einfach und überzeugend sein.
Weniger in Worten und Lehre als im Beispiel des Erziehers

und in der Art der Aufgabenstellung soll die erzieherische Absicht wirksam werden. Sie ist mit Geduld und Bestimmtheit zu verfolgen. Dabei soll mit dem guten Willen und der Leistungsfreude der Soldaten gerechnet werden. Eine Truppe ist erzogen, wenn die sachgerechten Anforderungen sich in gute soldatische Sitte verwandelt haben.

23. Für das erzieherische Verhalten können Vorschriften nur Richtlinien geben. Im einzelnen Falle stellt sich die erzieherische Aufgabe immer neu. Dennoch darf sich der Erzieher nicht auf sein Gefühl allein verlassen. Er soll vielmehr, von festen Grundsätzen geleitet, auch die Erfahrungen zu Rate ziehen, die in der soldatischen Überlieferung bereitliegen, und die Erkenntnisse der allgemeinen Erziehungslehre beachten.
Wo immer angängig, ist an Werte, Erlebnisse und Erfahrungen anzuknüpfen, die der einzelne Soldat aus Elternhaus, Schule und Beruf mitbringt.

24. Erziehen heißt anleiten und fördern. Vorherrschend muß der Wille sein, zu helfen und zu ermutigen.
Die Mittel und Formen der Erziehung sind vielfältig. Sie sollten die Eigenart der Person ebenso berücksichtigen wie die Besonderheiten der jeweiligen Lage. Wer schematisch vorgeht, übersieht den Menschen.

25. Bei Schwierigkeiten in der Erziehung ist zunächst zu prüfen, ob nicht ein Wechsel der fördernden Mittel ausreicht. Oft liegt auch nur ein Mangel an körperlichen und geistigen Fähigkeiten vor oder ein Fehler des Erziehers. Durch verständnisvolle Hilfe, auch der Kameraden, können solche Mängel ausgeglichen werden.
Festhalten an notwendigen, den Kräften angemessenen Forderungen hilft den Trägen, sinnvoller Zwang denen, welchen es schwer wird, sich einzufügen. Bösem Willen ist streng entgegenzuwirken, ohne deshalb positive Hilfen auszuschließen.

26. Pünktliche und genaue Ausführung auch der kleinen Pflichten des Dienstes, Sauberkeit und Ordnung im täglichen Leben fördern die Disziplin. Der Soldat muß lernen, Disziplin als selbstverständliche Notwendigkeit zu empfinden. Sie schafft unentbehrliche Grundlagen, um größere Aufgaben zu meistern, darf jedoch nicht Selbstzweck werden. Ihre vollendete Form ist die Selbstzucht.
Der erfahrene Vorgesetzte wird mit fortschreitender Ausbildung vieles der Selbstverantwortung seiner Truppe anvertrauen können.

27. Alle Anforderungen sind dem Soldaten, wo es möglich ist, von der Sache her begreiflich zu machen. Frühzeitig sind ihm Aufgaben zu stellen, die ihn selbständig und verantwortlich handeln lassen. Sie spornen seinen Willen zur Mitarbeit an und heben sein Selbstvertrauen.
Überforderungen lähmen den Diensteifer und schaden

dem Geist der Truppe. Gemeinsames Meistern hoher Anforderungen schafft Freude an der Bewährung und fördert Kameradschaft und Zusammenhalt.

28. Bestimmte, in allen Lagen wiederkehrende Tätigkeiten soll der Soldat auch automatisch ausführen können. Hierin muß er durch Gewöhnung geübt werden. Darüber hinaus kommt solchen Übungen keine erzieherische Bedeutung zu. Sie setzen vielmehr die Erziehung des sittlichen Willens und die Einsicht voraus.

29. Sport ist ein wertvolles Mittel zur Erziehung des einzelnen wie der Mannschaft. Er hält die Menschen gesund, weckt Freude an natürlicher Bewegung wie am Wettkampf und spornt an, sich selbst zu überwinden. Durch Steigerung der körperlichen und seelischen Kräfte hebt er das Selbstgefühl. Gleichzeitig führt er zu innerer Zucht, erzieht zu Einordnung und Fairneß und stärkt den Gemeinschaftsgeist der Truppe. Den Charakter des Spiels darf er nicht verlieren. Richtig betrieben, wirkt der Sport entspannend; er lockert den Ernst des Dienstes.

30. Gerechtes Verteilen von Lob und Tadel kräftigt das Selbstbewußtsein des einzelnen und vertieft das Vertrauen der Truppe. Wo Disziplinarstrafen notwendig werden, müssen sie von erzieherischem Willen bestimmt sein. Mehr als Tadel und Strafe wirken Anerkennung und Lob; Lob soll aber nicht überheblich stimmen, gesunder Wetteifer nicht zu maßlosem Ehrgeiz werden. Tadel darf nicht entmutigen.

31. Streben nach Gerechtigkeit ist die Voraussetzung aller erzieherischen Wirkung, Liebe die Kraft, die auch Unvollkommenes trägt. Gerechtigkeit wächst aus Ehrfurcht, Liebe aus Gottesfurcht.

Wehrgerechtigkeit

Wehrdienstverweigerung und Ersatzdienst[1]

Wehrpflichtige, die sich auf das Grundrecht der Kriegsdienstverweigerung nach Artikel 4 Absatz 3 des Grundgesetzes berufen und in einem förmlichen Verfahren als Kriegsdienstverweigerer anerkannt werden, haben bereits im Frieden statt des Wehrdienstes einen zivilen Ersatzdienst zu leisten.
Seit 1968 ist, wie die folgende Übersicht zeigt, die Zahl der Anträge stark angestiegen.

Zahl der Anträge auf Anerkennung als Wehrdienstverweigerer:	
1956 bis 1966 insgesamt	33 392
1967	5 963
1968	11 952
1969	14 490
1970	19 363

Die Kommission kann sich dem Eindruck nicht verschließen, daß zwischen der wachsenden Zahl der Wehrdienstverweigerer und der Zunahme der Wehrungerechtigkeit eine Beziehung besteht. Der Mangel an Ersatzdienstplätzen hat denjenigen Wehrpflichtigen, die als Wehrdienstverweigerer anerkannt worden sind, größere Möglichkeiten geboten, trotz voller Tauglichkeit nicht zu einer Dienstleistung herangezogen zu werden. Damit soll keine generell gültige Aussage über die Motivation der Wehrdienstverweigerung gemacht werden.
Von den bis 31. Dezember 1970 anerkannten 45 110 Wehrdienstverweigerern, die in die Zuständigkeit des Bundesministers für Arbeit und Sozialordnung fallen, haben bisher nur 11 850 Ersatzdienst geleistet. Zur Zeit leisten 5 485 diesen Dienst. Das bedeutet, von drei Wehrdienstverweigerern leistet nur einer Ersatzdienst.
Die Kommission bejaht das Grundrecht der Kriegsdienstverweigerung. Sie ist jedoch der Auffassung, daß der Wehrdienst das Normale, der Ersatzdienst die Ausnahme bleiben sollte. Nach ihrer Ansicht trifft deshalb der Ausdruck „ziviler Ersatzdienst“ den Tatbestand zutreffend.
Sondervotum von Professor Dr. Kaiser: Der vom Beauftragten der Bundesregierung für den Ersatzdienst vorgeschlagene Begriff „Zivildienst“ als Kontrastbegriff zum „Wehrdienst“ ist durchaus angemessen.

1 Zit. nach: Wehrgerechtigkeit in der Bundesrepublik Deutschland, Bericht der Wehrstruktur-Kommission an die Bundesregierung, Bonn 1971, S. 49

Nach Auffassung der Kommission muß durch geeignete Maßnahmen sichergestellt werden, daß anerkannte Wehrdienstverweigerer in gleichem Umfang zur Erfüllung der Ersatzdienstpflicht herangezogen werden wie andere Wehrpflichtige zum Wehrdienst. Sie sollen nicht benachteiligt, aber auch nicht bessergestellt werden. Die Dauer des Ersatzdienstes sollte deshalb der Dauer des Grundwehrdienstes zuzüglich der Wehrübungen entsprechen. Die Kommission befürwortet den Plan des Beauftragten der Bundesregierung, für den Ersatzdienst eine ausreichende Zahl zusätzlicher Plätze zur Ableistung des Ersatzdienstes, insbesondere im Sozialbereich, zu schaffen.

Verband der Kriegsdienstverweigerer

in der
War Resisters International e.V
Bundesvorstand

Bonn, den 19. Oktober 1970

An die
Wehrstruktur-Kommission
der Bundesregierung
53 Bonn 1
Hardthöhe

Sehr geehrte Herren!

Die Wehrstruktur-Kommission der Bundesregierung wurde im Weißbuch 1970 „Zur Sicherheit der Bundesrepublik Deutschland und zur Lage der Bundeswehr“ angekündigt. Es hieß dort:

> „Die Bundesregierung wird eine unabhängige Kommission zur Vorbereitung von Vorschlägen für die künftige Struktur der Bundeswehr einsetzen. Diese Kommission soll unter Beachtung der sicherheitspolitischen, finanziellen und demographischen Verhältnisse Empfehlungen vorlegen“.

Die Wehrstruktur-Kommission wurde mit dem erklärten Ziel eingesetzt, die Stärke der Bundeswehr in Zukunft zu erhalten und noch zu vergrößern. Sie soll dazu unter anderem Vorschläge ausarbeiten, wie aufgrund der allgemeinen Wehrpflicht noch mehr junge Männer als bisher zur Bundeswehr eingezogen werden können. Die Zusammensetzung der Kommission zeigt, daß bei diesen zumeist als Erhöhung der Wehrgerechtigkeit umschriebenen Vorhaben die Belange der Großwirtschaft besonders, die Interessen der unmittelbar von der Wehrpflicht Betroffenen dagegen kaum berücksichtigt werden sollen.
Die meisten Kriegsdienstverweigerer haben ihre Entscheidung gegen den Dienst in der Bundeswehr oder einer anderen Armee nicht getroffen, um sich individuell als „bessere Menschen“ auszuweisen und lediglich ihr eigenes Gewissen von

Schuld freizuhalten. Der Verband der Kriegsdienstverweigerer in der War Resisters International e. V., die größte Organisation der Kriegsdienstverweigerer in der BRD, sieht es deshalb als sein Ziel an, an der Abschaffung von Rüstung und Militär mitzuwirken. Aufgabe des VK ist es deshalb, an der Verwirklichung entsprechender gesellschaftlicher, politischer und individueller Voraussetzung mitzuarbeiten, nicht aber an einer Strukturveränderung der Bundeswehr zur Erhaltung und Vergrößerung deren Kampfkraft mitzuwirken.
An der Herstellung größerer Gerechtigkeit für alle wehrpflichtigen Männer ist der VK selbstverständlich interessiert. Da er jedoch die allgemeine Wehrpflicht selbst für eine Ungerechtigkeit hält und ihre Abschaffung seit Beginn seines Bestehens gefordert hat, vermag der Verband der Kriegsdienstverweigerer keine Gerechtigkeit darin zu erblicken, noch mehr junge Männer als bereits bisher zur Bundeswehr einzuziehen.
Die Wehrstruktur-Kommission könnte sich aber jedenfalls insoweit um größere Gerechtigkeit verdient machen, als sie der Bundesregierung und dem Bundestag empfehlen sollte, endlich die oft verkündeten Erkenntnisse bezüglich der Überprüfbarkeit von Gewissensentscheidungen zu verwirklichen.
Seit Einführung der Prüfungsverfahren für Kriegsdienstverweigerer hat der Verband der Kriegsdienstverweigerer in der WRI e. V. immer wieder nachgewiesen, daß diese Verfahren in keinem Falle die Entscheidung der Kriegsdienstverweigerer im Sinne der Verfassung nachzuprüfen in der Lage sind. Inzwischen haben sich mehrere Parlamentarier sowie der Bundesminister der Verteidigung selbst dahingehend geäußert, daß die Prüfungsverfahren unsinnig seien und deshalb abgeschafft werden sollten. Bisher ist das jedoch nicht geschehen. Die Begründung, es gäbe nicht genügend Ersatzdienstplätze für Kriegsdienstverweigerer, ist ein Skandal. Es widerspricht jeder Gerechtigkeit und jeder sinngemäßen Interpretation unserers Grundgesetzes, Kriegsdienstverweigerer wegen der Inanspruchnahme eines Grundrechts deswegen zu bestrafen, weil Bundesregierung und Parlament es versäumt haben, rechtzeitig der wachsenden Zahl der Kriegsdienstverweigerer Rechnung zu tragen.
Da unser Grundgesetz ausdrücklich nur einen zivilen Ersatzdienst für Kriegsdienstverweigerer erlaubt, nicht aber vorschreibt, ist die Aufrechterhaltung des Prüfungssystems mit der Begründung fehlender Ersatzdienstplätze als Maßnahme zur Abschreckung vor der Inanspruchnahme eines Grundrechts entlarvt.
Die Tätigkeit der Wehrstruktur-Kommission läuft durch die ihr vorgegebene Zielsetzung einer Stärkung des Bundeswehr den Zielen der Kriegsdienstverweigerer zuwider. Die Kommission würde durch die Empfehlung, das Anerkennungsverfahren für Kriegsdienstverweigerer sofort abzuschaffen, jedenfalls in einem Punkt zur Verwirklichung größerer Gerechtigkeit nach

Maßnahme unserer Verfassung beitragen.
Wir fordern Sie, sehr geehrte Herren, dazu auf!
Mit freundlichen Grüßen
für den Bundesvorstand des
Verbandes der Kriegsdienstverweigerer
gez. Nils C. Nagel

Gesetzestexte

Grundgesetz

Art. 1 Abs. 1

Die Würde des Menschen ist unantastbar, sie zu achten und zu schützen ist Verpflichtung aller staatlichen Gewalt.

Art. 4 Abs. 3

Niemand darf gegen sein Gewissen zum Kriegsdienst mit der Waffe gezwungen werden. Das Nähere regelt ein Bundesgesetz.

Art. 26 Abs. 1

Handlungen, die geeignet sind und in der Absicht vorgenommen werden, das friedliche Zusammenleben der Völker zu stören, insbesondere die Führung eines Angriffskrieges vorzubereiten, sind verfassungswidrig. Sie sind unter Strafe zu stellen.

Wehrpflichtgesetz

Abschnitt III. Vorschriften für Kriegsdienstverweigerer

Art. 25

Wer sich aus Gewissensgründen der Beteiligung an jeder Waffenanwendung zwischen den Staaten widersetzt und deshalb den Kriegsdienst mit der Waffe verweigert, hat statt des Wehrdienstes einen zivilen Ersatzdienst außerhalb der Bundeswehr zu leisten. Er kann auf seinen Antrag zum waffenlosen Dienst in der Bundeswehr herangezogen werden.

Art. 26, Verfahren

(1) Über die Berechtigung, den Kriegsdienst mit der Waffe zu verweigern, wird auf Antrag entschieden.

(2) Der Antrag ist schriftlich beim Kreiswehrersatzamt zu stellen. Er soll begründet werden. Der Antrag eines ungedienten Wehrpflichtigen soll vierzehn Tage vor der Musterung eingereicht werden. Er befreit nicht von der Pflicht, sich zur Erfassung zu melden und zur Musterung vorzustellen.

(3) Die Entscheidung treffen besondere Ausschüsse (Prüfungsausschüsse für Kriegsdienstverweigerer). Sie werden mit einem vom Bundesminister für Verteidigung bestimmten Vorsitzenden, einem Beisitzer, der von der Landesregierung oder der von ihr bestimmten Stelle benannt wird, sowie zwei

ehrenamtlichen Beisitzern besetzt. Der Vorsitzende hat im Ausschuß beratende Stimme; er muß zum Richteramt oder zum höheren Verwaltungsdienst befähigt sein und das 32. Lebensjahr vollendet haben. Die Beisitzer müssen das 32. Lebensjahr vollendet haben, und sollen für ihre Aufgabe aufgrund ihrer Lebenserfahrung geeignet sein. Aus jeder kreisfreien Stadt und jedem Landkreis sind von den durch Rechtsverordnung der Landesregierung bestimmten Beschlußorganen mindestens zwei Beisitzer zu wählen. Die Reihenfolge ihrer Heranziehung wird von dem zuständigen Kreiswehrersatzamt durch das Los entschieden.
(4) Die Ausschüsse haben bei ihrer Entscheidung die gesamte Persönlichkeit des Antragstellers und sein sittliches Verhalten zu berücksichtigen. Die Mitglieder der Ausschüsse sind an Weisungen nicht gebunden.
(5) Die Prüfungsausschüsse werden für den Bezirk eines oder mehrerer Kreiswehrersatzämter bei Kreiswehrersatzämtern gebildet.
(6) Der Wehrpflichtige ist über die zulässigen Rechtsmittel (Art. 32–35) zu belehren.
(7) Einer Entscheidung über den Antrag bedarf es nicht, wenn und solange eine Einberufung aus anderen Gründen nicht in Betracht kommt.
(8) Zur unentgeltlichen Vertretung von Wehrpflichtigen vor den Prüfungsausschüssen und -kammern für Kriegsdienstverweigerer oder einem Verwaltungsgericht sind auch die von den Kirchen und Religionsgemeinschaften, soweit sie Körperschaften des öffentlichen Rechts sind, beauftragten Personen zugelassen.

Art. 27, Waffenloser Dienst
Der waffenlose Dienst in der Bundeswehr befreit von der Pflicht zum Kampf mit der Waffe und der Pflicht zur Teilnahme an einer Ausbildung, die den Wehrpflichtigen auf den Kampf mit der Waffe vorbereitet.

EDG	SG
§26 Achtung der demokratischen Grundordnung. Der Dienstleistende HAT die freiheitliche demokratische Grundordnung im Sinne des GG in seinem gesamten Verhalten ZU ACHTEN.	§8 Eintreten für die demokratische Grundordnung. Der Soldat MUSS die freiheitliche demokratische Grundordnung im Sinne des GG ANERKENNEN und durch sein gesamtes Verhalten für ihre Erhaltung EINTRETEN.
§27 Grundpflichten. (1) Der Dienstleistende hat seinen Dienst gewissenhaft zu erfüllen. Er hat sich in die GE-	§7 Grundpflicht des Soldaten. Der Soldat hat die Pflicht, der Bundesrepublik Deutschland treu zu dienen

MEINSCHAFT, in der er seinen Dienst ableistet, EINZUFÜGEN. Er darf durch sein Verhalten den ARBEITSFRIEDEN und das Zusammenleben innerhalb der Dienststellen nicht gefährden.	und das Recht und die Freiheit des deutschen Volkes tapfer zu verteidigen.
§29 Politische Betätigung. (1) Der Dienstleistende hat die gleichen staatsbürgerlichen Rechte wie jeder andere Staatsbürger. Seine Rechte werden im Rahmen der Erfordernisse des ED durch seine gesetzlich begründeten Pflichten beschränkt.	
(2) Der Dienstleistende darf sich im Dienst nicht zugunsten oder ungunsten einer politischen Richtung betätigen. Das Recht, im Gespräch mit anderen seine Meinung zu äußern, bleibt unberührt.	(1) Im Dienst darf sich der Soldat nicht zugunsten oder zu ungunsten einer bestimmten politischen Richtung betätigen. Das Recht des Soldaten, im Gespräch mit Kameraden seine eigene Meinung zu äußern, bleibt unberührt.
(3) Innerhalb der dienstlichen Unterkünfte und Anlagen darf die freie Meinungsäußerung während der Freizeit das Zusammenleben in der Gemeinschaft nicht stören. Der Dienstleistende darf dort insbesondere nicht als Werber für eine politische Gruppe wirken, indem er Ansprachen hält, Schriften verteilt oder als Vertreter einer politischen Organisation arbeitet. Die gegenseitige Achtung darf nicht gefährdet werden.	(2) Innerhalb der dienstlichen Unterkünfte und Anlagen findet während der Freizeit das Recht der freien Meinungsäußerung seine Schranken an den Grundregeln der Kameradschaft. Der Soldat hat sich so zu verhalten, daß die Gemeinsamkeit des Dienstes nicht ernstlich gestört wird. Der Soldat darf insbesondere nicht als Werber für eine politische Gruppe wirken, indem er Ansprachen hält, Schriften verteilt oder als Vertreter einer politischen Organisation arbeitet. Die gegenseitige Achtung darf nicht gefährdet werden.
§30 Gemeinschaftsunterkunft und -verpflegung. Der Dienstleistende ist verpflichtet, in einer GEMEINSCHAFTSunterkunft zu wohnen und an einer GEMEINSCHAFTSVERPFLEGUNG teilzunehmen . . .	§18 Gemeinsames Wohnen. Der Soldat ist auf dienstliche Anordnung verpflichtet, in einer GEMEINSCHAFTSunterkunft zu wohnen und an einer GEMEINSCHAFTSVERPFLEGUNG teilzunehmen . . .

§38 Seelsorge. Der Dienstleistende hat einen Anspruch auf ungestörte Religionsausübung. Die Teilnahme am Gottesdienst ist freiwillig.	§36 Seelsorge. Der Soldat hat einen Anspruch auf Seelsorge und ungestörte Religionsausübung. Die Teilnahme am Gottesdienst ist freiwillig.
§80 Einschränkung von Grundrechten. Die Grundrechte der körperlichen Unversehrtheit (. . .), der Freiheit der Person (. . .), der Freizügigkeit (. . .) und der Unverletzlichkeit der Wohnung (. . .) sowie das Petitionsrecht (. . .) werden nach Maßnahme dieses Gesetzes eingeschränkt.	§51 (WehrPflG) Einschränkung von Grundrechten. Die Grundrechte der körperlichen Unversehrtheit (. . .), der Freiheit der Person (. . .) und der Freizügigkeit (. . .) werden nach Maßnahme dieses Gesetzes eingeschränkt.

Strafgesetzbuch

Vergehen gegen die Landesverteidigung

§109. [Selbstverstümmelung] (1) Wer sich oder einen anderen mit dessen Einwilligung durch Verstümmelung oder auf andere Weise zur Erfüllung der Wehrpflicht untauglich macht oder machen läßt, wird mit Gefängnis nicht unter drei Monaten bestraft.

(2) Führt der Täter die Untauglichkeit nur zeitweise oder für eine einzelne Art der Verwendung herbei, so ist die Strafe Gefängnis.

(3) Der Versuch ist strafbar.

§109a. [Arglistige Wehrdienstumgehung] (1) Wer sich oder einen anderen durch arglistige, auf Täuschung berechnete Machenschaften der Erfüllung der Wehrpflicht dauernd oder zeitweise, ganz oder für eine einzelne Art der Verwendung entzieht, wird mit Gefängnis bestraft.

(2) Der Versuch ist strafbar.

§109b[1] [Verleitung zum Ungehorsam] (1) Wer vorsätzlich einen Soldaten der Bundeswehr verleitet, einen Befehl nicht zu befolgen, und dadurch die Sicherheit der Bundesrepublik Deutschland, die Schlagkraft der Truppe, Leib oder Leben eines Menschen oder ihm nicht gehörende Sachen von bedeutendem Wert gefährdet, wird mit Gefängnis oder mit Einschließung bis zu fünf Jahren bestraft.

(2) Der Versuch ist strafbar.

(3) In besonders schweren Fällen ist die Strafe Zuchthaus bis zu zehn Jahren.

(4) Wer in den Fällen des Absatzes 1 die Gefahr fahrlässig

herbeiführt, wird mit Gefängnis oder Einschließung bis zu zwei Jahren oder mit Geldstrafe bestraft.

(5) Die Tat ist nicht rechtswidrig, wenn der Befehl nicht verbindlich ist, insbesondere wenn er nicht zu dienstlichen Zwecken erteilt ist oder die Menschenwürde verletzt oder wenn durch das Befolgen ein Verbrechen oder Vergehen begangen würde. Dies gilt auch, wenn der Täter irrig annimmt, der Befehl sei verbindlich.

(6) Begeht ein Soldat der Bundeswehr Anstiftung zum Ungehorsam, so sind die Vorschriften des Wehrstrafgesetzes anzuwenden.

§109c.[1] [Verleitung zur Fahnenflucht] (1) Wer einen Soldaten der Bundeswehr verleitet, eigenmächtig seine Truppe oder Dienststelle zu verlassen oder ihr fernzubleiben, um sich der Verpflichtung zum Wehrdienst dauernd oder für die Zeit eines bewaffneten Einsatzes zu entziehen oder die Beendigung des Wehrdienstverhältnisses zu erreichen, wird mit Gefängnis bestraft.

(2) Der Versuch ist strafbar.

(3) Wer es einem Soldaten der Bundeswehr erleichtert, mit der in Absatz 1 bezeichneten Absicht eigenmächtig seine Truppe oder Dienststelle zu verlassen oder ihr fernzubleiben, wird mit Gefängnis bis zu drei Jahren bestraft.

(4) Begeht ein Soldat der Bundeswehr Anstiftung oder Beihilfe zur Fahnenflucht, so sind die Vorschriften des Wehrstrafgesetzes anzuwenden.

§109d.[1] [Verleumdung der Bundeswehr] (1) Wer unwahre oder gröblich entstellte Behauptungen tatsächlicher Art, deren Verbreitung geeignet ist, die Tätigkeit der Bundeswehr zu stören, wider besseres Wissen zum Zwecke der Verbreitung aufstellt oder solche Behauptungen in Kenntnis ihrer Unwahrheit verbreitet, um die Bundeswehr in der Erfüllung ihrer Aufgabe der Landesverteidigung zu behindern, wird mit Gefängnis bestraft.

(2) Der Versuch ist strafbar.

Politische Kriegsdienstverweigerung

Urteil des Bundesverwaltungsgerichtes

Ausfertigung

BVerwG VIII C 19.69 Verkündet
am 17. Dezember 1970
Niedack
Amtsrat
VG II A 102/1968 als Urkundsbeamter der Geschäftsstelle

Im Namen des Volkes!

In der Verwaltungsstreitsache

des Studenten Karl-Heinz B.xxxxxx in
xxxxxxxxxxxxxxxxxxxxxxxxxxxxxxxxxx –

Klägers und Revisionsklägers,
– Prozeßbevollmächtigte: Rechtsanwälte
xxxxxxxxxxxxxxxxxxxxxxxxxxxxxxxxxxx –

gegen

die Bundesrepublik Deutschland, vertreten durch
xxxxxxxxxxxxxxxxxxxxxxxxxxxxxxxxxx
xxxxxxxxxxxxxx
Beklagte und Revisionsbeklagte,
– Prozeßbevollmächtigter: Rechtsanwalt
xxxxxxxxxxxxxxxxxxxxxxxxxxxxxxxxxx –
hat der VIII. Senat des Bundesverwaltungsgerichts
auf die mündliche Verhandlung vom 17. Dezember 1970
durch den Senatspräsidenten Dr. Baring,
die Bundesrichter Maetzel, Dr. Raschke
und Dr. Korbmacher
sowie die Bundesrichterin Dr. Hopf

für Recht erkannt:

Die Revision des Klägers gegen das
Urteil des Verwaltunsgerichts der
Freien Hansestadt Bremen vom
19. Dezember 1968 wird zurückgewiesen.
Der Kläger trägt die Kosten des
Revisionsverfahrens.

Gründe:

I.

Der Kläger wurde, nachdem er die Reifeprüfung bestanden hatte, am 2. Januar 1967 auf seine Bewerbung für die Dauer von zwei Jahren als Soldat auf Zeit zur Bundeswehr einberufen. Mit Antrag vom 5. Mai 1968 bat er um Anerkennung als Kriegsdienstverweigerer. Er trug u. a. vor: Vor der Zeit seines Dienstes bei der Bundeswehr sei er völlig „umpolitisch" gewesen. Erst durch die Konfrontation mit den Kriegsmitteln der Bundeswehr habe er seine Sorglosigkeit verloren und allmählich begonnen, über das nachzudenken, was er irrtümlich einmal als selbstverständlich vorausgesetzt habe. Die Studien über politisch-gesellschaftliche Verhältnisse, die er daraufhin in der Freizeit getrieben habe, hätten sein politisches Bewußtsein von Grund auf verändert.

Der Kläger hatte mit seinem Anerkennungsbegehren im Verwaltungsverfahren keinen Erfolg. Er hat darauf beim Verwaltungsgericht Klage erhoben mit dem Antrag, die Verwaltungsbescheide aufzuheben und seine Berechtigung zur Kriegsdienstverweigerung festzustellen.

Während des Verfahrens vor dem Verwaltungsgericht wurde der Kläger gemäß § 55 Abs. 5 des Soldatengesetzes aus der Bundeswehr entlassen mit der Begründung, er gefährde deren Ansehen und die militärische Ordnung. Er war in zwei Fällen wegen Verteilung politischer Flugblätter und Schriften mit Arrest bestraft worden.

Die Beklagte ist der Klage entgegengetreten.

Das Verwaltungsgericht hat Beweis erhoben durch persönliche Vernehmung des Klägers und die Klage abgewiesen.

Gegen das klageabweisende Urteil hat der Kläger Revision eingelegt. Er rügt die Verletzung des materiellen Rechts und verfolgt seine Anträge.

Die Beklagte tritt der Revision entgegen.

II.

Die Revision ist unbegründet. Die Entscheidung des Verwaltungsgerichts, daß der Kläger keinen Anspruch darauf habe, als Kriegsdienstverweigerer im Sinne von Art. 4 Abs. 3 GG, § 25 des Wehrpflichtgesetzes – WpflG –, jetzt geltend in der Fassung der Bekanntmachung vom 28. September 1969 (BGBl. I S. 1773), anerkannt zu werden, beruht nicht auf einer Verletzung von Bundesrecht.

In tatsächlicher Hinsicht hat das Verwaltungsgericht festgestellt: Der Kläger mache zur Begründung seiner Kriegsdienstverweigerung geltend, daß er nach seiner im Gewissen verankerten Überzeugung Unrecht tun würde, wenn er gegenwärtig

in einem Krieg als Soldat der Bundesrepublik an der Vernichtung von Menschen mitwirken müßte. In seinen Augen sei die Bundesrepublik verantwortlich für die Spannungen mit ihren möglichen Gegnern und werde sie ohne einen Wandel ihrer Politik, der wiederum einen Wandel der Gesellschaftsstruktur voraussetze, in einer etwaigen bewaffneten Auseinandersetzung mit anderen Staaten der Aggressor sein, wer immer auch den ersten Schlag geführt haben sollte. Mit seinem Gewissen, das für ihn „politische Vernunft“ bedeute, halte er es für unvereinbar, der Bundesrepublik und der Bundeswehr zu dienen, die er als „lebensbedrohend“ ansehe, weil „sie zur Stützung eines widersprüchlichen Wirtschaftssystems und einer aggressiven militärischen Politik die ungeheuren Gefahren des heutigen Rüstungspotentials“ heraufbeschwörten. Er wolle für den Fall, daß es in der gegenwärtigen politischen Situation zu einer kriegerischen Auseinandersetzung kommen sollte, zwar in erster Linie versuchen, sich aus militärischen Aktionen herauszuhalten. Er würde in solcher Lage jedoch auch bereit sein, Widerstand zu leisten und dabei notfalls auch Waffengewalt anzuwenden, und zwar Waffengewalt im Sinne einer von ihm so bezeichneten „Partisanentätigkeit“ gegen die von ihm als „unterdrückerisch“ empfundenen herrschenden gesellschaftlichen Kräfte der Bundesrepublik. Ein striktes inneres Verbot zur Waffenanwendung im Kriege gelte in der gegenwärtigen historischen Lage für ihn nur gegenüber den Angehörigen der als Gegner der Bundesrepublik in Betracht kommenden Staaten, nicht jedoch gegenüber den Angehörigen der in der Bundesrepublik herrschenden gesellschaftlichen Kräfte.
Diese tatsächlichen Feststellungen des Verwaltungsgerichts, gegen die der Kläger Revisionsrügen nicht erhoben hat und an die das Bundesverwaltungsgericht deshalb gemäß § 137 Abs. 2 VwGO gebunden ist, rechtfertigen das angefochtene Urteil.
Das Verwaltungsgericht ist bei der ihm obliegenden Würdigung des Beweisergebnisses, vornehmlich der Erklärungen des Klägers und des von ihm in der mündlichen Verhandlung gewonnenen persönlichen Eindrucks, allerdings zu der Überzeugung gelangt, dieser lasse sich bei der Verfolgung seines Antrages auf Anerkennung als Kriegsdienstverweigerer in der Tat von dem Gebot seines Gewissens leiten. Das begegnet aus Rechtsgründen keinen Bedenken und ist insbesondere auch vereinbar mit der Feststellung des Verwaltungsgerichts, die Kriegsdienstverweigerung sei für den Kläger ein „politischer Akt durch und durch“, und „Gewissen“ bedeute für ihn „politische Vernunft“. Denn das Verwaltungsgericht hat weiterhin angenommen, daß der Kläger ungeachtet dieser seiner Erklärungen bei seinem Handeln nicht nur politischen Zielen und rationalen Erwägungen folgt, sondern sich auch von seinem durch diese Anstöße geprägten Gewissen im Sinne eines von ihm als ihn unmittelbar verpflichtend empfundenen inneren sittlichen Gebots leiten läßt. Der daraus gezogene Schluß des

Verwaltungsgerichts auf eine vom Kläger verbindlich getroffene Gewissensentscheidung steht im Einklang mit der ständigen Rechtssprechung des Bundesverwaltungsgerichts zum Begriff des Gewissens im Sinne des Art. 4 Abs. 3 GG. Das Bundesverwaltungsgericht hat insbesondere wiederholt ausgesprochen, das Vorliegen einer Gewissensentscheidung werde nicht dadurch in Frage gestellt, daß für eine dem Anruf des Gewissens folgende Haltung des Betroffenen auch noch andere Gründe – mehr oder weniger nachhaltig – bestimmend seien (vgl. Urteil vom 24. April 1969 – BVerwG VIII C 37.68 –[Buchholz 448.0 § 25 WpflG Nr. 25]; Urteil vom 16. Oktober 1969 – BVerwG VIII C 81.67–).

Gleichwohl hat das Verwaltungsgericht den Anspruch des Klägers auf Anerkennung als Kriegsdienstverweigerer mit Recht verneint. Denn die vom Kläger getroffene Gewissensentscheidung entspricht nach ihrem Inhalt nicht den Anforderungen, die gemäß Art. 4 Abs. 3 GG und § 25 WpflG im Hinblick auf die vom Kriegsdienstverweigerer eingenommene Gewissensposition erfüllt sein müssen, damit er den Grundrechtsschutz vor einer Heranziehung zum Wehrdienst beanspruchen kann.

Das Bundesverwaltungsgericht hat im Anschluß an den Beschluß des Bundesverwaltungsgerichts vom 20. Dezember 1960 (BVerfGE 12,45) und in sachlicher Übereinstimmung mit ihm in seither ständiger Rechtssprechung hervorgehoben, daß unter dem Schutz des Art. 4 Abs. 3 GG derjenige Wehrpflichtige steht, der jeglichen Kriegsdienst mit der Waffe ablehnt, weil seiner Wehrdienstleistung ein in seinem Gewissen wurzelndes absolutes Tötungsverbot oder – positiv gewendet – das Gebot zur unbedingten Achtung des menschlichen Lebens entgegensteht (vgl. z. B. Urteil vom 23. Juni 1961 – BVerwG VII C 52.58 –[Buchholz a. a. O. Nr. 7 = NJW 1961, 1548 = DÖV 1962, 302]; Urteil vom 3. August 1962 – BVerwG VII C 85.61 –[Buchholz a. a. O. Nr. 11]; BVerwGE 23, 96 und Urteil vom 31. Oktober 1968 – BVerwG VIII C 28.67 –[Buchholz a. a. O. Nr. 24 = DVBl. 1970, 464 = BWV 1969. 115 = NZWehrr. 1969, 118]). Der Anspruch, von der Heranziehung „zum Kriegsdienst mit der Waffe“ freigestellt zu werden, verlangt demnach eine uneingeschränkte, vorbehaltlose und prinzipielle Entscheidung gegen die eigene Beteiligung bei der kriegerischen Bekämpfung anderer Menschen mit tödlichen Waffen, eine Gewissensentscheidung mithin, auf welche sich voraussetzungsgemäß nicht berufen kann, wer vor seinem Gewissen zwischen einer sittlich erlaubten und einer sittlich verwerflichen Tötung von Menschen im Kriege unterscheidet. Nicht die Gewissensposition, die sich gegen die Teilnahme an diesem oder jenem Kriege in dieser oder jener politisch-historischen Lage mit diesen oder jenen Waffen richtet, vermag den Grundrechtsschutz auszulösen, sondern alleine jene Gewissensposition, die dem Betroffenen

wegen des keine Ausnahme duldenden Tötungsverbots die Beteiligung an jeder kriegerischen Waffenanwendung als sittlich unerlaubt schlechthin verbietet. Das bringt die im Blick auf die Einführung der allgemeinen Wehrpflicht in das Grundgesetz eingefügte Vorschrift des Art. 12 a Abs. 2 Satz 1 GG zum Ausdruck dadurch, daß sie eine Weigerung uneingeschränkt gegen „d e n Kriegsdienst mit der Waffe“ voraussetzt. Damit wird verdeutlicht, daß auch das den Gegenstand der Gewissensentscheidung bezeichneten Tatbestandsmerkmal „z u m Kriegsdienst mit der Waffe” in Art. 4 Abs. 3 GG nur die gegen die Beteiligung schlechthin an jedem Kriegsdienst gerichtete Gewissensposition erfaßt. Das entspricht dem Zweck und dem inneren Grund der Regelung. Sie schützt den einzelnen angesichts der verfassungsrechtlichen Grundentscheidung für die militärische Verteidigung und die allgemeine Wehrpflicht nicht vor der Dienstleistungspflicht in der Bundeswehr als solcher, sondern vor dem den exzeptionellen Charakter der Kriegsdienstpflicht ausmachenden Zwang, sich im Verteidigungsfall als Soldat mit der dann von ihm geforderten Waffenanwendung an der Tötung anderer Menschen beteiligen zu müssen, wenn das mit der Forderung seines Gewissens schlechthin nicht vereinbar ist (vgl. auch BVerfGE 28, 243[262]).
Auf der Anwendung dieser Grundsätze beruht die ständige Rechtsprechung des Bundesverwaltungsgerichts, nach welcher vom Schutz des Art. 4 Abs. 3 GG nicht umschlossen wird die sog. situationsbedingte Kriegsdienstverweigerung, die gekennzeichnet ist einerseits durch ein nur selektiv für bestimmte historische Situationen geltendes Gewissensverbot zur Waffenanwendung im Kriege und andererseits durch eine damit korrespondierende Bereitschaft zur Kriegsdienstleistung unter anderen als den gegebenen politischen oder militärischen Verhältnissen. Um eine in diesem Sinn gegenständlich eingeschränkte Verweigerung der Wehrdienstleistung handelt es sich bei dem Kläger nicht, weil er die Motive seiner Kriegsdienstverweigerung zwar aus der gegenwärtigen politischen Lage entnimmt, aus ihnen aber die Überzeugung gewonnen hat, daß er sich schlechthin jeder Wehrdienstleistung für die Bundesrepublik versagen müsse. Gleichwohl treffen die Erwägungen, die zur Ablehnung der Anerkennung als Kriegsdienstverweigerer bei nur „situationsbedingten“ Weigerungsgründen führen, in ihrem Kern auch auf den vorliegenden Sachverhalt zu.
Wer, wie der Kläger, die Anwendung tödlicher Waffen gegen Menschen als Mittel der politischen Auseinandersetzung und der gewaltsamen Durchsetzung innerpolitischer Ziele mit seinem Gewissen für vereinbar hält, hat damit zwar, wie der Revision einzuräumen ist, nicht im Sinne der „situationsbedingten“ Kriegsdienstverweigerung eine partielle Bereitschaft zum Kriegsdienst (nach der Art. 4 Abs. 3 GG zugrunde liegenden herkömmlichen Bedeutung dieses Begriffs) erklärt. Seine Ge-

wissensentscheidung ist aber ebensowenig wie die Gewissensentscheidung im Fall einer „situationsbedingten" Kriegsdienstverweigerung inhaltlich durch die sittliche Forderung nach der vorbehaltlosen Achtung des menschlichen Lebens bestimmt. Das Gewissen läßt vielmehr hier wie dort aufgrund einer vorgängigen prinzipiellen Entscheidung die Waffenanwendung mit der in Kauf genommenen Folge der Tötung von Menschen zu. Nicht das Verbot selbst, tödliche Waffen zu gebrauchen, sondern die Voraussetzung, unter denen die Waffenanwendung gegen Menschen für zulässig zu erachten ist, bestimmen in diesen Fällen den Gegenstand der Gewissensentscheidung. Eine solche Haltung macht die Berufung auf ein absolutes Tötungsverbot als Grund für die Kriegsdienstverweigerung schlechthin unmöglich; sie muß daher auch dann zur Ablehnung des Anspruchs auf Anerkennung als Kriegsdienstverweigerer führen, wenn sich die im Sinne des Art. 4 Abs. 3 GG inhaltlich unzureichende Gewissensentscheidung nicht aus einer nur partiellen Ablehnung der Wehrdienstleistung, sondern aus einer in anderer Weise bekundeten Bejahung der Waffenanwendung als eines sittlich erlaubten Mittels für die Auseinandersetzung mit anderen Menschen ergibt.

Diese Folgerung steht nicht in Widerspruch zu früheren Entscheidungen des Bundesverwaltungsgerichts zur Beurteilung eines vom Kriegsdienstverweigerer bejahten individuellen Notwehrrechts, insbesondere auch nicht zu den von der Revision genannten Urteilen vom 23. Juli 1961 – BVerwG VII C 33.60 – und vom 15. Mai 1963 – BVerwG VII C 104.61 –. Nach diesen Entscheidungen wird die Anerkennung eines Wehrpflichtigen als Kriegsdienstverweigerer nicht dadurch ausgeschlossen, daß er das Recht auf Notwehr gegenüber unmittelbaren Angriffen gegen sich oder andere bejaht und es dabei für sittlich vertretbar hält, den Angreifer notfalls auch zu töten. Diese Rechtssprechung, an der festzuhalten ist, geht davon aus, daß der Verzicht auf die persönliche Verteidigung gegen einen gegenwärtigen rechtswidrigen und auf andere Weise nicht abzuwendenden Angriff ein unzumutbares Maß an Selbstentäußerung voraussetzen würde, das dem Angegriffenen weder von der staatlichen Rechtsordnung noch nach sittlichen Maßstäben abverlangt wird. Deshalb wird auch durch das individuelle Bekenntnis des Wehrpflichtigen, in einer möglichen Notwehrlage zur eigenen Verteidigung oder zur Nothilfe für Dritte bereit zu sein, die für die Kriegsdienstverweigerung geforderte grundsätzliche Wertentscheidung gegen die Teilnahme an der Tötung von Menschen im Kriege nicht berührt. Auf diese Grundsätze kann sich aber nicht berufen, wer über die sittliche Billigung der Abwehr rechtswidriger Angriffe hinaus seinerseits zum aktiven Handeln und zum Einsatz tödlicher Waffen gegen Menschen unter Verletzung des innerstaatlichen Friedenszustandes prinzipiell bereit ist. Da ihm die Rechtfertigung einer persönlichen Notwehr nicht zur Seite steht, muß er gegen sich gelten lassen, daß die Bereitschaft zum innerstaatlichen Waffeneinsatz die Berufung auf ein als Gewissensforderung empfundenes Tötungsverbot notwendig ausschließt.

Dies gilt auch im Hinblick darauf, daß der Kläger, soweit er den Einsatz von Waffen gegen Menschen für sittlich erlaubt hält, offensichtlich ein Recht auf Widerstand in Anspruch nehmen will. Das nötigt nicht zu einem Eingehen auf die Frage, ob das verfassungsrechtlich gewährleistete Widerstandsrecht (Art. 20 Abs. 4 GG) auch Widerstandshandlungen unter Gewaltanwendung umfassen kann. Es kann ferner auf sich beruhen bleiben, daß das der grundgesetzlichen Ordnung entsprechende Widerstandsrecht immer nur ein Widerstandsrecht sein kann, das den Schutz und die Erhaltung dieser Ordnung selbst zum Ziele hat und nicht etwa deren Untergrabung oder Beseitigung legitimiert (BVerfGE 5, 85 [376 ff]). Denn es müßte sich auch derjenige, der im Rahmen einer rechtsmäßigen Widerstandshandlung die Anwendung von tödlichen Waffen gegen Menschen von vornherein für sittlich erlaubt hält, entgegenhalten lassen, daß es ihm auch dann, wenn sein Verhalten einem Gewissensgebot entspricht, jedenfalls an der vorbehaltlosen Achtung des menschlichen Lebens fehlt, die die Anerkennung als Kriegsdienstverweigerer voraussetzt und rechtfertigt.

Die vom Kläger erörterte Frage, ob und gegebenenfalls unter welchen Voraussetzungen ein Polizeibeamter, der damit rechnen muß, bei der Ausübung seines Dienstes genötigt zu sein, von der Waffe Gebrauch zu machen, und eine solche Amtshandlung auch billigen würde, gleichwohl auch als Kriegsdienstverweigerer anerkannt werden könnte, ist vom Bundesverwaltungsgericht noch nicht entschieden worden. Es besteht kein Grund, zu diesem Problem, das die Berücksichtigung besonderer Gesichtspunkte verlangt, in dem hier gegebenen Zusammenhang Stellung zu nehmen.

Da die Revision schon aus den dargelegten Gründen zurückzuweisen war, bedurfte es schließlich keines Eingehens auf die Frage, ob die Anerkennung des Klägers als Kriegsdienstverweigerer möglicherweise auch unter dem Gesichtspunkt des Toleranzprinzips hätte scheitern müssen. Da das Recht auf Befreiung von der Wehrdienstleistung nach Art. 4 Abs. 3 GG selbst Ausdruck des Toleranzprinzips ist, muß auch seine Inanspruchnahme unter dem Gebot der Toleranz stehen. Es kann fraglich erscheinen, braucht hier aber nicht entschieden zu werden, ob sich die Berufung auf ein Grundrecht dann noch im Rahmen der durch das Toleranzgebot begrenzten Rechtsausübung hält, wenn das erklärte Ziel des Wehrpflichtigen die notfalls mit Waffengewalt zu bewirkende Beseitigung derjenigen Rechtsordnung ist, die gerade auch durch die in Art. 4 GG gewährleistete Gewissensfreiheit gekennzeichnet ist.

Die Kostenentscheidung beruht auf § 154 Abs. 2 VwGO.

Dr. Baring	Maetzel	Dr. Raschke
Dr. Korbmacher		Dr. Hopf

B e s c h l u ß

Der Wert des Streitgegenstandes wird für das Revisionsverfahren auf 3 000 DM festgesetzt.

Berlin, den 17. Dezember 1970

Dr. Baring	Maetzel	Dr. Raschke
Dr. Korbmacher		Dr. Hopf

Ausgefertigt

Amtsrat
als Urkundsbeamter der Geschäftsstelle

Anti-Bundeswehrkampagne des SDS

Die Produktion von Kriegsdienstverweigerern in der Truppe wäre ohne Stellenwert, wenn diese nicht politisiert würden, damit sie sich als Kader innerhalb der Kaserne verstehen können. Weiteres Mittel zur Erreichung des strategischen Ziels der Kampagne ist die volle Ausnutzung des juristischen Freiheitsspielraumes der Soldaten. Die Kader in den Kasernen arbeiten als Rechtsberater, die ihren Kameraden genau sagen können, wie und wo sie sich wehren können. Sie arbeiten so, daß sie sich bei ihnen beliebt und nützlich machen, um so zu informellen Führern von Kameradschaftsgruppierungen zu werden. Sie verlächerlichen und verunsichern die Autorität der Vorgesetzten im politischen Unterricht und entlarven sie als Masken. Sie erreichen dadurch, daß sich ihre Kameraden, da sie rechtsbewußt geworden sind, nicht mehr einschüchtern lassen, daß sie selbstsicherer werden, daß sie nicht mehr voll einsetzbar und verfügbar sind, daß sich bei ihnen ein Problembewußtsein bildet. Sie erreichen dadurch, daß die Autorität der Ausbilder und Offiziere untergraben, das Vertrauensverhältnis gestört und die Integration und Formierung zumindest partiell durchbrochen wird. Dadurch schaffen sie die Voraussetzungen der Agitation, der Gegeninformation, Politisierung und Mobilisierung ihrer Kameraden, die, wenn sie die latenten Widersprüche des Systems erkennen, selbst Kader werden können, so daß es zur Bildung von Basisgruppen und Widerstandszentren in den Einheiten selbst kommt. Bislang – und es wird wohl auch in absehbarer Zukunft so sein – sind die Kader per Kriegsdienstverweigerung aus der Bundeswehr selbst rekrutiert worden, was sehr viel und kontinuierliche Kleinarbeit erforderte und bedeutet. Kriegsdienstverweigernde Soldaten sind nach aller Erfahrung relativ schnell zu politisieren und zu aktivieren, da sie die Widersprüche des Systems hautnah sinnlich erfahren, daß eine Antragstellung immer einen Imitationseffekt hatte und so Ansatz zu weiterer interner Aktivität und Vergrößerung der Basis in der Truppe bot.
Neben der Kampagne an und in der Bundeswehr selbst, ist die Kampagne an den Schulen, Betrieben und Universitäten zu forcieren. Ziel ist
1. massenhaft Schüler, junge Arbeiter und Studenten zur politischen Kriegsdienstverweigerung zu bringen,
2. Kader zu gewinnen und zu schulen, die möglichst massenhaft in die Bundeswehr gehen, um dort zu arbeiten,
3. wissenschaftliche Grundlagenforschung zu betreiben, um die Anti-Bundeswehr-Kampagne theoretisch besser fundieren zu können und ihre Strategie und Taktik so flexibel wie mög-

lich zu halten.
Eine massenhafte Kriegsdienstverweigerung hat mehrere Effekte: einmal entzieht sie der Bundeswehr den notwendigen Nachwuchs besonders für die Offiziers–, Unteroffiziers– und technischen Laufbahnen, zum anderen bietet sie, da hier die Betroffenen unmittelbar in ihren unmittelbarsten und persönlichsten Interessen tangiert sind, die Möglichkeit zur Politisierung und zur Mobilisierung besonders derer, die nicht von der Schüler–, Studenten– und Jungarbeiterbewegung erfaßt werden, wodurch sich das Potential der Emanzipationsbewegung wesentlich vergrößern kann, wodurch sich auch Kader für den Produktionsprozeß gewinnen lassen. Notwendig aber ist, daß diese Kriegsdienstverweigerung erstens massenhaft und zweitens politische Verweigerung als Akt politischen Widerstandes ist, erster Schritt sich revolutionierenden Bewußtseins. Die Kampagne der massenhaften Kriegsdienstverweigerung vor der Bundeswehr-Zeit muß die Verweigerung als Instrument der Täuschung und des Freispruchs des Systems umfunktionieren in ein Instrument des bewußten Widerstandes. Weiterer Teil der Kampagne ist die Heranziehung und systematische Schulung von Kadern, die in der Bundeswehr „dienen" sollen, damit sie taktisch richtig arbeiten und als „Wissende" nicht unter dem psychischen und physischen Druck zerbrechen.

1. Infiltration der pazifistischen und rechten VK-Gruppen durch die APO, um auch aus diesen Gruppen Zentren der Anti-Bundeswehr-Kampagne zu machen, damit der gesamte VK in absehbarer Zukunft zur Projektgruppe Bundeswehr der APO wird.
2. Unterstützung der progressiven VK-Gruppen durch praktische und theoretische Mitarbeit. Die Basis jeder VK-Gruppe in Bezug auf Aktive ist bei der zu bewältigenden Kleinarbeit der Anti-Bundeswehr-Kampagne zu klein.
3. Theoretische Grundlagenforschung über die Integrationsmechanismen der Bundeswehr, über den Prozeß der Faschisierung, der Formierung in den Streitkräften, die gesellschaftspolitische und ökonomische Funktion der Bundeswehr, ihre Bedeutung als integrierte Streitkräfte im Rahmen der NATO, als Hilfsinstrument innerhalb der Internationale der Unterdrückung, etc.
4. Bildung von Basisgruppen für die Anti-Bundeswehr-Kampagne und die Kampagne zur massenhaften Kriegsdienstverweigerung überall in der BRD

Monatszeitung *was tun,* Jahrgang II, Nr. 6/1969

Konzeption eines Friedensdienstes – Selbstorganisation der Ersatzdienstleistenden

Modell einer Selbstorganisation der Ersatzdienstleistenden:*

Lokal:
Ersatzdienstgruppen organisieren sich am Ort. Basisgruppen oder nahe beieinanderliegende Gruppen schließen sich zusammen, um politisch zu arbeiten, Aktionsmodelle zu entwickeln oder Kampagnen durchzuführen. Notwendige Zusammenarbeit mit politischen Gruppen muß nach örtlichen, politischen Gegebenheiten entschieden werden, zum Beispiel mit den Kriegsdienstverweigererverbänden, Schüler– und Lehrlingsgruppen, studentischen Gruppen, politischen Clubs, Gewerkschaften und Kirchen etc.

Regional:
Drei bis fünf Regionalzentren sollten errichtet werden.

Aufgaben:
1. Sammeln und Weitergeben von Informationen, Adressen, Berichten (setzt voraus, daß die Gruppen berichten);
2. Versand von Rundschreiben, Infos und Papieren;
3. Technische Hilfe;
4. Koordination von regionalen Aktionen;
5. Durchführung von Seminaren, Regionalkonferenzen und der Regionalversammlung, bei denen die politische Arbeit festgelegt wird.

Überregionale Arbeit:
Koordination überregionaler Aktionen, Informationsspeicher, Pressearbeit, Kontakte zu den Regionalzentren.
Diese Selbstorganisation Ersatzdienstleistender sollte durch Hilfe der beiden Kriegsdienstverweigererverbände und anderer politischer Organisationen unterstützt und aufgebaut werden.

---

* Abschlußerklärung der Projektgruppe 2 des Kongresses „Jugend gegen Kriegsdienst", der Pfingsten 1970 in Essen stattfand.

Konzeption eines Friedensdienstes:

A) Notwendigkeit des Friedensdienstes in der BRD 1970:

Die bestehende Konzeption des Ersatzdienstes ist unbrauchbar. Die Ergänzung und Verbesserung einzelner Bestimmungen des geltenden Ersatzdienstgesetzes genügt nicht. Wir brauchen eine neue Konzeption für den Friedensdienst in unserer Gesellschaft.
Eine konfliktfreie Gesellschaft ist nicht denkbar. Aufgabe des Friedensdienstes ist es, dafür zu sorgen, daß gesellschaftliche Konflikte aufgedeckt und ausgetragen werden, und die dabei auftretenden möglichen zerstörerischen Wirkungen verhindert werden.
Das gelingt nur, wenn bestehende beziehungsweise entstehende Konflikte mit friedlichen Methoden auf rationaler Basis ausgetragen werden. Das setzt voraus, daß die Aggression der Menschen im individuellen Bereich und auch in den gesellschaftlichen und zwischenstaatlichen Beziehungen bewußt gemacht werden.
Außerdem muß ständig versucht werden, die Konfliktursachen zu beseitigen, damit es nach Möglichkeit überhaupt nicht zum Konflikt kommt. Das kann nur gelingen, wenn in der Gesellschaft soziale Gerechtigkeit verwirklicht wird.
Zur Erfüllung dieser Aufgabe genügt nicht der gute Wille, sondern es ist dazu eine ständige empirische Friedensforschung notwendig, die dem Friedensdienst Handlungsmodelle liefert und seine Erfahrungen analysiert, um verbesserte Handlungsmodelle entwerfen zu können.
Der Friedensdienst gliedert sich in den Sozialdienst und in die soziale Verteidigung.
Der Schwerpunkt liegt im Sozialdienst, da er der Verwirklichung des Friedens dient. Die soziale Verteidigung soll die Gesellschaft wirksam gegen einen Angriff organisierter Gewalt verteidigen.

B) Sozialdienst:

I. Dienstleistende im sozialen Dienst
Grundsätzlich fordern wir die Abschaffung der militärischen Dienstpflicht. Im Rahmen der jetzt nocht bestehenden Wehrpflicht können Dienstleistende (DL) im Sozialdienst sein:
1. Jeder Wehrpflichtige, der als Kriegsdienstverweigerer anerkannt ist, hat für die gleiche Dauer wie die Soldaten Dienst zu leisten; das bisherige Anerkennungsverfahren wird ersetzt durch ein einfaches Feststellungsverfahren, in welchem der Kriegsdienstverweigerer erklärt, daß er aus Gewissensgründen den Kriegsdienst mit der Waffe verweigert und bereit ist, Friedensdienst zu leisten; Kriegsdienstverweigerer, die diese Erklärung erst nach Dienstantritt bei der Bundeswehr abgeben, sol-

len sie begründen; bis zur rechtskräftigen Entscheidung ihres Antrages brauchen sie keinen Dienst mit der Waffe zu leisten.
2. Jeder Wehrpflichtige, der sich freiwillig meldet und der seinen Wehrdienst noch nicht geleistet hat.
3. Für Frauen muß die Möglichkeit zur Mitarbeit im Sozialdienst gegeben sein.
4. Die Möglichkeit der Mitarbeit von Ausländern muß bestehen.
Für alle Dienstleistenden muß die Möglichkeit geschaffen werden, sich länger zu verpflichten.

II. Aufgabenbereiche des Sozialdienstes

Die Tätigkeit im Sozialdienst muß stets orientiert sein an der positiven Entscheidung der DL für eine gewaltfreie Bewältigung von Konflikten im menschlichen Zusammenleben. Es genügt nicht, daß die Tätigkeit im Sozialdienst der Gesellschaft insgesamt zugute kommt, sondern sie muß spezifisch der Friedensarbeit dienen. Keinesfalls darf sie für die Erzielung privaten Profites verwendet werden.
Die Tätigkeit im Sozialdienst muß geeignet sein, die Einsatzbereitschaft, die Fähigkeit und Begabung der DL vollständig im Interesse der Friedensarbeit zu nutzen. Die Tätigkeit im Sozialdienst darf sich nicht in unqualifizierter Arbeit erschöpfen. Jeder DL muß sich am Ende der Grundausbildung einer Eignungsprüfung unterziehen. Im Rahmen seiner Eignung kann er den Tätigkeitsbereich, in dem er eingesetzt werden soll, frei wählen.
Die optimale Nutzung der Fähigkeiten der DL erfordert ein vielfältiges Angebot an Dienstmöglichkeiten. Folgende Tätigkeitsbereiche kommen für den Sozialdienst in Betracht:
1. Sozialpädagogische Dienste:
a) allgemein erziehend:
b) resozialisierend;
c) betreuend.
2. Mitarbeit an Friedensforschungsinstituten
a) selbständige wissenschaftliche Arbeit;
b) wissenschaftliche Hilfsarbeit.
3. Aufklärung der Bevölkerung über die Konzeption des Friedensdienstes
4. Dienste im Ausland
5. pflegerische Dienste
6. Verwaltungsdienste
a) in Einsatzstellen;
b) in der Organisation des Friedensdienstes.
7. Planung der sozialen Verteidigung mit Aufbau von Gruppen
8. Dienstleistungen in privaten Firmen
Einsatzstellen können von den DL selbst geschaffen und geleitet werden.

III. Ausbildung

Die Ausbildung im Sozialdienst darf nicht unter dem Gesichtspunkt erfolgen, daß der DL möglichst schnell für irgendeinen praktischen Dienst einsatzfähig wird. Die Ausbildung soll bewirken, daß der DL in die Lage versetzt wird, qualifizierte praktische Friedensarbeit zu leisten.
Jeder DL erhält eine Ausbildung, die sich in Grundausbildung, Grundfachausbildung und Spezialfachausbildung gliedert.
In der Grundausbildung wird der DL mit der Konzeption des Friedensdienstes bekannt gemacht, insbesondere mit den Möglichkeiten des Friedensdienstes, den Grundsätzen der Gewaltfreiheit, den hauptsächlichen Konfliktursachen, Möglichkeiten der Konfliktlösung und Methoden des gewaltfreien Widerstandes. Durch die Grundausbildung muß der DL in die Lage versetzt werden, sich für eine bestimmte Dienstart entscheiden zu können. Die Ausbildung soll nach dem Baukastensystem aufgebaut sein und nach gruppendynamischen Methoden durchgeführt werden. Die unterschiedlichen Voraussetzungen der DL sind in der Weise zu berücksichtigen, daß jeder, entsprechend seinen bereits vorhandenen Fähigkeiten und Kenntnissen, weiter gebildet wird.
In der Grundfachausbildung erhält der DL die fachlichen Grundkenntnisse für den Tätigkeitsbereich, in dem er später Dienst tun wird.
Grundausbildung und Grundfachausbildung finden an einer Schule für den Friedensdienst statt. Die Dauer der Grund- und Grundfachausbildung hängt vom Umfang der noch zu entwickelnden Lehrpläne ab.
Die Spezialfachausbildung erfolgt während der Tätigkeit am Einsatzort.
Während der Dienstzeit nimmt der DL mehrfach an mehrtägigen Kursen an der Friedensdienstschule zur Vertiefung der Grundausbildung teil.
Durch die Ausbildung im Sozialdienst soll den DL Gelegenheit gegeben werden, die Fachhochschulreife für soziale Berufe zu erwerben. DL, die einen sozialen Beruf erlernen wollen, sind auf Antrag bis zum Abschluß ihrer Ausbildung zurückzustellen, so daß sie dann in ihren Beruf als Fachkraft eingesetzt werden können.

IV. Organisation

1. Grundsätzliches:

Der Friedensdienst ist eine umfassende Aufgabe der gesamten Gesellschaft. Für ihre Organisation, Finanzierung und Verwaltung ist der Staat verantwortlich, ebenso wie bei der militärischen Verteidigung.
Der Friedensdienst wird in enger Zusammenarbeit mit den bereits bestehenden Organisationen durchgeführt, die in den Aufgabenbereichen des Friedensdienstes tätig sind (Trägerorganisationen).

Die Mitbestimmung der DL bei der Verwirklichung des Friedensdienstes muß gewährleistet sein. Die Forderung nach Mitbestimmung im Friedensdienst ist dringlicher als in anderen gesellschaftlichen Bereichen, da die Erfüllung der Aufgabe des Friedensdienstes von den DL nicht erzwungen werden kann, sondern ihre freiwillige Mitarbeit voraussetzt, obwohl sie in ihrer Mehrzahl zur Ableistung des Friedensdienstes einberufen werden.
Im Friedensdienst darf kein Befehls-Gehorsams-Verhältnis aufgebaut werden, wie in einer militärischen Organisation. Die Disziplinargewalt darf nur dazu benutzt werden, die Durchführung der Arbeiten des Friedensdienstes zu gewährleisten, wenn sie von einem DL vorsätzlich ernsthaft gefährdet wird.
Das Recht auf Meinungsfreiheit und das Recht auf politische Betätigung der DL muß garantiert sein. Den DL wird ein Streikrecht gewährleistet.
An der Organisation des Sozialdienstes sind die DL, der Staat und die Trägerorganisationen beteiligt. An der Basis der Organisation stehen die Gruppen der DL. Auf Regional- und Bundesebene werden von den DL, dem Staat und den Trägerorganisationen ständige Vertretungen geschaffen. Vermittlungsausschüsse, die auf Regional- und auf Bundesebene gebildet werden und in denen die DL, der Staat und die Trägerorganisationen drittelparitätisch vertreten sind, entscheiden in Konfliktfällen.
Vom Bundestag wird ein Beauftragter für den Sozialdienst gewählt.
2. Überblick über die verschiedenen Organe der DL, des Staates und der Trägerorganisationen:
a) Jeder DL gehört einer Gruppe an. An jeder Einsatzstelle wird eine Gruppe gebildet. Die DL einer Gruppe wählen einen Vertrauensmann, der die Interessen der Gruppe gegenüber dem Gruppenverwalter (Staat) und dem Fachleiter (Trägerorganisation) wahrnimmt und eine Stellung vergleichbar einem Betriebsrat hat.
Die DL wählen jeweils in ihrer Region die Delegierten für die Regionaldelegiertenkonferenz. Die Regionaldelegierten wählen einen ständigen Regionaldelegiertenausschuß, der die Beschlüsse der Bundesdelegiertenkonferenz verwirklicht und die Interessen der DL im Bundesvermittlungsausschuß wahrnimmt.
b) An der Spitze der staatlichen Verwaltung steht ein neu zu schaffendes Bundesamt, das dem Bundesarbeitsministerium untersteht.
Der Verwaltungsaufbau gliedert sich weiter in Regionalverwaltungen, deren Größe allein von verwaltungstechnischen Fragen abhängt; die Regionen müssen nicht mit den Grenzen der Bundesländer übereinstimmen.
Der Gruppenverwalter ist der Vertreter der staatlichen Verwaltung; er wird in der Regel für mehrere Gruppen zuständig sein.
c) Alle Trägerorganisationen, bei denen Einsatzstellen vorhan-

den sind, organisieren sich zur Erfüllung ihrer Aufgaben im Sozialdienst auf Bundesebene in einem Bundesausschuß und auf Regionalebene in Regionalausschüssen. Diese Ausschüsse ernennen beziehungsweise wählen die Vertreter der Trägerorganisationen für den Bundesvermittlungsausschuß und für die Regionalvermittlungsausschüsse.
In jeder Gruppe arbeitet ein Vertreter einer Trägerorganisation als Fachleiter.
3. Die Kompetenzen der einzelnen Gremien:
a) staatliche Verwaltung
aa) Bundesamt
- Aufstellung des Haushaltsplanes in Zusammenarbeit mit Bundesdelegiertenkonferenz (BDK) und Bundesausschuß der Trägerorganisationen (BATO);
- Bereitstellung der Mittel zur Finanzierung der Bundesgremien der DL und des Bundesvermittlungsausschusses;
- Koordination der Tätigkeit aller Regionalverwaltungen;
- Anerkennung der Trägerorganisationen, soweit sie auf Bundesebene organisiert sind, in Zusammenarbeit mit BDK und BATO;
- Richtlinien für die Einberufung, Zurückstellung, Annahme von Freiwilligen, Längerdienenden, in Zusammenarbeit mit BDK und BATO;
- Aufstellung von Rahmenlehrplänen für die Grundausbildung, in Zusammenarbeit mit BDK;
- Aufstellung der Rahmenlehrpläne für die Grundfach- und Spezialfachausbildung, in Zusammenarbeit mit BATO und BDK;
- Richtlinien für die Qualifikation der Lehrer an den Friedensdienstschulen, in Zusammenarbeit mit BDK und BATO;
- Forschungsarbeit für neue Einsatzmöglichkeiten;
- Werbung für den Friedensdienst, in Zusammenarbeit mit BDK und BATO;
- oberster Disziplinarvorgesetzter der Gruppenverwalter;
- Widerspruchsbehörde.

bb) Regionalverwaltung
- Einberufung, Zurückstellung, Annahme von Freiwilligen und Längerdienenden
- Anstellung und Ausbildung der Gruppenverwalter: Regionalvermittlungsausschuß hat Widerspruchsrecht;
- Anerkennung von Trägerorganisationen, soweit sie nur auf Regionalebene organisiert sind, in Zusammenarbeit mit Regionaldelegiertenkonferenz (RDK) und Regionalausschuß der Trägerorganisationen (RATO);
- Anerkennung der einzelnen Einsatzstellen, in Zusammenarbeit mit RDK und RATO;
- Bau, Einrichtung und Unterhaltung von Friedensdienstschulen;
- Anstellung der Lehrer für die Friedensdienstschulen nach freier Ausschreibung, Widerspruchsrecht des Regionalver-

mittlungsausschusses;
- Erarbeitung der Unterrichtspläne für die Gruppenausbildung in Zusammenarbeit mit RDK;
- Erarbeitung der Unterrichtspläne für die Grundfach- und Spezialfachausbildung in Zusammenarbeit mit RATO;
- Dienstvorgesetzter der Gruppenverwalter;
- Verteilung der Finanzmittel an RDK, Regionaldelegiertenausschuß und Regionalvermittlungsausschuß

cc) Gruppenverwalter
- Disziplinargewalt gegenüber DL; eine disziplinarische Maßnahme darf nur ausgesprochen werden, wenn der Betroffene gehört worden ist und der Vertrauensmann zugestimmt hat, anderenfalls Vorlage des Falles an die Regionalverwaltung; der Betroffene hat ein Einspruchsrecht;
- verwaltungsmäßige Betreuung der DL.

b) Dienstleistende (DL)

aa) Vertrauensmann
- Informationsrecht gegenüber Gruppenverwalter und Fachleiter über alle Fragen, die die DL seiner Gruppe betreffen;
- Anhörungsrecht bei disziplinarischen Maßnahmen; widerspricht er der vorgesehenen Disziplinarmaßnahme des Gruppenverwalters, muß die Regionalverwaltung angerufen werden;
- Kontakt zum Regional- und Bundesdelegiertenausschuß;
- Der Vertauensmann wird von seiner Verpflichtung zur Dienstleistung in der Einsatzstelle insoweit befreit, als das zur Erfüllung seiner Aufgaben als Vertrauensmann erforderlich ist; er darf gegen seinen Willen nur aus wichtigem Grund mit Zustimmung des zuständigen Regionalvermittlungsausschusses versetzt werden;

bb) Regional- und Bundesdelegiertenkonferenz sowie Regional- und Bundesdelegiertenausschuß
- politische Bildung der DL;
- Arbeitsseminare für die DL und Interessierte; jeder DL ist berechtigt, halbjährlich an einem Arbeitsseminar unter Anrechnung auf die Dienstzeit teilzunehmen;
- Werbung in der Öffentlichkeit für den Friedensdienst, unter anderem eigene Zeitung mit unabhängiger Redaktion;
- Wahrnehmung der Mitwirkungsrechte gegenüber der staatlichen Verwaltung: Informationsrecht und Recht, den zuständigen Vermittlungsausschuß anzurufen, wenn die eigenen Forderungen von Staat und DL nicht erfüllt werden.

c) Trägerorganisationen

aa) Bundes- und Regionalausschüsse
- Wahrnehmung ihrer Mitwirkungsfunktion gegenüber der staatlichen Verwaltung: Informationsrecht; Recht, den zuständigen Vermittlungsausschuß anzurufen, wenn sie mit ihren Forderungen keinen Erfolg haben:
- Richtlinien für die Qualifikation der Fachleiter in Zusammenarbeit mit dem Staat auf Bundesebene;

bb) Fachleiter (an jeder Einsatzstelle)
- Fachanweisungen an die DL;
- Fachausbildung der DL an der Einsatzstelle;
- Lösung von Konflikten in der Gruppe nach gruppendynamischen Methoden.

d) Bundes- und Regionalvermittlungsausschüsse
- sie entscheiden in letzter Instanz über alle Fragen, in denen eine Zusammenarbeit zwischen DL, Trägerorganisation und Staat vorgesehen ist, wenn keine Einigung zustande kommt und sie angerufen werden;
- die Regionalvermittlungsausschüsse können nach Anrufung der Anstellung und weiteren Beschäftigungen von Lehrern an den Friedensdienstschulen, Gruppenverwaltern und Fachleitern und der Versetzung von Vertrauensleuten der DL widersprechen.

Reform des Anerkennungsverfahrens

Resolution des Kongresses „Jugend gegen Kriegsdienst" (Pfingsten 1970)

Die Teilnehmer der Projektgruppe 1 sehen in den Vorschriften für die Anerkennung als Kriegsdienstverweigerer (§§ 25–27 Wehrpflichtgesetz) eine Einschränkung des verfassungsmäßig garantierten Grundrechtes der Kriegsdienstverweigerung. Denn diese Regelung läuft im Ergebnis darauf hinaus, daß die Ausübung eines Grundrechtes von einer Genehmigung abhängt. Wir fordern deshalb eine Neufassung des Wehrpflichtgesetzes im Sinne unseres Vorschlages:
Das Anerkennungsverfahren wird abgeschafft. § 25 Wehrpflichtgesetz wird wie folgt neu gefaßt:
„Wer der Bundesbehörde für Kriegsdienstverweigerung und Ersatzdienstverwaltung eine Erklärung abgibt, daß er den Kriegsdienst aus Gewissengründen verweigert, scheidet mit sofortiger Wirkung aus der Zuständigkeit der Wehrbereichsverwaltung aus. Er unterliegt von diesem Zeitpunkt an der Dienstaufsicht der Bundesbehörde für Kriegsdienstverweigerung und Ersatzdienstverwaltung."
§§ 26, 27 Wehrpflichtgesetz werden ersatzlos gestrichen.
Eine untragbare Einschränkung des Grundrechtes sehen wir insbesondere in der Handhabung des derzeitigen Anerkennungsverfahrens, das rechtsstaatlichen Grundsätzen widerspricht. Diese Diskrepanz könnte nur durch die Verwirklichung folgender Reformvorschläge überwunden werden (mögliche Forderungen zur Änderung des derzeitigen Anerkennungsverfahrens):
1. Das Verwaltungsverfahren wird aus der Zuständigkeit der Wehrersatzbehörden herausgenommen. Es wird eine selbständige Bundesbehörde geschaffen, die sowohl das Kriegsdienstverweigerungsverfahren wie auch die Verwaltung des Ersatzdienstes durchführt. Die Vorsitzenden der Verwaltungsinstanzen müssen die Befähigung zum Richteramt haben.
2. Die Verwaltungsinstanzen (Prüfungsausschuß und -kammer) werden mit fachlich qualifizierten Beisitzern (z. B. Pädagogen, Soziologen, Psychologen), die entsprechend honoriert werden müssen, besetzt. Dieselben Auswahlkriterien werden für die Laienrichter bei den Verwaltungsgerichten im Kriegsdienstverweigerungsverfahren zugrunde gelegt.
3. Die Verfahren vor den Verwaltungsinstanzen sind öffentlich. Auf Antrag kann die Öffentlichkeit ausgeschlossen werden, wenn die im Prozeßrecht niedergelegten Voraussetzungen gegeben sind oder der Antragsteller es verlangt.

4. (1) Die Verfahren in den Verwaltungsinstanzen werden nach den Bestimmungen der Verwaltungsgerichtsordnung durchgeführt.
4. (2) Die Verwaltungsinstanzen können schriftliche Zeugenaussagen einholen.
4. (3) Rechtsmittel des Antragstellers gegen Bescheide der Prüfungsgremien sollen aufschiebende Wirkung haben.
4. (4) Bei Stellung eines Kriegsdienstverweigerungsantrages nach Zustellung des Einberufungsbescheides ist dieser zu widerrufen.
4. (5) Stellen Soldaten einen Kriegsdienstverweigerungsantrag, so sind sie auf Antrag vom Waffendienst zu befreien.
5. Die von den Kriegsdienstverweigerer-Organisationen beauftragten Personen sind berechtigt, als Beistände in den Kriegsdienstverweigerungsverfahren aufzutreten.
Wir weisen entschieden die Vorstellungen von MdB Karl Wienand und Helmut Schmidt (Abschaffung des Verfahrens für Wehrpflichtige, die einen Antrag bis spätestens zur Musterung stellen) als verfassungswidrig zurück. Diese Regelung würde den Gleichheitsgrundsatz verletzen.
Zur näheren Begründung unserer Forderungen verweisen wir auf die dokumentierten Unterlagen der Projektgruppe 1.

Vom Protest zum organisierten Widerstand

Am 20. März 1971 trafen sich in der Frankfurter Johann Wolfgang Goethe-Universität 450 Ersatzdienstleistende zu ihrem ersten Bundeskongreß, der die Vereinzelung der eingezogenen Kriegsdienstverweigerer aufheben und „organisierte Solidarität im Kampf um einen Friedensdienst"[1] begründen sollte. Das auf dem überregionalen Treffen deutlich gewordene politische Selbstverständnis veranlaßte (beispielsweise) den konservativen Rheinischen Merkur unter der Überschrift „Manipuliertes Gewissen" zum Ruf nach staatlichen Gegenmaßnahmen, denn den Wehrdienstverweigerern gehe es überhaupt nicht um „erweiterte Möglichkeiten einer sinnvollen Betätigung". Es werde Zeit, „daß die politische Führung in Bonn durch klare Aussagen dem politischen Mißbrauch von Gewissensentscheidungen Einhalt gebietet. Die Demokratie wird zur Farce, wenn eine Minderheit das Recht verlangt, der Mehrheit ihren Willen mit Gewalt oder passivem Verhalten zu oktroyieren"[2].
Im folgenden dokumentieren wir die wichtigsten auf dem Bundeskongreß verabschiedeten Resolutionen:

I. Kritik des Ersatzdienstes und der von der Bundesregierung beabsichtigten Reformen

Wir lehnen die Einführung des Leistungsprinzips für die Besoldung der Ersatzdienstleistenden generell ab.
Das Leistungsprinzip würde wahrscheinlich in eine Unterscheidung von politisch engagierten und politisch passiven Ersatzdienstleistenden hinauslaufen. Dadurch wäre man zu sehr der Willkür der Vorgesetzten ausgesetzt.
In dem Gesetzesentwurf zur Änderung des Gesetzes für den zivilen Ersatzdienst sind verschiedene Regelungen vorgesehen, die von den Ersatzdienstleistenden heftigst angegriffen werden.
1. Wehren sich die Ersatzdienstleistenden gegen den Einsatz im „technischen Bereich", wie es im Gesetz heißt. Die vorgesehene Verwendung bei Bahn und Post soll der Sanierung der beiden Bundesunternehmen dienen und den Kriegsdienstverweigerer zu Lückenbüßer und Streikbrecher herabwürdigen.
Den Einsatz bei Bevölkerungsschutz und anderen paramilitärischen Organisationen lehnen die Kriegsdienstverweigerer ab,

1 So die Einladung
2 *Rheinischer Merkur* vom 26. 3. 71

da er ihrer Gewissensentscheidung in dessen logischer Konsequenz nicht gerecht wird.
2. Wehren sich die Ersatzdienstleistenden gegen einen Beirat beim BMA in der vorgesehenen Form. Dieser Beirat darf kein pseudodemokratischer Diskussionsclub werden ohne Vertreter der Ersatzdienstleistenden und ohne Mitbestimmungsrecht.
3. Wehren sich die Kriegsdienstverweigerer gegen die Verlängerung der Ersatzdienstzeit gegenüber der Wehrdienstzeit. Formaljuristische Gleichmacherei mit dem Wehrdienstgesetz kann diese Tatsache nicht verschleiern.
Die Kriegsdienstverweigerer wehren sich gegen den unmittelbaren Anschluß der Ersatzdienstübungen an die Ersatzdienstzeit, da sie eine starke berufliche, wirtschaftliche und finanzielle Benachteiligung bedeutet, die sich mit dem Gleichheitsgrundsatz nicht vereinbaren läßt.
Die Kriegsdienstverweigerer fordern
1. Die Einsetzung eines Beirates für den Ersatzdienst, der sich paritätisch aus Vertretern des Bundesverteidigungsamtes einerseits, Kriegsdienstverweigerer- Verbänden und Ersatzdienstleistenden andererseits zusammensetzt, und im Rahmen des Ersatzdienstgesetzes rechtskräftige Beschlüsse fassen und Anordnung treffen kann.
Für das Bundesverteidigungsamt ist eine Konsultationspflicht dieses Beirates unbedingt erforderlich.
Die Kriegsdienstverweigerer fordern
2. Die Abschaffung des Anerkennungsverfahrens für Kriegsdienstverweigerer. Dieses Verfahren ist eine reine Diskriminierung bei Inanspruchnahme eines unabänderlichen Grundrechtes und widerspricht dem Gleichheitsgrundsatz.
Die Kriegdienstverweigerer fordern
3. Einen *„effektiven Friedensdienst“* zu schaffen als echte Alternative zur Bundeswehr, und sich endlich von formaler Gleichmacherei zu lösen. Dienst mit und ohne Waffe sind von ihrer Grundlage her zwei völlig verschiedene Dienste.
Die Kriegsdienstverweigerer denken an den Einsatz geeigneter, d. h. mit durch Ausbildung erreichten Fähigkeiten begabter *Friedensdienstleistender* bei Aktion Sühnezeichen, Eirene, Terre des hommes, internationalen Jugendwerken und in der Entwicklungshilfe.
Ferner halten sie es für überaus wichtig, neue Einsatzstellen im sozialen Bereich zu schaffen. Sie denken an vermehrte Einsatzstellen in Krankenhäusern, Alten- und Pflegeheimen, – für in Einführungslehrgängen, die eigens dafür eingerichtet sind, ausgebildete Ersatzdienstleistende – an Einsatzbereiche in Jugendarbeit, Kindergärten, Kinderheimen und den zu erwartenden Gesamtschulen.
Die Kriegsdienstverweigerer fordern
4. Ihnen die Möglichkeit zu geben, in der Friedensforschung mitzuarbeiten und Alternativen zur gewalttätigen Konfliktaustragung zu erarbeiten!

Das Bundestreffen fordert alle Ersatzdienstleistenden auf, sich mit den Mißständen in ihren Einrichtungen auseinanderzusetzen und sich in Aktionen für die Betroffenen (z. B. Alte, Kranke . . .) zu engagieren und sich mit den Mitarbeitern zu solidarisieren.

II. Politische Perspektiven

Nach Art. 12a Grundgesetz hat der Kriegsdienstverweigerer (KDVer) einen Dienst außerhalb der Bundeswehr zu leisten, der die Dauer des Grundwehrdienstes nicht übersteigen darf und z. Z. durch das Ersatzdienstgesetz (EDH) geregelt ist.
Dieser Dienst beschränkt sich auf einen reinen Ersatz und ist zusätzlich durch die Übernahme von Vorschriften aus dem Wehrrecht militärisch strukturiert und ist deswegen für die Organisationsform eines Friedensdienstes ungeeignet.
Die Novelle zum Ersatzdienstgesetz erhellt und erweitert die militärischen Strukturen, gibt dem Ersatzdienst durch die Verlagerung der Einsatzbereiche Arbeitsdienstcharakter und greift die Kriegsdienstverweigerer in ihrer Substanz an, da sie die Kriegsdienstverweigerung zu einer wirkungs- und belanglosen Handlung degradiert.
Ein von den Kriegsdienstverweigerern akzeptierter Dienst kann nicht durch Reformen auf der Grundlage des bisherigen Gesetzes erreicht werden. Eine Reform des Ersatzdienstes, die vom Grundgesetz der Formalgleichbehandlung ausgeht, und die so ohne Rücksicht auf die inhaltliche Verschiedenheit verabsolutiert, nimmt dem Kriegsdienstverweigerer damit die Möglichkeit, einen Dienst alternativ zur Bundeswehr zu entwickeln. Eine Neustruktuierung als Friedensdienst hat deshalb von folgenden Voraussetzungen auszugehen:

1. Wesen des Friedensdienstes

Frieden ist mehr als die Abwesenheit vom Krieg. Er bedingt gesellschaftliche Verhältnisse, die die gewaltfreie Austragung von Konflikten möglich macht. In einer friedfertigen Gesellschaft werden Spannungen durch die Aufdeckung und Behebung von Konflikten gelöst, nicht aber durch deren Verlagerung oder Verschleierung. Eine solche Konfliktlösung muß die Ursachen von Konflikten angehen, nicht deren Symptome. Der Friedensdienst muß daher dazu beitragen, die Kriegsursachen zu beseitigen. Friedensdienst muß notwendig emanzipatorischen Charakter haben, da er von Seiten des Dienstleistenden eine Auseinandersetzung mit den Widersprüchen des Systems, die einer dauerhaften Friedensregelung entgegenstehen, und schließlich eine Überwindung eines Systems verlangt, das den Frieden verhindert.
Der Friedensdienst will den Status quo überwinden. Er steht

im Gegensatz zu einer Politik, die sich mit militärischen Mitteln zur Erhaltung des Status quo entschlossen hat. Der Friedensdienst muß fähig sein, auf Politik und öffentliche Meinung Einfluß zu nehmen, um Maßnahmen der praktischen Friedenssicherung auch gegen den Willen einflußreicher Gesellschaftsgruppen und ohne Rücksicht auf tagespolitische Manöver der jeweiligen Regierung durchzusetzen.

Der so verstandene Friedensdienst läuft den eigenen Interessen eines Systems des Rüstungskapitalismus entgegen. Friedensdienst ist also nicht unter den gegebenen gesellschaftlichen Verhältnissen zu realisieren, seine Verwirklichung ist nur im Zuge der Gesellschaftsveränderung möglich. Der Friedensdienst muß von den Kriegsdienstverweigerern gegen den Widerstand aller, die auf die Bundeswehr zur Sicherung ihrer Herrschaft angewisen sind, erkämpft werden. Der Kriegsdienstverweigerer, der den Friedensdienst will, muß die Gesellschaft verändern.

2. Einsatzbereiche des Friedensdienstes

Grundlagen für den Friedensdienst und den Frieden müssen zunächst im eigenen Land geschaffen werden. Der innere Unfrieden, der unsere Gesellschaft durch den Widerspruch zwischen Arbeit und Kapital und die Folgen dieses Widerspruchs immanent ist, muß überwunden werden. Gleichzeitig muß der Friedensdienst Bedingungen für ein friedliches Zusammenleben der Völker schaffen helfen.

Der Dienst im Inland muß an sozialen Brennpunkten geleistet werden. Ein rein karitativer Dienst ist entsprechend des Charakters des Friedensdienstes noch kein echter Friedensdienst und ist daher auf die Beseitigung der Konfliktursachen und der Ursachen des systemimmanenten Widerspruchs auszurichten. Die Außenseiter der Gesellschaft, deren Betreuung der Friedensdienstleistende unter anderem auch übernimmt, sind über die Ursachen ihres Außenseitertums aufzuklären. Der Ansatz zur Konfliktlösung gibt dem Dienst des Kriegsdienstverweigerers eine neue Qualität.

Dienst im Ausland darf nur bei vom Staat unabhängigen Organisationen geleistet werden. Hier bieten sich Arbeiten im Rahmen internationaler Friedensdienste an, aber auch andere Arbeiten im Rahmen eines internationalen Jugendaustausches vorwiegend mit Ostblockstaaten, da die Unterschiedlichkeit der Systeme Konfliktursachen darstellen, die nur intensive Studien des anderen in ihren unmittelbaren bedrohenden Auswirkungen behoben werden können. Der Auslandsdienst soll helfen, Vorurteile abzubauen, zu einer besseren Kommunikation zwischen Menschen verschiedener Staaten und Systeme beizutragen, um somit traditionelle Feindbilder abzubauen, und die Bereitwilligkeit zu einer Entspannungspolitik zu dokumentieren.

3. Organisation des Friedensdienstes

Die Organisation des Friedensdienstes durch den Staat ist erst dann möglich, wenn die Ziele des Friedensdienstes den Interessen des Systems nicht mehr zuwiderlaufen.
Friedensdienst trägt zur Verwirklichung eines solchen Systems bei. Er ist daher der Einflußnahme solange zu entziehen, wie der zu schaffende Staat die Organisation des Friedensdienstes nicht übernehmen kann. Einem Staat, dem an der Beseitigung der Kriegsursachen gelegen ist, und der die Voraussetzungen für die Verwirklichung der Ziele des Friedensdienstes bietet, kann man die Organisation des Friedensdienstes überlassen.
Friedensdienst muß daher nur so lange ohne Einflußnahme des Staates organisiert werden, bis dieser umstruktuiert ist. In einer Gesellschaftsform, in der Klassengegensätze aufgehoben, der Widerspruch zwischen Arbeit und Kapital beseitigt und die Mitglieder der Gesellschaft untereinander emanzipiert sind, ist Friedensdienst systemtragend und steht in keinem inneren Widerspruch zum Staat.
Friedensdienst als Instrument um diese Umstruktuierung zu vollziehen muß jedoch zwangsweise außerhalb des Staates organisiert werden. Im Kampf um eine Systemveränderung darf Friedensdienst aber nicht zu einer Verselbständigung einer bestimmten Bevölkerungsgruppe führen, sondern im Friedensdienst müssen die verschiedenen gesellschaftlichen Gruppierungen neben den Dienstleistenden ihre Forderungen verwirklichen. Eine Isolierung des Friedensdienstes käme dem heutigen Zustand gleich, da der gesellschaftliche Bezug fehlen würde und dadurch keine gesellschaftlich relevante Arbeit geleistet werden könnte.

Literaturverzeichnis

W. Abendroth, Aufstieg und Krise der deutschen Sozialdemokratie, Frankfurt am Main 1969

W. Abendroth, (Hg.), Faschismus und Kapitalismus. Theorien und die sozialen Ursprünge und die Funktion des Faschismus, Frankfurt am Main 1967

W. Abendroth, Sozialgeschichte der europäischen Arbeiterbewegung, Frankfurt am Main 1965

J. Agnoli/P. Brückner, Die Transformation der Demokratie, Frankfurt am Main 1969

R. Badstübner, Restauration in Westdeutschland 1945–1949, Berlin 1965

R. J. Barnet, Der amerikanische Rüstungswahn oder Die Ökonomie des Todes, Reinbek b. Hamburg 1971 (rororo–aktuell)

E. Czichon, Der Bankier und die Macht – H. J. Abs in der deutschen Politik, Köln 1970

Th. Ebert, Gewaltfreier Aufstand.· Alternative zum Bürgerkrieg, Frankfurt am Main 1970/ 2. Auflage 1971 (Fischer Taschenbuch Verlag, Reihe ‚Informationen zur Zeit')

F. Fischer, Griff nach der Weltmacht. Die Kriegspolitik des kaiserlichen Deutschland 1914–1918, Düsseldorf 1962

I. Geiss/V. Ulrich, (Hg.), 15 Millionen beleidigte Deutsche oder Woher kommt die CDU, Reinbek b. Hamburg 1970 (rororo–aktuell)

G.W. Hallgarten, Hitler, Reichswehr und Industrie. Zur Geschichte der Jahre 1918–1933, Frankfurt am Main 1962

E. Hennig, Die Rüstungsgesellschaft und ihre Kosten. Anmerkungen zur Politik der Verschwendung und Zukunftsgefährdung, in: E. Krippendorff (Hg.), Friedensforschung, Köln 1968

J. Hirsch, Wissenschaftlich-technischer Fortschritt und politisches System, Frankfurt am Main 1970

W. Hofmann, Grundelemente der Wirtschaftsgesellschaft, Reinbek bei Hamburg 1969, (rororo–aktuell)

W. Hofmann, Stalinismus und Antikommunismus. Zur Soziologie des Ost-West-Konflikts, Frankfurt am Main 1967

D. Horowitz, Kalter Krieg. Hintergründe der US-Außenpolitik von Jalta bis Vietnam, Berlin 1962

J. Huffschmid, Die Politik des Kapitals. Konzentration und Wirtschaftspolitik in der Bundesrepublik, Frankfurt am Main 1969 (edition suhrkamp)

U. Jaeggi, Macht und Herrschaft in der Bundesrepublik, Frankfurt am Main 1969/6. Aufl. 1971 (Fischer Taschenbuch Verlag, Reihe ‚Informationen zur Zeit')

H. Kahn, Die Russen kommen nicht. Fehlleistungen unserer Sicherheitspolitik, München 1969
H. Liepman, (Hg.), Kriegsdienstverweigerung oder: Gilt noch das Grundgesetz? Reinbek bei Hamburg 1966/1968 (rororo–aktuell)
R. Rilling, Kriegsforschung und Vernichtungswissenschaft in der BRD, Köln 1970
E. Schmidt, Die verhinderte Neuordnung 1945–1952. Zur Auseinandersetzung um die Demokratisierung der Wirtschaft in den westlichen Besatzungszonen und in der Bundesrepublik Deutschland, Frankfurt am Main 1970
W. Schmidtbauer/W. Wagner, Ich verweigere den Wehrdienst, München 1971
D. Senghaas, Abschreckung und Frieden. Studien zur Kritik organisierter Friedlosigkeit, Frankfurt am Main 1969
D. Senghaas, (Hg.), Zur Pathologie des Rüstungswettlaufs. Beiträge zur Friedens- und Konfliktforschung. Freiburg 1970
H.-H. Thielen, Der Verfall der Inneren Führung. Politische Bewußtseinsbildung in der Bundeswehr, Frankfurt am Main 1970
F. Vilmar, Rüstung und Abrüstung im Spätkapitalismus, Frankfurt am Main 1967
R. Wagenführ, Die deutsche Industrie im Kriege 1939–1945, Berlin 1963

Die Autoren

Mathias Jung, geb. 1941 in Konstanz, Studium der Philosophie, Germanistik und Pädagogik, 1969/70 Wissenschaftlicher Assistent am Bundestag, heute Redakteur der *Deutschen Volkszeitung,* Düsseldorf.

Martin Klein, geb. 1938 in Berlin. Studium der Rechtswissenschaften in Mainz, München und Göttingen. Danach Rechtsanwalt in Bremen, jetzt wissenschaftlicher Assistent in Mainz. Promotion über Gewissen und Beweis im Anerkennungsverfahren des Kriegsdienstverweigerers.

Sven Papcke, geb. 1939 in Hamburg, studierte Politologie, Geschichte und Soziologie, arbeitet heute als Wissenschaftlicher Assistent am Zentralen Sozialwissenschaftlichen Institut der Ruhr-Universität Bochum; zahlreiche Veröffentlichungen.

Heinrich Schacht, geb. 1944 in Homburg, Jurastudium in Frankfurt, Zeitschriftenveröffentlichungen.

Johannes Schulz, geb. 1947 in Wittmar, studiert nach dem Militärdienst Sozialwissenschaften in Göttingen, Veröffentlichungen in Zeitschriften und ‚Zur Geschichte der betrieblichen Lehrlingsausbildung' in Haug/Maessen, Was wollen die Lehrlinge? , Frankfurt 1971.

Winfried Schwamborn, geb. 1949 in Köln, Studium der Germanistik und Geschichte, Referent für Kriegsdienstverweigerung im Bundesvorstand der Deutschen Friedensgesellschaft – Internationale der Kriegsdienstgegner; Zeitschriftenveröffentlichungen.

Helmut Michael Vogel, geb. 1922 im Ruhrgebiet, Studium der Pädagogik und Theologie; lebt seit 23 Jahren in München als Fachfotograf für Kirchen- und Städtearchitektur; aktive Beteiligung an der Kampagne Kampf dem Atomtod im Auftrag des SPD-Parteivorstandes 1959/60, seit 1964 Vorsitzender der Internationale der Kriegsdienstgegner, später Deutsche Friedensgesellschaft – Internationale der Kriegsdienstgegner.

Adressen

Bundeszentrale der Ersatzdienstleistenden,
4000 Düsseldorf-Nord, Metzerstraße 15

Beratungsstellen der DFG-IDK

Bundesgeschäftsstelle:	43 Essen, Limbecker Str. 8, Tel. 23 81 49 Die. und Fr. von 17.30–19.30 Uhr
5100 Aachen	Manfred Jaeger, 5103 Brand, Schroufstr. 32, Tel. –
4422 Ahaus	Ulrich Kestermann, 4422 Ahaus, Bahnhofstr. 32
8750 Aschaffenburg	Lothar Reifenberger, 8752 Krombach, Holzgasse 12, Tel 060 24/270
5952 Attendorn	Wilhelm Mählen, 5952 Attendorn/ Ennest, z. Waterland
8580 Bayreuth	Dr. Wilhard Grünewald, 8580 Bayreuth, Bayernring 46
4800 Bielefeld	Walter Jacobs, Asta-Büro, Staatl.-Ing.-Schule
4923 Bösingfeld	Hans Jarosy, 4923 Extertal-Bösingfeld, Birkhahnweg 3
4630 Bochum	Peter Moczynski, 463 Bochum, Girondelle 86
4280 Borken	Josef Filippek, 4284 Heiden, Marienstr. 3
3300 Braunschweig	Wolfgang Liebegeld, 33 Braunschweig, Wilhelm-Raabe-Str. 9
2800 Bremen	Karl Wiesinger, 28 Bremen 21, Waltjenstr. 39 a jeden Mittwoch ab 19.00 Uhr, jeden Samstag ab 16.00 Uhr im DFG-IDK-Center, Bremen, Beim Paulskloster 26 (Ostertor) jeden Mittwoch 19.00 Uhr auch Stephanikirchhof 8
2850 Bremerhaven	Hugo Spohler, 2850 Bremerhaven, Einswarder Str. 2 jeden Donnerstag von 19.30–21.00 Uhr Bremerhaven, Ulmenstr. 23 (b. Liebert)
8850 Donauwörth	Erhard Bablok, 885 Donauwörth, Kaibachsiedlung 16
4600 Dortmund	Gerhard Beckers, 46 Dortmund-Brackel, Hellweg 151 jeden Mittwoch und Freitag in der

		DFG-IDK-Geschäftsstelle Dortmund Brüderweg 65, Tel. 52 14 42 von 18.00–20.00 Uhr
4000	Düsseldorf	Hans-Martin Karwehl, 4 Düsseldorf-Wersten, Opladener Str. 61
4100	Duisburg	Hans Joachim von Mirbach, 41 Duisburg-Hamborn, Jägerstr. 24 jeden Donnerstag von 19.00–21.00 Uhr im Martin-Luther-Heim, Duisburg, Martinstr. 35
4300	Essen	jeden Dienstag und Freitag von 17.30–19.30 Uhr in der DFG-IDK Bundesgeschäftsstelle 43 Essen, Limbecker Str. 8, Tel. 23 81 49 jeden Montag und Donnerstag von 18.00–20.00 Uhr in der Geschäftsstelle Essen-Werden, Ludgerusstr. 6
2390	Flensburg	Fritz Tech, 239 Flensburg, Wasserlooser Weg 28
6000	Frankfurt	Rüdiger Pusch, 6 Frankfurt 90, Kiesstr. 17
7800	Freiburg	Reiner Ruft, 78 Freiburg, Urachstr. 39 jeden Montag 20.00 Uhr im DGB-Haus, Hebelstr. 10
8080	Fürstenfeldbruck	Bernd Krieger, 808 Fürstenfeldbruck, Weidenstr. 21
4650	Gelsenkirchen	Wilfried Dost, 465 Gelsenkirchen, Neubüllerstr. 51 jeden Dienstag von 19.00–21.00 Uhr im Städt.-Jugendheim, Gelsenkirchen, Bochumer Str. 214
2341	Gelting-Kappeln	Jürgen Spliedt, 234 Kappeln, Kirchstraße
5820	Gevelsberg	Horst Jung, 582 Gevelsberg, Röllingheider Str. 11 b jeden Dienstag von 18.00–20.00 Uhr im Falkenheim der SPD, Gevelsberg, Körnerstraße
3400	Göttingen	Jürgen Fiechtl, 34 Göttingen, Schillerstr. 66
5800	Hagen	DFG-IDK Geschäftsstelle, 58 Hagen, Am Hange 20 jeden Dienstag und Freitag von 18.00–20.00 Uhr
2000	Hamburg	DFG-IDK Geschäftsstelle, 2 Hamburg 36, Große Bleichen 23–27, Zimmer 161. – Dienstag, Donnerstag, Freitag ab 18.00 Uhr

4700	Hamm	Joachim Sensebusch, 47 Hamm, Geibelstr. 13 Dienstag–Freitag 16.00–22.00 Uhr im DGB-Haus, Hamm, Nordenwall 5, (B. Jörg Theis)
6450	Hanau	Liesl Buhl, 645 Hanau, Goethestr. 16, Tel. 06181/200 64
3000	Hannover	DFG-IDK Hannover, Maschstr. 22–24, Raum 36
4320	Hattingen	Friedhelm Eckert, 432 Hattingen, Am Siepen 24
6900	Heidelberg	Dr. Hannelis Schulte, 6904 Ziegelhausen, Sitzbuchweg 14 Tel. Donnerstag 19.30–20.30 Uhr in Heidelberg, Grabengasse 14 (ASTA)
7920	Heidenheim	Georg Heyse, 7927 Giengen, Berliner Str. 7
3470	Höxter	Erny Albers, 347 Höxter, Lütmarser Str. 37 a
7500	Karlsruhe	DFG-IDK Karlsruhe, 75 Karlsruhe 1, Postfach 3413 jeden Freitag von 19.00–21.00 Uhr im Dietrich-Bonhöfer-Haus, Ecke Friedenstr./Gartenstraße
3500	Kassel	Bernhard Schlüter, 35 Kassel, Breitscheidtstr. 70 c
8960	Kempten	Gerhard Haut, 896 Kempten, Beim Keck 8
2300	Kiel	Doris Pott, 23 Kiel, Muhliusstr. 41
5000	Köln	DFG-IDK Köln, 5 Köln, Vogteistr. 15 Sa. 10–12, Die. 20 Uhr im Rep. Clup, Köln 1, Am Römerturm 17
4150	Krefeld	Klaus Franke, 415 Krefeld, Dliessendorfer Str. 94
8998	Lindenberg	Gerd Losert, 8998 Lindenberg, Peter-Dörfler-Str. 45
4780	Lippstadt	Ulrike Neuhaus, 478 Lippstadt, Görrestr. 62
4370	Marl	Reinhard Brauckhoff, 437 Marl, Schreierstr. 4 jeden Freitag ab 19.00 Uhr im Jugendheim Delta, Marl, Lipper Weg 117
8940	Memmingen	Walter Brommler, 894 Memmingen, Kalchstr. 33
4130	Moers	Klaus Lindner, 413 Moers, Baerler Weg 103
8000	München	DFG-IDK München, 8 München 15, Martin-Greif-Str. 3, Tel. 53 72 60

4400	Münster	Werner Moche, 44 Münster, Breul 43 / ESG
6231	Niederhofheim	Norbert Weiler, 6231 Niederhofheim, Gartenstr. 8
2982	Norderney	Heinz Jürgen Krupp, 2982 Norderney, Benekestr. 21
8500	Nürnberg	DFG-IDK Nürnberg, 85 Nürnberg, Allersberger Str. 90
4200	Oberhausen	Karl-Heinz Wittstamm, 42 Oberhausen-Sterkrade, Skagerrakstr. 7
4740	Oelde	Meinhard Dörner, 474 Oelde, Nordring 1
7940	Riedlingen	Ulrich M. Kleber, 794 Riedlingen, Kolpingstr. 31
8200	Rosenheim	Volker Lindner, 82 Rosenheim, Bernauer Str. 25 a
5650	Solingen	Friedrich Schäfer, 565 Solingen, Oben Katternberg 20
8720	Schweinfurt	Bruno Köhler, 872 Schweinfurt, Joh.-Seb.-Bach-Str. 16
5840	Schwerte	Volker Brand, 584 Schwerte/Ost, Heinrich-Wick-Str. 1
7000	Stuttgart	Heinz Möller, 7 Stuttgart 1, Lenaustr. 18
7900	Ulm	DFG-IDK Ulm, 79 Ulm, Postfach 260 Hanns W. Siemon, Tel. 324 26
4750	Unna	Wilhelm Freienstein, 4619 Bergkamen-Rünthe, Westenhellweg 28
4182	Uedem	Heinz Aldenhoven, 4182 Uedem
5620	Velbert	Günter Forst, 5628 Heiligenhaus, Am Vogelsang 22
7730	Villingen	Helmholt Rademacher, 773 Villingen, Feldbergweg 2
4426	Vreden	Hans-Jörg Fritzsche, 4426 Vreden, Breslauer Str. 21
4230	Wesel	Heinz Dieter Kessler, 423 Wesel, Flesgentor 1, Tel. 638 93
5290	Wipperfürth	Guido Mauritz, 529 Wipperfürth, Königsberger Str. 18
5810	Witten	Hagen Apel, 581 Witten, Annenstr. 151, Tel. 605 28
8700	Würzburg	Prof. Dr. Franz Rauhut, 87 Würzburg, Sonnenstr. 5
5600	Wuppertal	Dr. jur. Hermann Rebensburg, 56 Wuppertal-Elberfeld, Friedrich-Ebert-Str. 84, Tel. 31 08 44

7000	Stuttgart	Verband der Kriegsdienstverweigerer Bundesgeschäftsstelle, 7000 Stuttgart 13, Werderstraße 65

Eine selbstverständliche Nachbemerkung

Das Bundesverteidigungsministerium stellte uns je ein Exemplar des „Weißbuch 1970", des Bulletins der Bundesregierung vom 27. März 1971 und des Jahresberichtes des Wehrbeauftragten des Deutschen Bundestages 1969 und 1970 sowie den Bericht der Wehrstrukturkommission zur Verfügung.
Den Beitrag von Heinrich Schacht haben wir mit freundlicher Genehmigung des Pahl-Rugenstein-Verlages, Köln, dem Buch: von Bredow, „Entscheidung des Gewissens", entnommen.
Die Herausgeber danken Sven Papcke und Michael Vogel für das Überlassen von Materialien, Winfried Schwamborn für die Mithilfe an der Konzeption des Bandes und die Beschaffung der im Anhang gedruckten Adressen.
Wir danken den Autoren, die sich bereit fanden, in kürzester Zeit ihre Beiträge zu schreiben.
Chris Bruch, die den verlagsinternen Kleinkram leistete und die Herausgeber aufmunternd unterstützte, fühlen wir uns ebenso zu Dank verpflichtet wie Dr. Klaus Kamberger, der diesen Band nicht nur so vor sich hinlektorierte, sondern eine solidarische Zusammenarbeit ermöglichte.
Besonders danken wir Gisela Gassner, die bis in die Nächte Manuskripte in eine druckfertige Form brachte, die Konzeption des Bandes diskutierte und den Anhang zusammenstellen half. Ohne ihre Unterstützung hätte das Buch weder termingerecht noch mit dem vorliegenden Inhalt erscheinen können.

Hans-Jürgen Haug / Hubert Maessen

Das System verändern – aber wie?

Grundlagen

Marx – Engels Studienausgabe
Hrsg. von Iring Fetscher
Bd. 6059–6062

Lenin Studienausgabe
Hrsg. von Iring Fetscher
Bd. 6012/6013

Leo Trotzki
Die permanente Revolution
Bd. 1095

Das Rote Buch
Worte des Vorsitzenden Mao Tse-tung.
Bd. 857, ›Informationen zur Zeit‹

Gesellschaft

Urs Jaeggi
Macht und Herrschaft in der Bundesrepublik
Bd. 1014, ›Informationen zur Zeit‹

Veränderung der Gesellschaft
Sechs konkrete Utopien
Hrsg. von Hendrik Bussiek
Bd. 1092, ›Informationen zur Zeit‹

Weltfrieden und Revolution
Hrsg. von Hans-Eckehard Bahr
Bd. 1102, ›Informationen zur Zeit‹

Anpassung oder Widerstand?
Gewerkschaften im autoritären Staat
Hrsg. von Sven G. Papcke
Bd. 1094, ›Informationen zur Zeit‹

Erziehung

Schülerladen Rote Freiheit
Sozialistische Projektarbeit. Analysen – Protokolle – Dokumente
Autorenkollektiv am Psychologischen Institut der Freien Universität Berlin
Bd. 1147, ›Informationen zur Zeit‹

Schulreform oder Der sogenannte Fortschritt
Hrsg. von Johannes Beck und Lothar Schmidt
Bd. 1121, ›Informationen zur Zeit‹

Hans-Jürgen Haug/Hubert Maessen
Was wollen die Schüler?
Politik im Klassenzimmer
Bd. 1013, ›Informationen zur Zeit‹

Aktion

Theodor Ebert
Gewaltfreier Aufstand
Alternative zum Bürgerkrieg.
Bd. 1123, ›Informationen zur Zeit‹

Bürgerinitiativen
Schritte zur Veränderung?
Hrsg. von Heinz Grossmann
Bd. 1233, ›Informationen zur Zeit‹
(Mai 1971)

Gerhard Gadow

Erinnerungen an die Wirklichkeit

Erich von Däniken und seine Quellen

Fischer Taschenbuch Verlag Bd. 1197/DM 2.80